新课标 新理念 新行动

XINKEBIAO XINLINIAN XINXINGDONG

思想政治课优秀教学设计案例

主 编 王文余 万礼修 副主编 邹绍清 陈 亮 刘 弈

SIXIANGZHENGZHIKE YOUXIU JIAOXUE SHEJIANLI

西南师范大学出版社
国家一级出版社 全国百佳图书出版单位

QIAN YAN 前 言

新一轮课程改革不仅催生了新的教育理念和教育行为，也给新的课堂教学带来了无限生机和活力。在新课改实践中，一线教师积累了丰富的实践教学经验，创造出许多优秀的课堂案例。基于此，为了进一步推动高中思想政治新课改的发展，也为了帮助广大一线教师特别是新教师（在校师范生）迅速适应新课改的理念和教学方式，我们借助西南大学教师教育创新平台建设的东风，与重庆市教育科学研究院联合向重庆市一线高中教师公开征集了一批优秀思想政治课教学设计案例。通过专家的严格评审，选出一批优秀教学设计案例。这些优秀教学设计案例体现了新课程理念下教师从传统的知识传授者转变为课堂的组织者、引导者、促进者，并力图构建一种平等、和谐的新型师生关系，让学生成为课堂的主体，真正发挥他们的主体作用。在选取案例中包括教学准备的参考资料、教学内容的分析、教学目标的设计、教学过程的设计、板书的设计、教学反思、专家点评和学生反馈等内容。虽不一一详尽，但却反映了一线教师在实践中辛勤探索的结晶。这对于新教师（在校师范生）的成长无疑会提供巨大的启发和帮助。当然，因新教材的变化和新课改的推进，一切需要因时而变，因而需要创造性地理解和运用这些案例。

本书是国家教师教育创新平台专项项目——“西南大学教师教育资源库建设，中小学优秀案例”的主要成果之一；也是重庆市（西南大学）高等学校人才创新实验区“思想政治教育免费师范生 1+1 协作培养实践创新区”的主要成果之一。在此，对提供这些教学设计案例的各位教师，对组织和评审专家，包括重庆市教育科学研究院的万礼修研究员、鲁琼瑶研究员、刘奕教研员，重庆市一中的张群力研究员、重庆市北碚区教师进修学院雷鸣特级教师、西南师范大学附属中学李朝彬研究员、西南大学政治与公共管理学院陈跃教授、李强教授、亢犁副教授等付出的辛勤劳动深表感谢！此外，也对参与文字修改、校对工作的西南大学政治与公共管理学院学生刘平、杨远旺、贺金龙、孟露、张洪、李红、黄冬霞、冯家乐等表示感谢！本书的出版也得到西南师范大学出版社的大力支持和编辑们的辛苦劳作，在此一并表示最诚挚的感谢。

编者

2010 年 12 月

contents # 目 录

《经济常识前言》教学设计

重庆市江津第二中学　杨永会

教学内容分析

1. 经济及经济信息(现象)。
2. 经济常识的基本特征。
3. 经济常识的主要内容。
4. 学习经济常识的重要意义。

学生情况分析

高一学生从四面八方汇聚一堂,对高中生活有着美好的憧憬,兴趣是他们打开知识宝库的第一把钥匙。政治作为课堂德育教学的专门课程,有着系统性、直接性等特点,而十五六岁的高一学生正是人生观、世界观形成的关键时期,可塑性较强,认识的程度会决定他们行为的速度和高度,所以在政治课中注重他们情感、态度与价值观方面的培养很重要。方向把握好后,注重综合能力的培养,对于他们的成长会起到推波助澜的作用。初中政治主要讲道德行为等方面的知识,学生理解起来很容易,进入高中后,很多学生一下子转变不过来,学习的积极性和主动性就有可能不高。所以第一节课应从培养学生学习的兴趣及主动性入手。主要用实际材料(例子)让他们感受到"经济"在现实生活中的重要性和学习的必要性,从而树立学好"经济常识"的信心与决心。

教学方法选择

合作探究法、阅读总结法、启发式教学法、自学与讲解相结合的方法

教学环境与教学媒体选择

多媒体教室

板书设计

- 前言
  - 经济与经济信息(现象):生产、分配、交换、消费
  - 经济常识的基本特征
    - 基本观点:马克思主义经济学
    - 指导思想:邓小平理论、三个代表、科学发展观
    - 基本知识:与公民的经济生活密切相关的社会主义市场经济
  - 经济常识的主要内容(第一课到第八课)
  - 学习经济常识的意义
    - 了解我国经济概况,明确社会主义现代化建设的任务与方向
    - 提高参与经济活动的能力,做有经济头脑的人
    - 增强法制观念,自觉规范自己在经济生活中的行为

教学目标

1. 知识目标:了解经济常识的指导思想及主要内容。

2. 能力目标:培养学生认识、分析问题的能力,以及阅读概括和理论联系实际的能力。能从坚持社会主义初级阶段基本经济制度,坚持以经济建设为中心和公民参与经济活动的实际需要三个方面,说明学习经济常识的意义。

3. 情感态度价值观目标:培养兴趣与积极性;培养学生适应环境、适应社会的主动性;树立正确的法治和道德观念,自觉规范行为;树立走中国特色社会主义道路的坚定信念。

重点与难点分析

重点:学习经济常识的重要意义。

难点:将学生从初中跨到高中对政治的认识进行有机衔接,从对经济的认识和经济的重要性入手,培养学生学习经济常识的兴趣与积极性。

课堂教学过程结构设计

开学寄语

新起点、新希望,积极向上、启发人心的激励语。

新课教学

一、新课导入与目录导读

(师)彩电,如今几乎家家户户都有,并且有的家里还有好几台。可在80年代的时候,哪家要是有台彩电呀,方圆几里甚至几十里的人们都会不约而同地赶来看稀奇,天天晚上聚到一起看节目,比电影院还热闹呢。是什么原因使得"旧时王谢堂前燕,飞入寻常

百姓家”的呢？

手机，在90年代叫“大哥大”，体积很大，款式单一，只能接打电话，信号还不好，可当时要几千元甚至上万元才能买到。现在呢？手机的体积越来越小，款式越来越新颖、好看，功能更是越来越丰富——发短信、发彩信、打游戏、听音乐、拍照、摄像、上网等等，可价格却越来越便宜，这又是什么原因呢？

2006年8月19日的一年定期存款利息从原来的2.25％调整为2.52％，经过几次加息后，到2007年12月21日调到了4.14％，2008年又连续几次调低利率，如今的一年定期存款利息为2.25％，为什么央行不断加息，又不断减息呢？

一个“三鹿奶粉事件”，为什么影响到了整个乳品行业，甚至造成所有的食品安全担忧呢？前几年养猪的专业户赚了很多钱，而今年为什么又赔本了呢？美国的次贷危机，为什么会蔓延成全球的金融危机呢？“中国制造”为什么要改提“中国创造”呢？如何完成这一转向呢？

这一系列的问题都是“经济”的相关问题，而我们高一的政治，就是学习“经济的常识”，学了高一政治，刚才的那么多“为什么”就迎刃而解了。

（师）请大家迅速浏览本书的目录，看看本书是按什么样的逻辑来讲述“经济常识”的。

（多媒体导出目录）第一课与第二课都有明显的“经济”二字，是经济的理论基础。第三课讲“企业和经营者”，他们承担着商品的生产与流通，可以说是经济的直接参与者；第四课讲“产业与劳动者”，也可以说是经济的直接参与者。所以我们可以笼统地说第三课与第四课是经济的生产环节。可见，我们高一政治是从经济的“理论”到“具体”来讲述经济常识的。

二、经济的含义

（师）既然学习与“经济”相关的知识，那什么叫做“经济”呢？同学们心中的“经济”是什么呢？

（甲生）钱，经济与钱分不开。

（师）你很实在！钱确实是经济中很重要的一部分，我们现在讲经济，没有钱的确不行。那我们通常讲的经济还与什么紧密联系在一起呢？

（乙生）国民经济。

（师）很好！经济可以是国民经济的泛称，包括工业经济、农业经济等。还有吗？

（丙生）家庭经济。

（师）你很聪明！国家有国民经济，小家也有家庭经济。比如一个家庭的收入、开支等，都是经济内容。“经济”一词源于古希腊，它的原意就是“家庭管理术”。还有我们买到便宜的好东西时，称它什么？

（生）经济实惠。

（师）对！经济实惠，这实际上和最初的“经济”含义是比较接近的。说了那么多与“经济”有关的概念，其实“经济”的定义已经出来了。

（多媒体显示）经济：(1)通常指一个国家的国民经济或国民经济的某一部门，例如工业、农业、商业、财政、金融等。(2)指经济基础，即一定历史时期的社会生产关系，包括生产、分配、交换和消费四个环节，它是政治和意识形态等上层建筑的基础。(3)指国家或个人的收支状况。如经济富裕、经济贫穷等。(4)节约。如经济实惠等。

(师)我们经济学上讲的经济主要指第二层含义。即一定历史时期的社会生产关系，包括生产、分配、交换和消费四个环节，它是政治和意识形态等上层建筑的基础。那么什么是生产、分配、交换和消费呢?

字典永远是我们学习的好伙伴，(将全班分成四个大组，每个大组查一个词语)下面大家分别查查看，经济学中的"经济"的四个环节究竟是何含义?

(小组分享)

生产:人们使用工具来创造各种生产资料和生活资料。

分配:把生产资料分给生产单位或把消费资料分给消费者。分配的方式决定于社会制度。

交换:人们的交换活动或交换劳动产品的过程。

消费:为了满足生产、生活的需要而消耗物质财富。

(多媒体显示)生产、分配、交换和消费的含义。

(师)知道了"经济"的含义，也知道了它的四个环节的意义，那么下面请大家来判断一下，看看这些信息中哪些是"经济信息"呢?

(多媒体显示)找出下列信息中的经济信息:

1.从2008年12月5日起，下调金融机构人民币存款准备金率1个百分点。

2.据悉，清华等5所名校2010年自主招生联考报名已结束，1月初笔试。

3.2008年8月8日，第29届奥运会在北京开幕。

4.2009年12月2日，2009年年度经济人物候选人出炉。

5.2009年4月份宁波市居民消费价格指数跌幅收窄0.2个百分点。

6.2009年12月7日起，联合国气候会议在哥本哈根召开。

7.2009年第三季中国国内生产总值(GDP)同比增长8.9%。

8.据介绍，截至2009年10月底，各类公司债券的存量达到2.15万亿元。

9.2008年3月第11届全国人大一次会议选举产生了161位全国人大常委会委员。

10.2009年上半年中国网购消费金额超千亿元。

小组讨论回答后教师点评。

(师)请大家阅读教材第一页的第一段，然后想想:我们身边还有哪些经济现象呢?

学生举例后教师点评。

三、经济常识的基本特征

(师)看来经济与我们的生活息息相关，无论是从个人、家庭还是社会的角度看，经济都显得举足轻重。作为中学生，为了更有效地参与经济活动，为了国家未来的经济建设，我们应该好好地学习经济!那我们高一所学的经济常识究竟是一门什么样的课程呢?它的基本特征是什么呢?请同学们阅读教材第二页第二段，概括出经济常识基本特征的三个方面分别是什么。

(甲生)基本观点是马克思主义经济学。

(师)很好!

（乙生）指导思想是邓小平理论和“三个代表”重要思想。

（师）很好！其实现在的教材里还加入了很多“科学发展观”的思想作为指导。

（丙生）基本知识是讲述与公民的经济生活密切相关的社会主义市场经济。

（师）很好！看来大家很会抓关键的词语和句子，三位同学的答案加起来也就构成了我们经济常识的基本特征。

（多媒体显示）经济常识的基本特征。

四、经济常识的主要内容

（师）了解了经济常识的基本特征，接下来我们来看看经济常识的主要内容包括哪些，请大家齐读教材第二页第三段。

（生）……

（师）细心的同学肯定发现了，前四项基本内容就是我们目录中的要点。而后四项基本内容则是我们下学期要学习的主要内容。所以，我们整个高一就学习“经济常识的主要内容”。

（多媒体显示）经济常识的主要内容。

（师）第一课与第二课主要是基础理论知识，第三课到第八课则讲具体知识，其中第三课到第七课主要讲国内经济，第八课讲的就是外贸方面的知识。

在第一课中，我们会学习商品、货币和价值规律的知识，从而知道商品、货币的产生与本质，了解为何同样的商品有时贵有时便宜，有的地方贵有的地方又便宜，它的本质何在？

在第二课中，我们会学习社会主义初级阶段的基本经济制度和社会主义市场经济基本特征的知识。任何经济都不可能脱离一定的社会制度而孤立存在，只有了解了我国当前的政策，才能更好地建设经济、发展经济，所以这些基础理论就是我们学习经济的基石，也是经济常识的重中之重。

第三课、第四课主要讲“生产领域”。在座的各位将来都会面临择业问题，该如何理性地选择？现在就应该培养自己哪些方面的素质？我们还应了解哪些政策、法规？劳动者的权利与义务都包括哪些？我国的社会保障制度如何？这些问题都会在第三、四课中找到答案。

第五课、第六课侧重讲“分配领域”。我国的财政、税收的性质、利用如何？纳税人的权利和义务如何？我国的银行正面临哪些问题？又有些什么样的特征？作为家庭成员，我们该如何理财？……这些问题都会在五、六课中找到答案。

第七课主要讲“交换和消费”。我们每个人每天都在消费，作为消费者，我们都有哪些权益？怎样维护自己的权益？等等常识会在第七课中学到。

第八课讲外贸方面的知识。现代经济越来越开放，国际市场是一个开放的市场，特别是我国加入WTO以来，对外经济往来更是日益频繁。作为21世纪的栋梁，我们不学习外贸知识就等于清政府当初选择“闭关自守”政策一样，被侵略者强行打开市场的结果是中国近代蒙受了长达半个多世纪的耻辱。

这就是我们高一政治的整体布局，经济常识的主要内容。这将是我们学习经济的开始，将实践与理念紧密结合起来，相信一定会充实大家的经济头脑，从而为将来的美好生活奠定基础。总之，经济的繁荣代表一个国家的强大，而强国才会富民，人们的生活才会安康。大家要加油哟！

五、学习经济常识的意义

综上所述，你认为学习“经济常识”有什么意义呢？请小组讨论后派一个代表来谈一谈。

（甲组）增强法律意识，维护消费者权益，反对不正当竞争。学习外贸的相关知识，为经济建设奠定基础。

（乙组）掌握价格变化的规律，按规律赚钱。

（丙组）了解我国现阶段的经济政策、方针等，明确经济发展的方向和任务等。

（丁组）学习理财的基本知识，提高经济素养。熟悉各项权利义务，依法办事，依法维权。

（师）看来同学们都认识到了学习经济常识的重要意义所在，归纳起来主要包括三个方面：（多媒体显示）

学习经济常识的重要意义
1. 了解我国经济概况，明确社会主义现代化建设的任务与方向。
2. 提高参与经济活动的能力，做有经济头脑的人。
3. 增强法制和道德观念，自觉规范自己在经济生活中的行为 。

（师）首先，我们要了解我国经济的概况，明确社会主义现代化建设的任务与方向。知道任务，明确方向，自己的行动才有方向和动力，小则让自己未来的生活更美好，大则更好地为祖国的建设作贡献。其实国家、国家，有国才有家，无数美好的小家汇聚成美好的国家，总之都是为了美好的未来。那我们社会主义的根本目标、根本任务又是什么呢？请大家迅速阅读教材第二页第六段，找出我们社会主义的根本目标、根本任务是什么，并概括出这一段还列出了哪些重要知识点。

（甲生）社会主义的根本目标是实现共同富裕，根本任务是解放和发展生产力。

（乙生）社会主义现代化建设的中心是经济建设。

（丙生）经济的发展是解决当代中国一切问题的关键。

（丁生）社会主义公有制是我国经济制度的基础。

（戊生）发展社会主义市场经济是我国经济振兴和社会进步的必由之路。

（多媒体显示）（重要知识点）

（师）很好！同学们对知识点的把握相当到位，看来大家都有学好经济常识的坚实基础，好好努力，相信学好经济常识对于大家来说并非难事。由上可知，经济是社会发展的重中之重，所以大家都要加油！

经济存在于一定的社会制度下，更离不开我们的日常生活，所以学习经济最直接的意义是要提高大家参与经济活动的能力，做有经济头脑的人。比如说：

作为劳动者——就要知道自己依法享有哪些权利和应尽的义务，以及基本技能和职业道德等。

作为消费者——要了解自己在商品服务市场上享有哪些权利，并依法保护自己的合法权益。

作为公民——要知道我国财政和税收的作用，树立“纳税人”意识。

作为家庭成员——要了解一些有关储蓄、股票、债券、保险等知识。

（想一想）如果你辛辛苦苦工作了一个月、甚至一年，却得不到报酬，你该怎么办？

（甲生）找老板。

（师）老板一再推托，或者就是避而不见，你又怎么办？

（乙生）找劳动局。

（师）有道理，劳动纠纷当然劳动局应该管管。还有其他的途径吗？

（丙生）向法院起诉。

（师）也不错，很有法律意识。但证据不可忽视，要维权不可无证据。所以一个有经济头脑的人没有法律意识是不行的。

（想一想）如果你买到的商品是伪劣产品，该怎么办？（小组讨论回答）

（甲组）找经销商或者厂家。

（师）很好！这是直接责任人，不找他们找谁承担呢？

（乙组）找工商局。

（师）很好！劳动纠纷找劳动局，经济纠纷就找工商局。经销商和厂家不理，咱就找他们的主管——工商局。

（丙组）打12315。

（师）很好！找消费者协会，那是我们消费者维权的社会组织，是保护消费者的正义组织。每年中央电视台都会在3月15日这天举办一个3·15晚会，关注经济生活的热点领域，向侵害消费者权益的行为和利益集团举起利剑，以维护消费者合法权益，大家很有必要关注。

（丁组）向法院起诉。

（师）很好！实在不行就拿起法律的武器来维权。以上的种种选择也可以说明大家都有一定的经济意识，如果加上对经济学的系统学习，相信大家一定会逐步提高辨别是非的能力，提高分析问题的能力，从而提高参与经济活动的能力。

（例一）19世纪30年代美国旧金山出现淘金热，大批人蜂拥去淘金。这时一个人发现淘金现场缺少干净的饮用水，于是他毅然放弃淘金去卖水。几年过去了，大多数淘金者都是失望而归，只有他——“卖水的”满载而归。这个故事告诉我们：致富不一定要去淘金，为淘金者提供服务也能创造巨大的财富。

（例二）2009年12月，重庆长安汽车股份有限公司董事长徐留平入围“央视年度经济人物”，成为西部地区唯一的候选人。

入围理由：2009年初，在汽车下乡尚未出台时，制定“决胜农村计划”，成为汽车下乡的领头羊，汽车下乡贡献占全国的35%，全国微车企业汽车下乡成为金融危机下最靓丽风景线。针对于农民工返乡，开展“长安送技能，创业在身边”活动，对上万返乡农民工进行技能培训。1～9月，长安累计销售汽车103万辆，市场累计销售600万辆，同比增长50.14%，高于行业近16个百分点。自主品牌车型占到企业整体销量三分之二强的突出表现，更令其成为国内汽车业一股具有鲜明特色的新势力。11月11日，长安汽车重组中航汽车项目，是近两年中国汽车行业的第三起重大并购活动，也是迄今为止央企之间汽车领域规模最大的战略重组。在海外基地建设上，长安已在美国、马来西亚、巴基斯坦、伊朗、乌克兰等国建成多条生产线，是国家首批"整车出口基地企业"。

他的成功一方面离不开国家的好政策，另一方面肯定也与他的经济头脑分不开。

（例三）以前我们读大学的时候，电话很少，亲朋好友之间的交流很多时候是通过书信进行的。记得当时我们班上有一个同学特喜欢集邮，他就经常往邮局、集邮协会等场所跑并买了很多很好看的邮票，将其贴在信封上，只以邮票的价格卖给同学们，这样一来，同学们既方便又实惠，他在丰富课余生活的同时还小赚了一笔，更重要的是因为他的兴趣和执着，最后在集邮协会谋到了一份不错的工作。这个小小的故事可以看出，其实经济无处不在，只要我们善于发现，动动脑子，就是一个有经济头脑的人。

可见，提高参与经济活动的能力，做有经济头脑的人，也不是什么高深莫测的事情，只要大家努力学习，善于发现、善于思考和分析，一切都不是难事。所以大家一定要珍惜时间多锻炼，将理论与实践紧密地联系起来，相信明天的年度经济人物一定会有你们的身影！

从刚才大家的发言来看，大家都意识到了在现代经济生活中，法律意识是不可缺失的，所以，学习经济常识还有一个很重要的意义就是，增强法制和道德观念，自觉规范自己在经济生活中的行为。

（多媒体视频：三鹿奶粉事件）

（师）从三鹿奶粉事件中，同学们有些什么启示呢？

（甲生）不讲道德，最终会自食其果。

（乙生）我们要拿起法律的武器维护自己的合法权益。

（丙生）国家要加强食品安全监管。

（丁生）要正当经营，否则害人又害己。

……

（师）市场经济不仅同一定的社会制度联系在一起，而且同社会主义物质文明和精神文明紧密联系。发展社会主义市场经济，有利于增强人们的自立意识、竞争意识、效率意识、民主法制意识和开拓创新精神。但市场调节也有自身的弱点，也会产生消极的影响，更需要加强法制建设和道德建设，需要必要的国家宏观调控，以有效地引导和规范经济生活，维护经济秩序。作为中学生，我们要全面提高自身的基本素质，自觉规范自己在经济活动中的行为，做一名有理想、有道德、有文化、有纪律的四有公民。

新课总结

（师）今天我们学习了《前言》的知识，了解了整个高一的教学内容，是什么？

（生）经济常识。

（师）什么是经济。

（生）经济就是一定历史时期的社会生产关系，包括生产、分配、交换和消费四个环节，它是政治和意识形态等上层建筑的基础。

（师）经济常识的基本特征包括？

（生）基本观点是马克思主义经济学；指导思想是邓小平理论、"三个代表"和科学发展观；基本知识是与公民的经济生活密切相关的社会主义市场经济。

（师）主要内容包括？

（生）关于商品、货币、价值规律的知识；关于社会主义初级阶段的经济制度和社会主义市场经济基本特征的知识；关于企业和经营者的知识；关于三大产业和劳动者的权利义务，以及与此相关的社会保障制度的知识；关于财政、税收与纳税人的知识；关于我国银行和理财方面的知识；关于商品服务市场、家庭消费，以及消费者合法权益的知识；关于当代世界市场和我国对外贸易的知识。

（师）学习经济常识的意义何在？

（生）了解我国经济概况，明确社会主义现代化建设的任务与方向。提高参与经济活动的能力，做有经济头脑的人。增强法制和道德观念，自觉规范自己在经济生活中的行为。

课堂练习

（师）很好，下面我们来做几道练习题。

（多媒体显示）

1. 下列各项属于经济现象的是（　　）

A. 全国各地劳动群众欢度 2009 年“五一”劳动节

B. 西部某地区走产业化经营道路，脱贫致富

C. 北京奥运会于 2008 年 8 月 8 日胜利开幕

D. 湖南省某副镇长因贿选受处分

（答案：B）

2. 毛泽东说：“马克思主义者认为人类的生产劳动是基本的实践活动，是决定其他一切活动的基础。”这句话说明（　　）

①生产活动搞好了，其他活动就搞好了

②人类总是在一定的生产资料所有制的基础上进行生产活动的

③ 经济活动决定其他一切社会活动

④物质资料的生产活动是人类社会生存发展的基础

A. ①②　　B. ②③　　C. ③④　　D. ①④

（答案：C）

3. 学了《前言》，同学们对学习经济常识的意义有所议论，这里收集了几位同学的看法，整理成四个选项。其中，正确的有（　　）

A. 这门课程能帮助我们认清社会主义中国的现状和前途，将来无论干什么都有用

B. 这门课能够使我们成为有经济头脑的人，长大了炒股、经商肯定只赚不赔

C. 对于一辈子不准备做经济工作的人，学好学不好，意义不大

D. 谁能离开经济生活呢？哪怕是做一个消费者，也要维护自身的合法权益，不学也不行，何况消费也是经济

（答案：D）

作业

必做题：

1. 谈谈你打算如何学好经济常识。

2. 调查你父母最关心的经济问题是什么。

选做题(选做一道或两道)：

1. 你最关心的经济问题是什么？

2. 你认为怎样才能避免"三鹿奶粉"这样的事件发生？

个性化教学

高中政治课程相对初中来说难了很多，作为高中政治的第一课，既要让学生明白高中课程的变化，又不能让学生感觉太难从而失去信心。关键是要激发学生们学习的兴趣，让学生明白学习的积极性和主动性的重要性。所以，一定要让课堂灵活、丰富、充满个性，以激发学生学习的热情。

一、用鲜活的实例吸引学生的注意

身边的经济现象、近期的经济信息等都是同学们的所见所闻，但几乎没有人对这些事情深入分析，当然他们此时也不可能有多深的理解。将这些鲜活的实例引入课堂中，加以一定的理论提示，同学们会感觉原来政治还解决这么多问题，很实用，从而对这门课程产生兴趣。

彩电、手机是同学们再熟悉不过的商品了，而三鹿奶粉事件、金融危机等都是近期的热门话题，用这些内容就像聊天一样便将学生引到了课堂上，让学生感觉经济并不高深，从而轻松进入学习状态。

除了新课的引入外，课堂教学也离不开实例。只有更多地引进生活中的实例，才能更形象、直观地教学，让理论与实际紧密结合，学以致用，才能让学生的兴趣持续。

引用的实例注意了多样化，既有身边的经济现象、近期的经济信息，也有海外的经济问题、经典的经济故事和其他有效的经济内容。如在讲学习经济常识的意义时就引用了不同时期不同类型的实例。同时也让学生明白：学习政治要紧密联系时事。

二、突出学生的主体地位和教师的主导作用

(一)用设问引导学生解决问题

通过设问引导学生学习的方向，可以诱发学生解决问题的欲望，使其主动思考、深入理解，增强学习的动力。

新课导入就用了一系列的设问以吸引学生的注意。在"经济常识的内容"教学中又提出很多相应的问题，让学生明白高一政治要解决哪些问题，做到心中有数。针对学生热情的高低，有的问题适当分析，有的问题加以引导，有的问题让学生讨论，有的则留到以后解决，如此不紧不慢，有的放矢，能更大限度地激发学生的兴趣。

(二)合作探究与自主学习

学习主要是掌握学习的方法，所以学习方法的引导是必不可少的。合作探究不仅是

实践出真知，也是对学生合作能力以及集体主义精神的培养。高中生在学习上表现出更强的目的性和自觉性，教师要注意引导其自主学习。

在“经济的含义”及“经济信息”的教学中，注重了学习方法的推荐和引导，并综合运用了讨论、交流、归纳与演绎、分析与综合相结合，以及小组活动等个性化教学方式。

三、灵活教学

教学之前认真备课，备好教材和学生，但学生个体差异较大，每个班的问题要灵活处理，根据学生的具体情况增减内容。另外，作业设计有学生必做和选做，让学生自主选择，这也是了解学生情况的一条渠道。

作业设计及检测

（见“课堂教学过程结构设计”中的“课堂练习”）

前言题目的设计应简单，以培养学生学习兴趣、树立自信为主，所以没什么难度。只要注意提醒单选还是多选就行。另外，设置选做内容，让学生根据自身情况自主选择，体现个性化教学。

教学反思与总结

教学应注意以生为本、化难为易

教学过程设计整体偏复杂，应注意简化。特别是一开始就不能让学生觉得难度太大，从而树立不起学好“经济常识”的信心。正因为教学过程偏繁琐，所以显得时间很紧张，教学目标不能达到预期效果。经过反思，我觉得可以从以下几个方面改进。

一、对于经济的概念可以直接参考字典的解释，这样更直接准确

让学生从目录中概括出“经济”这一关键词很容易。但接下来的“经济”的含义，很多学生最直接的感觉就是“钱”，对其具体含义则不太熟悉。花时间去引导学生对经济含义的理解虽然说能加深他们对经济的印象，但这个概念本就不是该课学习的重点，也不要求学生掌握，在引导上花时间既会导致让课堂时间偏紧，又会让多数学生认为意义不大，从而提不起对“经济”的兴趣。

所以，可以省去引导学生谈“经济概念”这一环节，直接引导一种直接、快捷的学习方法——查字典。这是“自主学习”很重要的方法，俗话说得好：授人以鱼，不如授人以渔。学习方法的掌握会让学生的学习事半功倍。

二、在列举经济现象时，可以引导学生谈“未来经济”

书上对身边的经济现象都列举得差不多了，学生一目了然。如果再叫其列举，并无什么新意，也不容易激起学生的兴趣。如果此时可以叫学生谈谈未来经济，说说一些想象，则会让学生的兴趣很容易被激起，从而积极地参与进课堂互动之中，达到本课培养学生兴趣的目的。另一方面，“不怕做不到，只怕想不到”，今天的想象就是明天的现实，而高中生正是明天科技的创造者，未来建设的栋梁，设计这一环节也是对其情感、态度和价值观很好的导向。可谓是一举多得。

三、案例教学必不可少,但应掌握好度

应根据不同的班级情况灵活运用预设的案例。在教学学习经济常识的第二个意义时,原本是为了突出“提高参与经济活动的能力,做有经济头脑的人”不难,且十分必要,但例子过多则显得主题被模糊了。

应注意从远及近,说明“做有经济头脑的人”其实很容易;从小范围到大范围,突出“经济头脑”在现代生活的重要性。例子可以根据班级的具体情况选择。对于两个“想一想”,则有浪费时间之意,完全可以删除一个。

四、第三个意义让学生通过案例得出,但“市场调节”应注意分析背景

“三鹿奶粉事件”多数学生都比较熟悉,通过视频回顾,学生很容易分析出“增强法制和道德观念,自学规范自己在经济生活中的行为”的重要性,从而理解学习“经济常识的这一重要意义”。但对于“市场调节”这一概念,学生却是很模糊的。对此,可以通过“计划经济”和学生熟悉的“自然经济”辅以介绍。让“计划”与“市场”以及“宏观调控”在学生心中埋下伏笔,对社会主义市场经济有个初步的了解,加深对党的政策方针的理解,培养其关注国家方针政策的意识。从而让“情感、态度与价值观”的培养落到实处。这也是“政治”作为学生德育培养的专门课程所必须要注重的环节。

总之,要灵活运用教学设计,注重分析点评。如果班上的学生总体比较活跃,则可增加互动的环节;如果班上的学生总体比较沉闷,则需多加引导,引入更多的实例以吸引其参与。一句话:教学要以学生为本,要化难为易。

专家点评及学生反馈

专家点评:

教学重难点突出,在引导学生学习的方法和参与课堂互动方面做得不错。也很注重学生的个体与整体,教学灵活,师生的角色定位很好。只是教学内容偏多,在学习经济常识的意义时,案例显得偏多,要注意根据课时删减。总体显得教学节奏偏快,可能用两课时讲授效果会更好。

学生反馈:

通过这节课的学习,我们深深感到高中政治与初中政治的不同,与生活更贴近,更实用。作业中必做题的1小题起到一个目标导向的作用,有计划才能更好地学习,而方法显得尤为重要,所以这一题很有必要。通过作业必做题2小题,我们与父母的关系似乎拉近了很多,大多数同学平时只知道伸手向父母要钱,根本就没有考虑过他们的难处,对于经济问题也很少与他们有交流。这一次调查不仅让我们与父母有了经济观点的交流,更重要的是我们都在这个过程中成熟了不少。选做题也很有意思,感觉我们受到了无比的尊重。

参考资料

教育部普通高中思想政治课程标准实验教材编写组编著.全日制普通高级中学思想政治(试用修订本·必修)一年级(上册)教师教学用书.北京:人民教育出版社,2008年

《经济常识前言》教学设计

重庆市巫山高级中学　史红春

教学内容分析

1. 高中政治的构成。
2. 经济常识的性质。
3. 经济常识的主要内容。
4. 学习经济常识的重要意义。
5. 如何认识和评价经济现象。

即按"经济常识是一门什么课程、为什么要学习这门课程、怎样学习这门课程"的逻辑思路推进教学流程。

学生情况分析

分析依据:学生学前调查(本届学生初中学习政治的普遍模式,学生、家长对学习政治的看法等)

1. 大多数同学初中对政治不感兴趣,尤其是开卷考试认为简单但总不能得高分,普遍认为政治不好学,对学习政治的态度偏见较大,凭感觉轻学习方法,理性分析意识淡薄,畏惧心理普遍严重。

2. 高一学生第一次接触高中教材,新奇中又有惶恐。

3. 学生在生活中对经济现象自觉、不自觉的有所参与,尤其是经济生活,有一定生活体验,这是培养学生学习兴趣的重要资源。

教学方法选择

案例教学法、指导阅读法、教师讲解和学生自我对照法

教学环境与教学媒体选择

多媒体教室

板书设计

1.高中政治的构成:经济常识(上、下册)——(高一一学年)(三大板块);哲学常识(上、下册)——(高二一学年)——会考;政治常识(全一册)——高三、高考复习及高考

2.经济常识的性质

3.经济常识的主要内容

4.学习经济常识的重要意义

5.如何认识和评价经济现象(是什么、为什么、怎么样、怎么办)?

教学目标

1.知识目标:感知高中政治的内容(内容构成),感知经济现象;了解经济常识的主要内容,根据内容理解学习经济常识的意义;初步领会学习经济常识的方法。

2.能力目标:通过对经济常识主要内容的介绍,理解学习经济常识的意义,初步培养学生分析问题、认识问题的能力及阅读能力和理论联系实际的能力。

3.情感态度价值观目标:进行初、高中衔接教育,激发学生学习高中政治的热情;通过教学,使学生初步认识到今后要适应社会发展的要求,必须努力提高自己参与经济活动的能力,增强法制、道德观念,自觉规范自己在经济活动中的行为。

重点与难点分析

重点:经济常识的主要内容和怎样学习经济常识。

难点:激发学生学习高中政治的热情。

课堂教学过程结构设计

(师)多媒体展示学校大门、本年级教学楼、学校有代表性能励志的照片,打出"欢迎同学们"、"腾飞的起点"等字样。(拉近与学生的距离,引导学生立志,明确学习目标,调动学习热情,其中实现理想的重要步骤是学好政治这门课程,自然过渡到教学内容。)

高中政治学些什么内容呢?

教学流程一

感知高中政治,激发学习热情。(这一环节教师在操作上只需要让学生知道即可,学生讨论、典型材料展示以及涉及的道理都不要花太多时间,重心放在"教师深化点拨"上,

否则不仅不能达到教学设计的目的，反而还会使学生有“你不说我倒还明白，越说我越糊涂的感觉”）

（生）简述“三鹿事件”（时间、地点、涉及人物、事件的起因、经过、结果等）。

（讨论）此事件涉及哪些主体？这一事件有哪些影响？

（师）根据学生的讨论，教师展示典型图片、视频、文字材料等。针对投影中的典型材料，联系教材章节（涉及经济常识上册的章节要求学生跟着翻目录并用铅笔作记号，以便引起学生“一个事件体现这么多原理”的共鸣）。

主体：奶粉——商品——经济常识（第一课第一节：商品、价值规律）

三鹿公司——经济常识（第三课第一节：企业及其作用，公司是企业的一种重要形式）

影响1：

三鹿毒奶粉事件曝出以来，中国已经查出了29万的肾结石娃娃，有12892名婴幼儿因食用奶粉住院治疗，并收回了700吨受污染的三鹿奶粉，对整个社会的影响很大。

——经济常识（第七课：消费者的权利与义务）

影响2：

毒奶粉事件加速了行业洗牌，龙头企业受重伤，蒙牛首现巨亏9亿，伊利也预亏，但反观二线乳企从中得利，三鹿宣布破产有利三元收购。

——经济常识（第一课第三节：价值规律）（第三课第一节：企业的经济效益中企业的兼并和破产）

影响3：

三鹿事件爆发以来，中国乳品行业大地震，乳业损失超过了200亿元，至今整个行业停产率仍达20%，并且，受三聚氰胺风波影响，中国食品商难觅明年的出口订单。

——经济常识（第八课：对外经济关系）

影响4：

“三鹿事件”后网友对“三鹿品牌”的态度，对“三鹿”品牌代言人的美誉度（图示）、替代品关注点转移分析。

——经济常识（第七课：消费者的权利与义务）（第三课：企业的信誉和形象）

事件处理1：

温家宝：奶粉事件我们感到很内疚。

温家宝总理语重心长地说：“企业家要认真贯彻国家政策，关心社会，承担必要的社会责任。企业家不仅要懂经营、会管理，企业家的身上还应该流着道德的血液。”

——经济常识（第三课：企业的信誉和形象）

事件处理2：

三鹿案：石家庄副市长免职，三鹿董事长被罢免。

2008年12月31日晚，三鹿集团原董事长田文华在法庭上流泪。

——经济常识（第二课：市场经济的法制性特征）（第七课：市场交易原则）

（师）引导学生看目录的记号，以便引起学生“一个事件体现这么多原理”的共鸣。然后进一步展示体现的哲学、政治常识道理，让学生惊叹，从而激发学习兴趣。

投影展示对本事件的哲学思考、政治学思考。

(哲学思考)

意识的反作用:意识对客观事物的反作用的含义——哲学常识(第一课:整体与部分的辩证关系),因果联系——哲学常识(第二课:矛盾就是对立统一、主次矛盾的辩证关系),任何事物的发展都是前进性与曲折性的统一——哲学常识(第三课、第四课),价值观的导向作用——哲学常识(第六课),人民群众是实践的主体,是历史的创造者——哲学常识(第八课)。

(政治学思考)

1. 我国的国家性质决定的。我国是人民民主专政的社会主义国家,人民是国家的主人。

2. 国家机构的组织和活动原则。我国国家机构是人民利益的执行者和捍卫者,重视食品质量安全体现了坚持对人民负责的原则。对人民负责,努力为人民服务,是一切国家机关及其工作人员的行为准则和工作宗旨。高度重视食品质量安全正是坚持对人民负责原则的体现。

3. 体现了国家职能。国家要履行经济、社会公共服务、文化等职能。国家性质决定国家职能,高度重视食品质量安全是维护人民群众的根本利益的表现。

——政治常识(第一课、第二课)。

4. 我国坚持公民在法律面前一律平等的原则

5. 有利于构建社会主义和谐社会。

——政治常识(第二课)。

6. 这是由党的性质、宗旨决定的,是贯彻"三个代表"重要思想、落实科学发展观的体现。——政治常识(第三课)。

(师)在学生的惊叹中,教师对这一环节深化点拨:

第一,常言道:外行看热闹,内行看门道。学习高中政治,不仅是为了高考,它更能让我们会看"门道",使我们更有思想,思维更理性,更有见识,有见解,能让我们成为一个既有广度又有深度的人,学好高中政治,既对高考有用,更对人生有用。希望大家学好政治,争做"内行"。(调动学习热情,激发学习兴趣,达到"我要学"的目的)

第二,事件中的主体,不论是个人还是组织,经济学中统称为经济活动的参加者,具体地称为生产者、消费者、经营者、销售者(很多学生能答)等,他们在经济活动中扮演着不同的角色(一个人可能在不同的场合扮演不同的角色),有相应的权利和义务。(为讲后面"意义"第二点即"为什么学"做铺垫)

第三,对这一事件的分析过程,是学习政治的基本分析方法之一——实际联系理论,透过现象看本质,这是学习高中政治常用的方法。(为讲后面"如何学"第二点做铺垫)

第四,高中政治的构成:经济常识(上、下册)——(高一一学年)(三大板块);哲学常识(上、下册)——(高二一学年)——会考;政治常识(全一册)——高三、高考复习及高考。

教学流程二

回归教材,将学习热情转化为实际行动。这一环节教师在操作上注意把握四点:一是要求学生要能把“导读提示”的内容与“逻辑思路”对应，引导学生理性思维；二是引导学生要注重知识体系的构建；三是“意义”略讲，只结合教材表述点拨对谁（主体）有意义，有什么意义即可，并结合“教学流程一”；四是重心要放在“如何学习这门课程”这一环节，增强学生学习的可操作性，从而把学生的学习热情转化为学习行为。

（师）首先学习经济常识的《前言》，请学生带着导读提示、逻辑思路读教材。

逻辑思路：经济常识是一门什么课程、为什么要学习这门课程、怎样学习这门课程。

导读提示：

1. 经济常识的指导思想

2. 经济常识的主要内容

3. 学习经济常识的重要意义

4. 如何学习这门课程？

（师）要求学生要能把“导读提示”的内容与“逻辑思路”对应，即导读1、2属于“是什么”，导读3即解答“为什么”，导读4即解答“怎么办”。

（师）展示经济常识知识要点：

<table>
<tr><td rowspan="2">第一部分（基本理论）</td><td colspan="2">第一课　商品、货币、价值规律</td></tr>
<tr><td colspan="2">第二课　社会主义初级阶段的经济制度和社会主义市场经济</td></tr>
<tr><td rowspan="7">第二部分（具体知识）</td><td>第三课　企业和经营者</td><td rowspan="2">生产</td></tr>
<tr><td>第四课　产业和劳动者</td></tr>
<tr><td>第五课　财政税收和纳税人</td><td rowspan="2">分配</td></tr>
<tr><td>第六课　银行和储蓄者</td></tr>
<tr><td>第七课　商品劳务市场和消费者</td><td>第一节　交换
第二节　消费</td></tr>
<tr><td>第八课　世界市场和我国的对外贸易</td><td>对外经济</td></tr>
</table>

（生）就“社会再生产四环节”生产、分配、交换、消费各自举例（联系学生生活体验，感知政治就在身边，虽然还没学习，实际上已知道很多，克服畏难情绪，激发学习兴趣）。

（师）针对内容点拨“意义”（见教材）。

（师）介绍学习经济常识的方法（这一环节要应到学生做好学习高中政治的心理、物质及方法等准备，尤其是心理准备）。

1. 转变学习政治的观念，树立正确的师生观，学习政治观。

2. 学习政治要求

（1）学会记笔记：领会为什么要记笔记、怎样记笔记，即梳理教材知识点（把知识点问题化、要点化），记笔记是为了理解、深化、运用教材知识点。笔记记在教材知识点相应的地方。新课时用黑色笔记，复习用彩色笔，以便突出重点和盲点。

（2）注重领悟积累学习方法、解题思路，在理解的基础上记忆知识点，记忆要准确。

（3）当天内容当天复习，练习要过手。

3. 如何认识和评价经济现象

（基本经济道理与联系实际分析）

(1)明确经济现象的类别

按范围大小划分，有宏观经济现象(一定社会在某一时期具有普遍性、全局性的经济现象，其影响力比较大)和微观经济现象(一定社会某一时期个别市场主体表现出来的经济行为)。

按社会再生产过程的环节划分，可以分为生产现象、分配现象、交换现象、消费现象。

根据国民经济的部门划分为农村经济现象、企业经济现象等。

(2)观察、积累一定数据，并能分析出这些数据反映了什么经济现象。(是什么)

(3)分析经济现象产生的原因(客观原因、主观原因)。(为什么)

(4)分析经济现象的影响。(怎么样)

客观、辩证地分析：良好的经济现象，从意义、积极作用等方面说明其重要性；反之，要讲明其危害性。

(5)针对经济现象的利弊表明自己受到的启示或应采取的措施。(怎么办)

如果是良好的经济现象，我们应如何坚持和发展；反之，我们应如何避免和克服。

本课小结：(见板书设计)

教学流程三

牛刀小试，增强学习信心(这一环节教师在操作上学生回答投影展示的练习题后，引导学生联系自己生活实际举例)。

思考“理解测试”：写一篇简短的自我介绍及对政治的看法。

个性化教学

设计1：以“三鹿事件”为情景，引导学生讨论、分析，让学生感知高中政治的内容(经、哲、政)，让学生感知高中政治的有趣与有用。

设计2：对社会再生产的四环节的讲解，让学生自己举例，联系自己的生活实际，了解自己在经济活动中充当的不同角色及权利与义务，既打破学生对政治的神秘感，又提高其参与经济活动的自觉性。

设计3：对“怎样学”的指导上，既立足于教材又联系教师教育教学经验等实际，增强学生学习的可操作性。

作业设计及检测

下列属于经济现象的是：

①中共十七大召开；②美国的“反恐”斗争；③李某下岗后自谋职业；④西部大开发中四大工程；⑤某企业进行股份制改造；⑥某厂采用新技术后经济效益显著提高；⑦全国各地劳动群众欢度2009年“五一”劳动节；⑧西部某地区走产业化经营道路，脱贫致富；⑨湖南某镇副镇长因贿选镇长而受处分

(答案：③④⑤⑥⑧。预期错误：政治现象、经济现象混淆。处理办法：1.判断对的给予鼓励，判断错了的，轻松地告诉学生，不要紧，正因为如此才要学高中政治，今后具体学习中专门分析这些现象，以此激发学生学习兴趣。2.鼓励学生联系自己生活和了解的信

息等实际举例，让学生尤其是判断错误的学生觉得自己还是知道很多经济现象的，这样既扩展了学生的思路，又增强学生学习信心。）

教学反思与总结

一、反思教学设计

《前言》课是起始课，要有高度、信度和可操作度，落脚点是做好高初中衔接。

前言课是一门课程的“引擎”，“良好的开端是成功的一半”。经济常识的前言课是师生共同面临的第一节课，虽然从高考考纲上看，没有考点，但上好这堂课，对学生的学习和教师的教学会带来潜在的重要影响。

“有高度”，即通过营建课堂情境，如：展示学校标志性的建筑（校门、学生将生活三年的教学楼、校训等），并命名为“腾飞的起点”，引导学生立志，激发学生爱校热情，并把学生进入高中，想在这个新起点上大展宏图的盲目激情引导到具体目标、具体行动中。概括起来说，就是引导学生立志、爱校、爱学习，营建学习大环境。

“有信度”，一方面表现在教学内容的设计上，处处要让学生感受到学习高中政治不仅对考试有用，更对人生有用；另一方面，尽可能让学生信老师。“亲其师，才信其道”，前言课是学生对任课教师的第一印象课，这堂课上得好，不仅能一下子拉近师生间距离，还能起到学生因喜欢这个任课老师而喜欢这门课程的作用。

“有可操作度”，即要学生清楚“怎样学”，教材对这个环节讲得较简单，但我认为应重点处理，学生对此门课程热情再大，如果觉得无从入手，束手无策，教学效果则会虎头蛇尾，事倍功半。“不以规矩不能成方圆”，前言课的一个重要环节之一，就是告知学生学前准备（尤其是心理准备）及学习要求。

二、反思教学过程

讨论“三鹿事件”时，要注意控制课堂节奏，教师点拨所体现的经济常识、哲学常识、政治常识的知识点时不宜详讲，可借助投影让学生直观感受到“这一现象还揭示了这么多道理”即可。否则一课时无法完成教学任务。教学流程节奏可以快点，但教师深化点拨要让学生“深有感触”。

通过对学习方法和学习要求的介绍，有利于学生初高中的衔接和顺利过渡。

三、反思教学效果

从课堂节奏、教学流程的推进和师生的互动上，感觉教学气氛比较好。

从学生的课后作业——自我介绍及对政治的看法看，效果比想象中还好。学生写道：

“一个事件能从这么多的角度，能用这么多的知识点来分析！”“听了您的第一堂课后，您的一些话似乎也让我领悟到了一些东西，我希望这会是一个好的开始”，“我很荣幸能成为您的学生，听了您的讲课，我更深刻地认识到我以前学得是多么浅显”，“初次接受您的教学方式，已经有所了解，应该会适应得比较快”，“平时自问初中政治学得不错，但今日听君一席话，我才知道自己以前是多么无知，我才明白我对政治这门学科的认识还是太肤浅，所以我决定在新的高中学习中一定非常重视政治这门学科，不仅是学习政治，还要学懂，学精”。

总之，本堂课我注重渗透新课程理念，在设计上既注重尊重教材，又兼顾学生刚上高中的心理特点，既是一堂新课，更是一堂学前动员课。旨在激发学生学习热情，引导学生初高中的衔接，更快适应高中学习。

专家点评及学生反馈

专家点评：

该教学案例设计大气，创设情景引导学生由爱学习、爱政治，我要学，到我怎么学，不为上课而上课，既立足于教材又高于教材。

该教学案例不仅很好地体现了新课程理念，注重师生互动，始终凸显学生主体，更紧扣了《前言》课的特点，该教学案例突破了传统《前言》课的“学习导入”，提升到了一定的“绪论”性质，这对唤起学生强烈的学习兴趣和愿望，影响学生以后对政治课的学习态度和热情，能够引领学生积极主动地走向教材、探求新知，这些都远远超过了知识教学本身。

该教学案例不仅仅是一堂新课，更是一堂学前动员课，在设计上既注重尊重教材，又兼顾学生刚上高中的心理特点，不仅激发学生学习热情，更引导学生初高中的衔接，更快适应高中学习。

该教学案例始终坚持正面引导原则，把调动学生的情绪情感贯穿教学的始终。

学生反馈：

从课堂节奏、教学流程的推进和师生的互动上，感觉教学气氛比较好。

学生在他们的课后作业——自我介绍及对政治的看法中写道：“一个事件能从这么多的角度，能用这么多的知识点来分析！”“听了您的第一堂课后，您的一些话似乎也让我领悟到了一些东西，我希望这会是一个好的开始”，“我很荣幸能成为您的学生，听了您的讲课，我更深刻地认识到我以前学得是多么浅显”，“初次接受您的教学方式，已经有所了解，应该会适应得比较快”，“平时自问初中政治学得还不错，但今日听君一席话，我才知道自己以前是多么无知，我才明白我对政治这门学科的认识还是太肤浅，所以我决定在新的高中学习中一定非常重视政治这门学科，不仅是学习政治，还要学懂，学精”。

参考资料

1. 薛金星主编. 中学教材全解高一思想政治（上）. 陕西：陕西人民教育出版社，2005 年

2. 小学思想品德和中学思想政治教材编写委员会编著. 全日制普通高级中学思想政治（试用修订本· 必修）一年级（上册）教师教学用书. 北京：人民教育出版社，2003 年

《价值规律的内容和表现形式》教学设计

重庆市第七中学　刘川

教学内容分析

1. 价值规律的内容。

2. 价值规律的表现形式，价格围绕价值上下波动是价值规律的唯一表现形式。

学生情况分析

我所教的是高一年级的学生，他们经过 1 个多月的适应已经实现了从初中到高中的转变。从认知能力上看，高一学生的抽象思维日益占主要地位，同时思维的独立性与批判性有显著的发展，但是，进行抽象思维往往还需要具体形象做支柱，并且在独立思考时容易出现片面性，因此在讲本课知识点的时候，教师要注意理论联系实际，运用时事热点来解释说明书本的主干理论知识。

教学方法选择

教法：讲练结合法、情景感悟法

学法：合作探究法、自学法

教学环境与教学媒体选择

多媒体教室

板书设计

一、价值规律的内容和表现形式
1. 价值规律的内容
2. 价格与供求相互影响、相互制约
二、价格围绕价值上下波动是价值规律的表现形式
1. 等价交换原则
2. 价值规律的表现形式

教学目标

1. 知识目标：识记价值规律的内容，掌握和理解价值规律的表现形式。

2. 能力目标：通过对价值规律内容和表现形式的学习，提高学生对价值规律的认识能力、分析能力和判断能力。

3. 情感态度价值观目标：通过对价值规律的认识，更好地理解国家有关经济政策，做发展社会主义市场经济的宣传者和促进者。

重点与难点分析

重点：价值规律的表现形式。

难点：等价交换如何贯彻。

课堂教学过程结构设计

复习提问·导入新课

问题：1. 商品的价值量是由什么决定的？2. 价值与价格的关系是怎样的？

漫画引入·创设情境

（多媒体展示）三幅漫画：《不赶趟》

（思考）《不赶趟》反映了什么样的经济现象？

（生）……

（师）分析三幅图传达的信息。

（师）联系中秋节前后月饼销售情况差异，请问，月饼在中秋前后价格差距这么大，跟月饼本身的价值有没有关系？

（生）没有。

（师）那我们仔细想想为什么月饼价格会有这么大的变化呢？

(生)供应量发生了变化。

(师)有的说是供应量不一样,好,我们再回过头来看“不赶趟”,这是什么原因造成的?

(生)需求量不一样。

(师)当什么时候价格上涨?什么时候价格又下跌呢?

(生)当供不应求时价格上涨;当供过于求时价格下跌。

(师)那说明价格与供求之间存在什么?存在着某种联系,也就是说鸡蛋价格上涨的背后存在着一条客观规律在起作用,这也就是我们今天所要学习的内容:价值规律的内容和表现形式。下面打开书翻到第三节,看一看什么是价值规律。

(生)……

激起兴趣 · 步入新课

(多媒体展示)价值规律的内容

① 

价值════交换价值

两件商品为什么能够交换?两件商品交换必须遵循什么原则?

② 

价值════价格════价值

货币产生以后,等价交换就变为商品的价值和价格相符。

(师)那么我们刚刚看到的《不赶趟》这幅漫画,鸡蛋价格是怎样的?是波动的对吧?当然,细心的同学们会发现这样的一种情况:陪妈妈上街购物,上周末还是一个价,到这周末就不一样了,下周去价格又会发生变化,比如我们常常要消费的猪肉就是这样一种情况。猪肉的价格又是怎样的呢?多媒体展示视频“猪肉价格追问”。

合作探究 · 生成知识

同学们一起来思考几个问题:

1. 既然商品的价格是由价值决定的,那为什么视频中猪肉的价格却在不断地上下波动?

2. 猪肉的价格为什么不会一直上涨或一直下跌?

3. 在这个过程中等价交换原则是否得到了贯彻?为什么?(多媒体展示)

好,同学们针对这三个问题讨论一下。我们先来讨论第一个问题:猪肉价格为什么不断地上下波动?

【学生讨论】

(生)供不应求导致价格上涨。

(师)说明供求与价格之间有关系吗?有关系,我们说他们之间是相互影响相互制约的。价格与供求相互影响相互制约,那么价格下跌是什么原因引起的?

(生)供过于求价格下跌。

(师)对了,供过于求——价格下跌。我们接着来讨论第二个问题,为什么价格不会一直上涨?

(生)价格太高就卖不出去了。

(师)那为什么凡·高的画就能以一千多万美元高价卖出去了呢?是因为什么?凡·高的画现在还能不能生产啊?

(生)不能,这是名画。

(师)很好,那我们回过头来看我们所消费的猪肉呢?一直可以生产,也就是说猪肉价格不会一直上涨一直下跌关键在于什么?

(生)在于生产的调整。

(师)对,关键在于生产,凡·高的名画不能再生产,而猪肉却是可以不断生产的。那同学们想一想短片里的养猪户养猪是干什么用的?

(生)赚钱。

(师)也就是奔着利润去的,所以当猪肉价格上涨时,养猪户会扩大生产。即价格上涨——生产扩大,生猪大量生产,猪肉大量投放到市场,原来的供不应求就变成现在的供过于求了,于是猪肉大量剩余卖不出去,供过于求——价格下跌,价格下跌后会使养猪户的利润减少,原来的赚钱变得不赚钱甚至是亏本了,于是缩小生产,"挥泪杀猪拆猪圈",猪肉供应量又变得怎样?大量减少,市场上猪肉变得供不应求,这个时候价格又引起新一轮的价格上涨,形成了一个循环。

价格上涨→获利增加→生产扩大→供过于求
↑　　　　　　　　　　　　　　　　↓
供不应求←生产缩小←获利减少←价格下降

那么,在这个关系图中猪肉价格为什么不会一直上涨也不会一直下跌呢?

【学生讨论】

(师)有同学说是由价值决定的,很正确。那么猪肉价格涨到一定程度就会回落,这是为什么呢?影响因素很多,关键环节在于生产,生产扩大了才导致的供过于求价格回落。比如我们说凡·高的名画,包括我们发掘的古董,价格一个劲儿地往上涨,就是由于没有生产。

由此可以看出,价格波动与供求之间有没有联系呢?有,而且有着十分密切的联系:供求影响价格,价格反过来也影响供求,使得价格围绕价值上下波动,不会一直上涨也不会一直下跌,不会偏离价值太远。这里的根本原因就在于价格是由价值决定的,中间的一个关键环节就是生产的调整,使得价格围绕价值上下波动。

(师)好,同学们接着来讨论第三个问题:等价交换原则有没有得到贯彻?或者说价格是否与价值保持了一致?

【学生讨论】

(师)有的说贯彻了,有的说没贯彻,两种说法怎么样?

(生)都有道理。

（师）对。有没有同学来说一下实现了或者没有实现的理由？

（生）……

（师）同学们注意一下，等价交换原则得到了贯彻，怎么理解？

这里说的等价交换即价格与价值保持一致，是指一种动态的平衡，也就是说从单个静止的点上看价格与价值似乎发生了偏离，但从长期的动态中来看，价格上涨的部分与下跌的部分怎么样？

（生）抵消了。

（师）基本可以抵消，也就是说价格的平均值是与价值保持一致，这种“一致”表现的是一种趋势。因此，在这里我们得出了这样一个结论：价格围绕价值上下波动是价值规律的表现形式，而且是唯一可能的表现形式。价格围绕价值上下波动是价值规律的表现形式。

因此，我们得出这样一个结论：从一个较长时期看，商品的价格与价值还是一致的，社会必要劳动时间决定价值量，等价交换是作为一种趋势在起作用。

总结知识·深化拓展

【思考】文物、古董价格很高，也不围绕价值上下波动，这又是为什么？

【学生讨论】

（教师总结）无生产，价格上涨生产却无法增加，生产无法增加反过来又不能抑制价格上涨，供求和价格之间只是单向制约。当然，这是商品交换的一些特殊现象，我们不能因为某些现象就否定价值规律的存在。现象是看得见感受得到的，但规律是看不见摸不着的，因此，价值规律又被叫做“看不见的手”，在商品经济中正是这只看不见的手在发挥着作用。

请思考：

1. 猪肉价格为什么出现快速下跌？

2. 假如你是养猪专业户，请结合所学的知识，谈谈怎样才能避免《不赶趟》的现象？

个性化教学

本课教案设计考虑了班级中不同层次学生的不同需求。比如通过创设“猪肉价格上涨”问题情境，设置了三个不同难度的问题，让学生讨论，抽不同能力层次的学生回答。又比如，设置了文物的价格上涨问题，目的是引出价格要围绕价值上下波动的前提是要有生产，这是价格和供求双向制约的前提。这个问题属于拓展问题，通过学生讨论参与，让学有余力的学生找到成就感。

作业设计及检测

1.“贵上极则反贱，贱下极则反贵。”（《史记·货殖列传》）从经济学角度看，这是（　）

A. 价值规律的表现形式　　　B. 计划机制作用的结果
C. 劳动决定价值的体现　　　D. 供求关系对价值的影响
(答案:A)
2. 价值规律要求的等价交换是指(　　)
①每一次具体的交换过程都是等价交换
②等价交换的实现有赖于价格依据供求关系的变化围绕价值上下波动
③商品交换过程中的总趋势
④商品交换过程中绝大多数是符合等价交换的,只有少数是不等价交换
(答案:②③)
3. 运用所学经济常识,分析房价在做"俯卧撑"的主要原因是什么?
(答案:略)

教学反思与总结

《价值规律的内容和表现形式》这一框内容较多且重要,是学好经济生活的基础。因而,我在七中教研组公开课讲课就选择了这一框题进行了教学。

课前我进行了大量准备工作:精选影视材料、制作流程图表、科学设问等,并制作成课件,对整个教学过程进行了构思,运用多媒体创造情境,多个环节实现多媒体与经济生活的整合。教学中,熟练而科学地运用了多媒体,做到了教学思路清晰,重点突出,难点有突破,能力有提高。在教学环节的设计上,以下教学环节效果比较明显。

一、设置漫画,情景导入

通过求助解疑活动,别开生面的漫画设疑、讨论,既恰如其分地导入了新课,又激发了学生的问题意识和学习热情,使学生情不自禁地走进激情的课堂。

二、合作探究,学习新课

(一) 精讲点拨,在讨论中挖掘重点

在讲价值规律的表现形式时,我用一段《经济半小时》栏目播过的"猪肉价格追问"视频设置为情境,让同学们看完后思考三个问题:猪肉价格为什么不断地上下波动? 价格为什么不会一直上涨或一直下跌? 等价交换原则有没有得到贯彻? 这三个问题层层深入,难度递增。然后设置讨论环节,让学生对这三个问题依次展开讨论,在这个过程中,学生通过合作探究,提炼信息,把重点"价值规律的表现形式"突破了。这时抛出一个问题:在现实生活中,有没有只涨不跌的商品呢? 把古董、字画、珍邮、文物等纳入学生的视野让学生思考,这样不断地引导学生进行现象观察、思维拓展、理论提升,最终把握知识间的内在联系,突破疑问。这个过程不但培养了学生的观察能力、综合分析能力,而且也提高了学生自主解决问题的能力。

(二)直观布景,轻松排难

为了突破"等价交换得到贯彻"这一难点,在前面已掌握的"价值决定价格、供求影响

价格”的基础上，我针对性地作出示意图“价格围绕价值上下波动”，并且补充了猪肉价格与鱼翅价格以及土豆价格的对比，利用图示分析点出，猪肉价格再上涨也不会比鱼翅贵，猪肉价格再跌也不会比土豆价格便宜，从单个交换过程来看，价格时涨时落，但从一段较长时间来看，商品的价格总的来说仍然与价值相符合。等价交换原则是在一种动态的平衡中实现的。价值规律的表现形式是对“价值决定价格、供求影响价格”这两个观点的延伸和理论提升，在这里要告诉学生，价值规律是商品经济的基本规律，只要商品经济存在，它就起着作用，它是一根无形的“指挥棒”，或者说“看不见的手”。

三、画龙点睛，知识构建

用一幅直观的 PPT 画面展示，让学生回忆并归纳出这节课的主要知识点：(1)供求影响价格——直接因素；(2)价值决定价格——决定因素；(3)价值规律的表现形式：受供求关系影响，价格围绕价值上下波动。

四、连线生活热点，拓展思维

我用多媒体播放现实生活中的热点问题“猪肉涨价”的现象、原因与措施，让学生仔细观看并运用“价值规律”知识回答相关问题。通过问题探究式的学习方式，使学生在问题的探究中激发兴趣、引发思考和讨论，提高主动学习和合作交流的能力，进一步消化吸收本节课所学知识和拓展学生的思维空间。

不足之处：教案内容量较大，教学时间比较紧凑，比如设置的一些讨论环节，时间给的不是很充分，没能使学生对一些问题在讨论中得到深层次、详细的合作探究。所以以后再讲这框题时知识点不能面面俱到，这样能省出时间来让学生对重难点进行充分地思考讨论。同时我在讲“价值规律的表现形式”的时候，没能很好地突出价格和供求是双向制约的关系，另外在文物古董思考题点出原因时也没能进一步指出正是由于价格与供求的双向制约关系在特殊物品上失效，使得价格升高时，供给量不能增加，价格就不停地往上涨。这个很重要，一定得点出来，也是考试常考的知识点。

专家点评及学生反馈

一、学生主体，氛围轻松

以“漫画”导入引发学生兴趣，营造轻松的课堂氛围。教师所设计的问题符合学生实际，具有层次性，让他们有话可说，有感可发，这样的设计贴近学生生活实际。教师作为课堂教学的组织者和参与者，营造了良好的学习氛围、探究氛围、竞争氛围、合作氛围，学生能长时间保持饱满的热情参与教学活动。教师为学生营造“自我感悟、自我教育”的情境，创设一个宽松和谐、无拘无束的心理自由和安全的环境，让他们积极思考、大胆发言，产生思维碰撞，提高教学的实效性。

二、整合教材，深入浅出

教师大胆打破教材框架结构，设计了“情景导入，发现生活”这一环节，从鸡蛋、月饼价格变化这一学生熟悉的生活场景出发，引导学生讨论、分析和推理，最后由学生自己得出课本上的知识结论，而后又用结论去为瓜农出谋划策。整个教学过程赋予抽象的"价值规律"理论以具体的生活内容，通俗易懂，深入浅出。理论的基础是生活实践，反过来理论又可以指导生活实践，为生活实践服务，教师在这里很好地实现了理论逻辑和生活逻辑的统一。

参考资料

1. 教育部普通高中思想政治课课程标准实验教材编写组编著. 全日制普通高级中学思想政治（试用修订本·必修）一年级（上册）教师教学用书. 北京：人民教育出版社，2008 年

2. 任志鸿主编. 优化设计高一上册. 海口：南方出版社，2008 年

《家庭消费的内容》教学设计

重庆南开中学　贺志勋

教学内容分析

本框的知识内容是：家庭消费含义及作用、家庭消费内容划分（物质资料消费，精神文化消费，劳务消费和生存资料消费，发展资料消费，享受性资料消费）；影响家庭消费的因素（国家经济发展水平——恩格尔系数、家庭收入水平、物价水平、人口数量等）。这一框内容是对如何树立正确消费观的教学的基础和前提准备，只有很好地把握了该框内容，尤其是家庭消费的具体内容，才能为本课的重点，即树立正确消费观打下基础。因此，家庭消费内容这一框的作用和地位是十分重要的。

学生情况分析

高中生已基本具备一定的消费能力，获得了一定的消费体验，因此对本次内容的学习从现实生活来说比较容易唤起学生的共鸣，但对于家庭消费内容的具体划分，尤其是不同消费内容之间层次的区别则比较抽象，对他们而言是一个比较陌生的内容，所以在讲解过程中存在一定的困难。

教学方法选择

理论联系实际法、比较归纳法

教学环境与教学媒体选择

多媒体教室

板书设计

家庭消费内容

一、家庭消费含义及作用

二、家庭消费内容划分

1. 物质资料消费，精神文化消费，劳务消费

2. 生存资料消费，发展资料消费，享受性资料消费

三、影响家庭消费的因素

1. 国家经济发展水平(恩格尔系数)；2. 家庭收入水平；3. 物价水平；4. 人口数量

教学目标

1. 知识目标：识记家庭消费的含义；生存、发展、享受消费；物质生活、精神文化、劳务消费；影响家庭消费的因素。

2. 能力目标：以自学为主，引导学生准确把握家庭消费的内容划分，培养学生的自学能力；通过对多个因素综合影响家庭消费水平的教学，提高学生综合分析问题的能力。

3. 情感态度价值观目标：帮助学生树立正确的消费观，正确理解国家现阶段的经济和人口政策。

重点与难点分析

难点：联系实际对家庭消费内容进行准确划分和分类。

重点：正确理解影响家庭消费的因素。

课堂教学过程结构设计

导入新课

(在PPT上放映或显示各种消费行为图片)

(师)这些都是我们生活中所做的什么行为？除了这些，在你们生活中还有哪些消费行为呢？

(生)买衣服、买书、看电影、出去吃饭等等(将学生的答案写在副板上)。

(师)这些消费其实都是家庭消费或生活消费。那么，究竟什么是家庭消费，你们这些消费应该属于家庭消费的哪一种类型？影响家庭消费的因素有哪些？带着这些问题，我们开始学习今天的内容——家庭消费的内容。

讲授新课

一、家庭消费的含义及其重要性

(师)同学们,你们日常生活中的消费主要是以怎样的形式进行的呢?

(生)吃的、住的、用的以及娱乐消费等。

(师)这些吃的、用的、玩的,都是对消费资料和服务的消费。也就是说家庭消费的对象就是消费资料和服务。那么,我们为什么要消费呢?

(生)为了生存,为了发展。

(师)现在请一个同学将我们刚刚的内容归纳一下,说说家庭消费是什么含义?

(生)居民为了生存和发展,通过吃饭穿衣、文化娱乐等活动,对消费资料和服务的消费就称为家庭消费,也可以叫居民消费或生活消费。这就是家庭消费的含义。

(师)也就是说对家庭消费的含义,我们应该从主体、目的、形式以及消费对象四方面来把握。家庭消费不仅使个人生存得到保证,而且也为社会生产带来新的劳动力,保证社会生产的进行,是整个社会再生产的基本条件。

(投影)"吃喝是消费形式之一,人吃喝就生产自己的身体——马克思"

"睡眠和休息丧失了时间,却取得了明天工作的精力——毛泽东"

(师)这些名人名言都体现了消费对个人、社会生产的重要性。

现在请你们想一想,"消费就是家庭消费"对不对?(方案一)

(生)……

(师)不对。消费就是使用和消耗物品的过程。有广义和狭义之分,广义的消费包括生产消费和生活消费(即家庭消费),生产消费就是生产过程中对生产资料的消费,如厂家购买原材料。生活消费就是我们刚刚说的家庭消费。而狭义的消费就是指生活消费,是人们为维持自身生存和发展而对各种生活资料进行的消费。如购买吃的、用的,小孩上学等。所以说,从严格意义上讲,消费是不等于家庭消费的。

(师)由此可知,消费不仅包括家庭消费还包括生产消费,其中与我们密切相关的就是家庭消费。家庭消费无论是对个人还是对社会都起着不可忽视的作用。那么,家庭消费的内容是什么呢?它们在生活中的表现又是怎样呢?接下来我们进一步学习。(方案二)

二、家庭消费的内容

物质生活消费、精神文化消费以及劳务消费

(师)刚刚同学们提到了许多的生活消费,那么这些生活消费的内容有哪些不同呢?请同学们看课本73页,然后将黑板上列举的消费内容进行划分。

(问)你们觉得黑板上哪几种消费可以分在一起?

(生)买衣服、买吃的可以分为一类。

(师)很好。因为消费的内容都是实实在在的物质产品,是看得见、摸得着的。所以我们把这些分在一起,而这些消费其实就是物质生活消费。所谓物质生活消费就是指吃穿住用行的消费,是以物质产品为主。(投影生活中其他物质生活消费)

去补习班读书、去电影院看电影则属于精神文化生活消费，主要是娱乐身心、发展自身的各种消费，也就是说主要是精神产品为主。（投影生活中其他精神文化消费）

最后你们出去吃饭、出去旅游以及理发等等都属于劳务消费。所谓劳务消费就是家庭花钱购买的各种服务。（投影生活中其他劳务消费）

现在我们基本了解了家庭消费按内容分可分为物质生活消费、精神文化消费以及劳务消费。现在这里有几种消费现象，请同学们判断，这些属于哪一种家庭消费？

想一想：衣食住行、服装鞋帽、电影电视、报刊杂志、体育娱乐、柴米油盐、添置家具、医疗保健、学习进修、美容理发、物业修理、听交响乐。

以上消费行为分别属于哪一类家庭消费？

（生）……

（师）你们有没有发现一个问题，就是同样是物质生活消费，吃糠咽菜与牛奶鸡蛋的消费档次不一样，以前是每天为柴米油盐操心，这反映在许多文学作品中，如元代杂剧《刘行首》："教你当家不当家，乃至当家乱如麻。早起开门七件事，柴米油盐酱醋茶"；文学家唐伯虎《无题》："书画琴棋诗酒花，当年件件不离它。而今七字都变更，柴米油盐酱醋茶"。这些诗都体现了由于经济水平的限制，人们每天主要操心基本的生活消费。但今天，我们不再绕着锅碗瓢勺转了，更多的是旅游休闲消费、美容消费、汽车消费等等，可以说消费的目的发生了很大变化。如果说消费柴米油盐为了生存，那么旅游休闲则是为了享受。也就是说，消费的具体内容不同，它的目的也不同。那么根据消费的目的，消费的内容又可以分为几类呢？（过渡）

（生）生存资料消费、发展资料消费、享受资料消费。

（师）同样的，我们来看看你们举的消费内容，哪些属于生存资料消费呢？所谓生存资料消费就是满足人们生存所必不可少的消费。在生存中我们需要哪些资料呢？

（生）需要食品、衣服、房子。

（师）对，这些都是我们生活中必需的资料。所以对这些资料的消费我们也叫生存资料消费。你们有没有发现食品、衣服和房子的消费，其实就是物质资料消费。那是不是说生存资料就等于物质生活消费呢？

（生）……

（师）两者是不一样的。生存资料消费目的是为了维持生存而进行的。而我们生存除了必需的物质生活资料，比如食品、衣服、房子外，我们还需要其他生存资料，比如我们要看病，要出行，要理发等等这些也是生存的必要条件。因此，我们可以认为生存资料消费中既包括必要的物质生活消费，也包括相关的劳务消费。总而言之，这些消费都是维持生存所必需的条件，是家庭消费的第一层次。（投影生活中其他生存资料消费）

（师）既然生存资料消费是人们消费的第一个层次。那你们坐在这里读书又属于消费的哪个层次呢？

（生）……

（师）我们在这里读书，参加各种补习班其目的不是为了维持生存，而是为了发展我们的智力，提高我们的素质，所以读书、参加各种培训班属于发展资料消费。所谓发展资料消费就是家庭生活中用于满足人们发展德育、智育、体育等方面的消费。发展资料消费是人们满足了基本的生存所需后进行的，是家庭消费的第二层次。

（师）发展资料消费主要是为了提高人们素质的消费，所以发展资料消费包括在劳动过程以外，接受教育、科技、文化、体育、交往等方面的消费，在内容上就有物质生活消费，又有劳务消费以及精神文化消费。我们在满足了生存和发展的需要后，消费的层次是不是就停止了？比如你们为什么要去北京看奥运会呢？

（生）为了体会奥运会的盛大场面，体会运动精神等等。

（师）也就是说你们去观看北京奥运会不是为了生存和发展，主要是为了陶冶身心，得到享受。所以我们也说去北京看奥运会就是一种享受性消费。所谓享受性消费就是家庭生活消费中，能够满足人们享受的物质生活资料消费、精神产品消费和劳务消费。享受性消费是继生存消费、发展消费之后的更高层次的消费，是劳动之余的休息，起到陶冶身心、消除疲劳的作用。

三、我国的家庭消费现状

（师）总而言之，根据家庭消费的内容我们可以分为物质生活消费、精神文化消费以及劳务消费。根据消费的目的，我们可以分为生存资料消费、发展资料消费以及享受性资料消费。随着我国经济的发展，目前我国家庭消费的现状怎样呢？我们来看看身边消费品的变化。（从吃、住、行、穿等方面体现我国消费水平的提高，以图片的方式在投影上表现出来）

（师）究竟我国的消费水平怎么样？我们可以用国际惯用的指数来衡量，这就是恩格尔系数。（简单介绍恩格尔系数）

（师）我国的恩格尔系数的变化，请看图。（投影）

从图中我们可以看到我国的恩格尔系数正在不断下降，这说明了什么？

（生）说明了我国居民在基本生存方面的消费比例越来越小，而用于其他发展或享受性的消费越来越多，体现了我国居民消费水平呈现不断提高的趋势。

（师）由图中数据变化，可以看出我国居民或者说家庭消费水平正在逐年提高，消费层次正在不断升级，呈现出多样化、多元化、高层次化的发展趋势。尤其是教育、通信等服务行业已日益成为居民的消费热点。

面对我国消费水平的提高，我们该如何来应对这一变化要求？

（生）……

（师）目前我国居民的消费正在由生存资料消费向发展性消费和享受性消费方面发展，也就是说居民对精神文化以及劳务方面的消费需求日益旺盛。面对这一变化，我们应大力发展第三产业，一方面可以满足居民的消费需求，另一方面还可以通过大力发展第三产业来拉动我国经济的发展。事实上，今天面对金融危机的影响，在拉动社会内需的对策中，大力发展第三产业就是国家重要的手段之一。

什么原因带来了我国恩格系数正在不断降低？

（生）因为我国经济发展了，人们手中的钱越来越多了。

（师）是的，正是由于我国经济的不断发展，居民在满足基本生存之后就有了更多的钱来进行更高层次的消费，消费水平得以提高。因此，影响家庭消费的根本性因素是国家经济发展水平。

四、影响家庭消费的因素

(一)国家经济发展水平——根本原因

国家经济的发展,生产力水平的提高,创造出了更多的物质财富和精神财富,为家庭消费提供了可靠的保障。同时,由于生产决定消费的水平和方式,生产创造出家庭消费所需要的商品和服务的种类、数量和质量。生产发展会促进家庭消费水平的提升。因此,家庭消费与国家生产力发展水平密切相关,归根结底取决于国家的经济发展水平。

(二)收入水平

(师)刚刚我们得出了影响家庭消费的根本原因是国家经济发展水平。那是不是说,国家经济发展了,就一定会使每一个社会居民的消费水平得到提高呢?我们来看一下城乡之间的消费水平图表(图表见PPT)。

(师)城乡居民恩格尔系数表中反映出什么问题?为什么会出现这个问题?

(生)城镇居民和农民的恩格尔系数存在差距。

(师)为什么会出现这个差距?

(生)城乡居民的收入存在差距。

(师)的确,虽然我国经济水平在不断提高,但是由于城镇居民和农村居民的收入差距问题,就使得他们之间的消费水平存在差异。因此我们可以得出,影响家庭消费水平的因素除了国家经济发展水平以外,还有收入水平。只有家庭收入水平上去了,人们才有更多的钱对各种商品和服务进行消费,家庭消水平才会相应的提高。家庭消费与家庭收入水平是一种正比例关系。

(师)如何解决城乡消费差距问题?

(生)……

(师)由于家庭消费与收入水平成正比例关系,也就说如果要提高家庭的消费水平,首先就应提高家庭的收入水平。所以,要解决我国城乡消费水平的差距问题,我们首先就是提高农民的收入水平,也就是增加农民手中可支配的收入,所谓可支配收入,就是扣除所有应纳税款和费用后剩下的可自由支配的收入。请同学们想想,我们又该如何做才能增加农民手中的可支配收入呢?

(生)……

(师)首先我们要大力发展农村经济,提高农民总收入;其次,国家要正确处理好积累和消费的关系,前面已经讲过,积累主要用于扩大再生产,而消费主要用于提高人民消费水平和生活水平的,所以国家必须正确处理两者关系,尤其是在进行消费分配时,对农民应有倾斜,比如我国这几年的财政支出很大一部分都用于农村经济和农民收入方面,从而增加农民手中的钱。最后,我们要认识到为什么农民的收入增长速度没有城镇居民快,很大一部分原因是因为农村的社会保障体系还没有完全建立起来,很多农民的养老和医疗都没有得到妥善的处理,所以这就使得很多农民既使手中有了钱也不愿意进行消费。总而言之,我们要全力以赴地提高农民可支配收入,缩小城乡居民消费水平的差距,从而提高我国整体消费水平。

（三）物价水平

（师）如果我们把经济搞上去了，居民手中的收入都增加了，是不是说就一定会提高消费水平呢？

2008 年全球汽车市场一片萎靡，但重庆在 2008 年时汽车产销汽车 109.4 万辆和 112 万辆，产销增幅分别高于全国的 4.0 和 7.4 个百分点。为什么重庆汽车市场销量在 2008 年没有跌反而升了呢？

（生）因为汽车价格便宜了。

（师）的确是，虽然 2008 年发生了经济危机，但是重庆经济并没有受到很大影响，而汽车价格反而大幅度下降，所以很多人在那个时候购买汽车。由此，我们可以认为影响家庭消费的因素中还必须考虑到物价水平。当家庭收入既定的前提下，物价下降会刺激家庭消费的增多，反之则会减少消费。

（四）人口数量

（师）关于家庭消费，我们还应考虑最后一个因素，那就是人口数量问题。一般来说，人口数量与家庭消费呈反比例关系，也就是家庭人口越多，平均消费水平越低，反之则越高。

课堂小结

这节课我们学习了家庭消费的有关内容，以及影响家庭消费的重要因素。我们有理由相信，随着我国经济的发展，居民收入的增加，加上政府正确的决策，人民的生活水平将越来越高，家庭越来越富裕，手头的钱越来越多。该怎样花钱，或者说怎样安排消费呢？这是每个人都要思考的问题，也是下节课我们要学的内容：树立正确的消费观。

个性化教学

设计一个你家庭的月消费开支计划。

作业设计及检测

划分你的家庭一个月的消费内容分别属于哪一类消费内容？（答案略）

教学反思与总结

本节课，从学生的具体生活例子入手，在一开始就较好地调动了学生的学习积极性，在讲解过程较好地实现了教师引导和学生自学相结合的教学理念。首先，让学生列举生活的各种消费行为，然后再进行分类，并要求其说出这样分类的原因，由此学生自己总结出家庭消费的具体内容，教师的作用主要在画龙点睛之用，即主要阐述不同的家庭消费内容之间的区别和层次，从而引导学生认识到不同的家庭消费内容不仅具体内容不同，而且作用也是各不相同的，最终确立学生要注重精神文化消费和发展资料消费，为后框树立正确的消费观打下基础。在讲解我国消费水平变化过程中，主要以图片为载体，来表现我国几十年来的消费变化，并结合恩格尔系数，最终得出我国消费结构变化的原因是经济水平发展带来的，这样一方面不仅有助于学生深刻感受到国家经济发展带来的巨大好处，而且也能让学生感受到改革开放的重要性，从而进一步坚定改革开放的步伐。随后，通过一个问题，即是不是经济水平提高了每一个社会成员的消费水平都能提高呢？导出收入水平这一影响因素。在这一环节主要通过城乡的消费水平和收入水平来说明这一问题。在这仅仅只是较为浅显的把握，这一知识点主要是要求学生能够进一步分析造成收入差距的原因，并能提出可行性的对策，对学生的抽象思维和综合分析能力要求较高，所以学生在这一点的表现不是很好，对此在以后的教学中应进一步改进其不足之处，进一步增强学生的思维能力，加强思考问题的深度。后面的物价以及家庭人口数量因素，也主要通过例子来讲解，尤其是人口数量因素，需要突出计划生育政策的重要性，关于这一点，由于学生在初中就学过，因此主要通过他们来进行总结。

总而言之，本课堂的教学方式主要是通过列举各种实例，引起学生讨论、思考，然后引出要掌握的知识点，其目的就是充分践行教师的引导与学生自学相结合的教学理念。课堂气氛较为活跃，存在的问题就是应进一步加深知识的深度，提高学生的分析思维能力，这是学生存在的一个重要问题，以后的教学中将尽量加以改进。

专家点评及学生反馈

专家点评：

本堂课由于例子与学生生活很贴近，因此课堂气氛比较活跃，学生大都能够积极回答问题，表现出了较强的学习主动性和积极性，充分体现了政治课中经济学贴近学生生活的要求。

学生反馈：

本框内容贴近学生的生活，学生具有一定的消费能力，在学习本框内容时相对简单；通过列举他们身边的实例，学生在讨论思考后，掌握本堂课的知识；但是在本堂课的难点把握上，由于学生的认知水平有限，还需要进一步学习和深化。

参考资料

1. 任志鸿主编. 高中新教材优秀教案高一政治(下). 海口：南方出版社，2004 年

2. 小学思想品德和中学思想政治教材编写委员会编著. 全日制普通高级中学思想政治(试用本 · 必修)高一政治(下)教师教学用书. 吉林：吉林教育出版社，2008 年

《树立正确的消费观》教学设计

重庆市丰都中学　谭兰

教学内容分析

消费是再生产过程的第四个环节，但是消费却是中学生参与经济生活最直接、最主要的形式。本框题是高一经济常识第七课的重点和落脚点。本框题的内容主要有：

1.消费心理面面观，该部分讲解了现代社会的消费者表现出的常见的几种消费心理和观念，分别是从众心理、求异心理、攀比心理和求实心理，并分别从各种心理的含义、表现、危害以及我们应该坚持的态度等方面作了详细的阐述，为后文树立正确的消费观奠定了基础。

2.树立正确的消费观的四个原则：避免盲从、理性消费；量入为出、适度消费；保护环境、绿色消费；勤俭节约、艰苦奋斗。

学生情况分析

如今消费内容和消费形式丰富多彩，90后学生面对这些，常会表现：

学习需求：(1)不喜空洞说教，喜欢形象生动；(2)不喜抽象遥远，喜欢关注身边时事；(3)不喜被动灌输，喜欢主动参与；(4)在多元的经济生活中，传统消费观被打破，新的消费观纷繁芜杂，充塞着中学生的头脑，让学生无所适从。学生急需有人帮助他们澄清认识，树立正确消费观。

优点：(1)思维敏捷，知识面广，可塑性强；(2)性格活泼，容易激活；(3)电脑操作水平较高，而且不乏高手；(4)乐于实践。

不足：(1)是非不明，价值观需要修正；(2)在学习上习惯于"被动接受"，探究意识较差；(3)追求个性，喜欢以自我为中心，合作精神不强；(4)注重书本，实践能力较弱；(5)在学校与家庭之间奔波，与社会接触较少，社会经验不足；(6)生活条件优越，勤俭节约、艰苦奋斗精神缺失。

教学方法选择

故事分析法、小品表演法、课堂讨论法、辩论法

教学环境与教学媒体选择

多媒体教学一般设施(电脑、音响、投影仪等)

一段视频(小王欠的钱父母该不该帮她还)

两组形成鲜明对比的图片(绿水青山、环境优美——白色垃圾、严重污染、餐桌浪费严重 ——贫困地区孩子上不起学)

板书设计

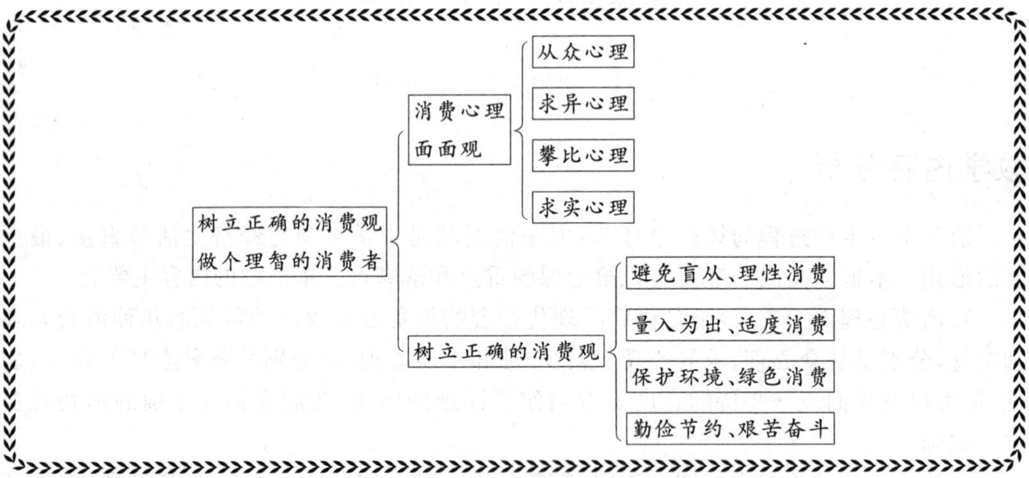

教学目标

1. 知识目标:让学生了解多样的消费观、识记正确的消费原则。

2. 能力目标:切实培养学生的多项能力,提高综合素质。如:进行自主学习、合作学习、探究学习的能力;理论联系实际的能力;分析归纳能力等。

3. 情感态度价值观目标:帮助学生树立正确的金钱观、消费观。

重点与难点分析

重点:正确的消费原则。

难点:勤俭节约、艰苦奋斗。

课堂教学过程结构设计

导课

【教师活动】设计小品“四女生一台戏、购物理念大比拼”(台词、道具)。

【设计意图】情景创设,借学生表演来导入新课,讲解消费心理。

【学生活动】选四个女生表演该小品(要求口齿伶俐、活泼开朗),其余学生欣赏小品。

【设计意图】生活即课堂,课堂源于生活。中学生群体中存在许多我们不易察觉的消费误区,形象生动,刺激感官,调动情绪,直接点题树立正确的消费观很重要。

拓课

【教师活动】播放一段大学生刷卡透支消费视频(请学生模拟家长,小王欠的钱父母该不该帮她还),设计两组关于消费、环境保护方面对比鲜明的图片。组织学生讨论该不该还钱,交流看了图片后的感想。教师认真地倾听、热情地鼓励、冷静地分析和巧妙地引导,积极地营造民主的氛围,鼓励学生大胆设想、质疑。(掀起本堂课的高潮)

【设计意图】从生活中学生身上反面的感性材料入手,引出主题:如何树立正确的消费观,并认识其重要性;然后引导学生思考、讨论,通过活动澄清问题,提高认识;最后,由教师补充、归纳,进一步加深、提高认识。(突出重点,突破难点)

【学生活动】讨论小王欠的钱父母该不该帮她还,交流看了两组对比鲜明的图片后的感想。正反对比,强烈的情感震撼,让节约、感恩、奋斗等意识深入人心,把本课情感推向高潮。

【设计意图】1.以学生为本。活动内容均选与学生生活相关,调动积极性,增强针对性,增强说服力,提高实效性。2.充分发挥学生主体作用。通过形式多样的活动,培养学生进行自主学习、合作学习、探究学习的能力、整合知识的能力、社会实践能力、理论联系实际的能力、运用现代技术的能力、表达表演等能力。让学生在相互交流与论辩中,撞击出思维的火花,从而走出消费误区,提高理性消费的自觉性。

结课

【教师活动】教师用富有感染力的语言,声情并茂地带领学生一起宣誓:理性消费我做到……

【设计意图】让学生心灵受到震撼与洗礼,在潜移默化中升华认识,并在生活中自觉践行这一原则,化为行动。(情感升华,点睛之笔。)

【学生活动】全班起立,一起宣誓:理性消费我做到……学生感情投入,铿锵有力。

【设计意图】力求实现三维目标的结合,突出情感、态度、价值观目标的主导地位,突出人性教育,落实情感目标,收到了好的效果。整个教学过程师生轻松愉快,互动良好。

个性化教学

课外实践:设计一份现代中学生消费调查问卷。

1. 十人一组分工设计,然后全班分小组交流调查结果。

2. 可以用 DV 拍摄学生群体的消费场景,可以利用网络媒体搜索相关资料,然后设计问卷。

3. 根据调查结果归纳总结当前中学生有哪些不理性的消费行为和消费习惯。

作业设计及检测

《经济日报》载文指出,缺乏科学的消费观念,在住房消费上贪大求洋,使不少人背上了过重的财务负担。一些人置业时,有意无意要与朋友、同事攀比,以为大房子才显身价。结果,不仅每月要偿还银行数千块钱的按揭款,且几十平方米的大客厅根本派不上用场。住房消费贪大求洋(　　)

A. 是贯彻国家鼓励消费政策的表现　　B. 是盲目攀比、一步到位的超前消费的表现

C. 是市场经济自发性的表现　　D. 是价值规律调节经济发展的表现

(答案:B)

上题材料启示我们(　　)

①家庭生活消费要与家庭收入相适应,在自己的经济承受能力之内进行消费

②家庭生活消费应提倡适度消费,反对铺张浪费

③要提高消费的科学性,避免盲从,理性消费

④既要反对超前消费,又要防止消费滞后的现象

A. ①②③　　B. ②③④　　C. ①②④　　D. ①③④

(答案:A)

教学反思与总结

著名教育家苏霍姆林斯基说过,人的内心里有一种根深蒂固的需要——总想感到自己是发现者、研究者、探寻者。

我们有理由充分相信学生的潜能是无限的,特别是处在高初中过渡阶段的高一学生,即有初中学生的机智活跃,也逐步有高中生的理性成熟,老师就是点燃学生思维潜能火把的火炬手。上完这堂课,我深深地为同学们积极地参与、独特地体验、大胆地表达和质疑而高兴。也深感“新课标”下对一名成熟专业教师的高标准,高要求。

一、课堂需要预设,更需自然生成,创造“未曾预约的精彩”

新课程倡导教学要回归学生的生活世界。如何从生活实际中选取合适的素材供学生学习,如何使学生在课堂上体验生活,在生活中学做人,是当今政治课教学亟须解决的问题。这要求老师具备有效开发和综合利用各种课程资源的意识和能力,要从学生已有

的经验和兴趣出发，选取小而实又让学生喜闻乐见的教育题材体现学生已有的经验和兴趣，才能充分调动和激发学生探索、思考和研究的积极性。在板块二中所播放的视频关于学生消费的，“小王同学的钱父母该不该替她还”是关于大学生消费问题的，学生耳熟能详，甚至似曾相识，让学生感到亲切自然，在获得视觉冲击的同时给学生情感造成冲击：这样消费真不应该，我们现在是中学生，也是即将的大学生，应予警示。从而达到了良好的育人效果。视频选材设计符合学生实际，达到了学生听别人的故事反思自己消费行为的效果，思想境界自然得以提升！当同学们看到贫困山区的孩子连作业本，能遮雨的教室对他们都成了奢侈品的时候，小青同学情不自禁地说我们真幸福啊，王静说我们过着衣食无忧的生活，读名校，有同学却在幸福中沉沦了，听到这些话语，我知道我的预设是成功的，生成也自然，还让课堂闪现出几处“未曾预约的精彩”。

二、强烈的感官刺激——唤醒沉睡心灵的有效措施

在情感升华这个环节中，我提供了两组图片，每组两张，一组：环境被保护景色优美与环境被污染垃圾成堆的对比；另一组：餐桌浪费严重与贫困地区孩子上学很苦。正反形成鲜明的对比给学生造成强烈的视觉效果，情感再次受到感染，教师抓住时机让学生谈感想，学生有些沉重但很积极地发言，但看到弟妹因为贫穷上不起学深表同情，同时与我们现在享用的先进教学设施形成鲜明对比，收获了除环保、节约意识以外更多的东西。积极发言后达成共识要珍惜时光，努力学习，回报社会，善待他人。学生参与度高，反应积极，把本课的情感体验推向高潮。如果板块二是从个人行为谈消费，板块三已经转化为全民行动，保护环境，勤俭节约，建设资源节约型社会环境友好型社会是全社会共同的责任，学生情感升华到一个新的高度，这也让我深深地体会到，在政治课课教学中。时政是新鲜的血液，图片的直接感官刺激是再生动的语言描述都无法代替的；同时在本环节中涉及绿色消费理念，我运用了化学，生物学科的相关知识，较好地体现了学科之间的整合。

三、教师始终是课堂艺术的设计大师

课堂教学是一门没有终结的艺术，课堂的感染力和艺术效果在很大程度上依然取决于老师的基本素养。教师在整个活动中正确地定位也很重要，认真地倾听、热情地鼓励、冷静地分析和巧妙地引导，积极地营造民主的氛围，鼓励学生大胆设想，正确对待和引导“偏门”、“钻牛角尖”的学生，既尊重个性又要达到教育的目的这就是艺术。

专家点评及学生反馈

上完本课，虚心听取同行前辈的意见，他们充分肯定构思巧妙，选材精当，预设有深度，生成自然等诸多优点，特别点评了后边的收尾，全体学生与老师一起宣誓：“理性消费我做到”，学生表达铿锵有力，决心坚定，落实行动！课堂结尾显得水到渠成，自然顺畅结束新课。师生在一起宣誓既体现了民主平等的教育思想，又具有新颖性且简单易操作，在以后教学中还值得提倡！同时也提出课堂讨论中还有很多想发言的同学没有能得到机会，即课堂结构还应该进一步优化，老师的点拨引导还可以更精当从而节约时间给学生充分展示的机会。课堂教学始终是一门有缺陷的艺术，我将勇往直前！

下课时候看到学生乐呵呵的脸庞，有的意犹未尽，有的充满了满足的神情，有的陷入沉思状……一种做教师的幸福感和成就感油然而生。学生的满足是老师最大的欣慰和动力！我将带着这样的负荷继续前进！

参考资料

1. 课程教材研究所思想政治课程教材研究开发中心编著. 全日制普通高级中学思想政治(必修)教师教学用书. 北京：人民教育出版社，2007 年

2. 宋运来. 影响教师一生的 100 个好习惯. 江苏：江苏人民出版社，2008 年

《依法保护消费者的合法权益》教学设计

重庆市南开中学　张媛

教学内容分析

本课题“依法保护消费者的合法权益”是本课的重要内容，是有关消费者知识的重要部分，同时又是提高消费者法律意识，向青少年学生进行法制教育的主要内容，有助于增强学生的公民意识、权利意识。本课题具体知识点包括以下三点：消费者的合法权益有哪些（是什么）？如何维护消费者权益（怎么样）？依法保护消费者权益的重要性（为什么）。

学生情况分析

初中学生对消费者权益知识已有一定了解；学生思维活跃，喜欢讨论、表演，这些都是能达成本课教学目标的一些有利条件。但是，也正由于学生在初中学过一些相关知识，课堂必须要新颖，才能吸引学生目光。

教学方法选择

案例教学法、情景教学法、讨论法、讲授法

教学环境与教学媒体选择

多媒体教室

板书设计

依法保护消费者的合法权益

一、消费者的基本权益

二、维护消费者权益的途径

(一)维护消费者权益的立法和组织机构

(二)具体途径:与经营者协商和解——→请求消协调解——→向有关行政部门申述

提请仲裁机关仲裁或向人民法院起诉(也可直接起诉)

三、依法护消费者权益的重要性(对个人、对企业、对社会)

教学目标

1. 知识目标:识记消费者依法享有的合法权益;维护消费者合法权益的机构和途径;理解消费者依法维权的意义。

2. 能力目标:培养学生透过现实经济生活中纷繁复杂的现象,认清问题的本质的能力,提高参与经济生活的能力;通过设置争议性的案例培养学生辩证分析问题的能力。

3. 情感态度价值观目标:培养学生维护自己合法权益的法律意识。

重点与难点分析

重点:消费者依法享有的几项主要权利和依法维权的意义和途径。

难点:消费者依法维权的重要意义。

课堂教学过程结构设计

导入新课

2009 年 3 月 10 日,重庆市消费者权益保护委员会向社会公布了重庆市 2008 年消费维权十大典型案例。其中最为引人瞩目的是下面这几个案例:

案例一:2007 年年底,消费者吕某骑摩托车到永川区城南路某鱼府就餐。当晚 8 时许,吕某停在鱼府提供的免费停车场地——鱼府楼下通道上的摩托车被盗。吕某要求鱼府赔偿无果后,诉至法院。审理中,鱼府工作人员辩称店堂内张贴了告示,内容为"本鱼府无专业人员看管摩托车,若有遗失后果自负",要求免责。你认为该鱼府应该赔偿吕某的损失吗? 为什么?

(学生讨论略)教师总结:吕某在饭店就餐并将摩托车停放在饭店的通道内,双方形成了消费合同关系。饭店在为消费者服务时,有义务对消费者的人身和财产安全提供保障。由于饭店未尽到管护义务,造成吕某在消费过程中发生摩托车丢失,应承担相应的民事赔偿责任。虽然其张贴了"本鱼府无专业人员看管摩托车,若有遗失后果自负"格式合同，但该格式合同违反了《重庆市合同格式条款监督条例》，因而无效。

通过这个案例，我们看出，消费者吕某依法维护了自身的合法权益。我们在生活中可能也会遇到类似的遭遇。作为消费者，我们到底享有哪些权利，当我们的权利受到侵害时，我们该怎样保护自身的合法权益，国家为什么要依法保护消费者合法权益？今天我们共同来探讨这些问题。

依法保护消费者的合法权益

本节课将主要从三方面来学习依法保护消费者的合法权益，那就是消费者的合法权益有哪些(是什么)？如何维护消费者权益(怎么样)？依法保护消费者权益的重要性(为什么)。

一、消费者的基本权利

复习初中所学知识，消费者享有哪些基本权利？

再用漫画展示每种权利，并简单解释每种权利。

让学生分组交流自己或家人、亲朋在消费购物中遇到的不快的事，然后在全班展示，教师将其中典型的以关键词的形式记录在黑板上，再让大家讨论、抢答在这些真实的情境中我们的哪些消费权利受到了侵犯？(讨论过程略)

总结消费者的基本权利：

安全权
知情权
自主选择权
公平交易权
求偿权
人格尊严和民族风俗习惯受尊重权
获得有关知识权：消费者享有获得有关消费和消费者权益保护方面的知识的权利
监督权：消费者享有对商品和服务以及保护消费者权益工作进行监督的权利
结社权：消费者享有依法成立维护自身合法权益的社会团体的权利

从刚才同学们讨论过程中，我们可以看出，当我们自身的合法权益遭到侵害时，大多能采取各种措施，通过不同的途径来依法维护自己的权益。那么，我国的法律法规对保护消费者权益的途径是如何规定的？

二、维护消费者权益的途径

(一)维护消费者权益的立法和组织机构

立法：

《消费者权益保护法》、《产品质量法》、《广告法》、《食品安全法》、《种子法》、《价格法》、《药品管理法》、《重庆市消费者权益保护条例》。

组织机构：

行政机构、各级人民政府、工商行政管理部门和其他有关部门。

执法和司法机构：公安机关、人民法院、人民检察院。

社会团体：消费者协会和其他消费者组织。

舆论监督工具：大众传播媒介。

(二)具体途径

就陈女士美容事件让学生讨论具体途径,之后教师总结:

与经营者协商和解 ↓ 请求消协调解 ↓ 向有关行政部门申述 ↓ 提请仲裁机关仲裁或向人民法院起诉(也可直接起诉)

结合陈女士美容事件,让三组同学分别扮演消协、行政部门、人民法院角色,帮助处理纠纷。消协如何劝导双方,居中调解?工商部门如何处理纠纷,做出处理决定?法院如何判决?

学生表演、教师总结:通过同学们精彩的表演,使我们明白,当我们作为消费者的权利受到侵害时,我们要拿起法律的武器维护自身的合法权益,这也是由等价交换的原则决定的。按照等价交换的原则,消费者购买商品和服务,理所应当获得满意的商品和服务,因此,作为消费者,一旦自己的合法权益受到损害,绝不要畏首畏尾,应当理直气壮地要求相应的赔偿。但是,在现实中,在有些情况下,人们对消费者是不是该通过打官司获取赔偿却有争议。

议一议:近年来,社会上出现了一些“一元钱官司”或者说“小额侵权诉讼”,引起了广泛关注。如郑州市民葛锐在火车站被收取3角钱的入厕费而与郑州铁路局对簿公堂;河北律师乔占祥因火车票擅自上浮涨价多收9元钱状告铁道部;某法学博士以空调车不开空调却多收一元空调费为由将巴士公司告上法庭。对于这种“一元官司”,你认为值不值得打呢?

学生讨论、教师总结:打这种官司从纯经济利益角度考虑,成本高收益低,但是它能带来其他效益。首先,对于消费者本人来说,权利和尊严得到了维护,正义得以彰显;其次,对于经营者来说,是一个很好的监督,有助于经营者改进产品质量,改善服务态度,提供更加符合消费者需求的商品和服务,否则可能继续损害消费者权利;第三,对社会来说,有助于社会资源的优化配置以及商品服务市场的规范运行,还有助于唤醒公民的权利意识。当然,消费者之间有很大差异,不是每个消费者都有那样的知识、时间和精力去打这样的官司。但是对于敢于去打一元官司的消费者我们是要予以十分的肯定和鼓励的,这是法律赋予消费者的权利,而且他们打官司往往会使其他消费者也受益。比如说,这两个例子,分别是为1元消毒餐具将餐饮企业告上法庭、对漫游费说不的公益官司(播放2009年3·15晚会片段)。

总之,消费者积极维权,国家依法保护消费者的合法权益,对于消费者个人、企业和社会都是有重要意义的。

三、依法保护消费者权益的重要性

对消费者,权利得到了维护。

对企业,提供更加符合消费者需求的商品和服务。

对社会，有助于社会资源的优化配置以及商品服务市场的规范运行，还有助于唤醒公民的权利意识。

我们一再强调消费者要增强自我保护意识，依法维权，不过，与此同时，消费者也应该遵守社会公德，维护他人的合法权益，因为消费者的权利和义务是统一的。

小结：本节课主要学习了三方面的知识，包括消费者享有哪些基本权利，消费者如何去维护自身权益，依法保护消费者权益有什么意义，让我们对依法保护消费者的合法权益有了更为深刻地认识。

目前，我国由于市场经济体制的不健全，还存在着许多侵害消费者权益的现象。作为消费者，要有理有利有节地维权，人人都参与进来，就像今年3·15晚会所说的"有你更有力量"。同时，政府部门也要加大对市场的监管力度，严格执法，推进消费维权。那样，我们将会有更加健康、和谐的消费环境，进一步促进经济发展，特别在金融危机导致消费不振的情况下，健康和谐的消费环境尤为重要。这也是为什么今年3·15的主题是"消费与发展"。

如时间有剩，可开展一个小活动，根据本节课所学内容，让每个学生送消费者一句有用的话。

个性化教学

对学有余力的学生，让他们思考消费者权利与商品交易的原则和联系。

对需要帮助的学生，在依法保护消费者权益对企业、对社会的重要性上，讲解更细一些，例子多举一些。

作业设计及检测

1. 选择题

在北京一家影院，观看进口大片的部分观众因为放映大厅提前45分钟关闭了中央空调，被迫满身大汗地看完电影而愤怒不已。在找不到影院负责人的情况下，这些人将影院内的8张海报撕毁，并把一个2米高的灯箱拉倒。这些观众的行为（　）

A. 维护了自己作为消费者的合法权益

B. 不懂得消费者应当把维护权利和履行义务统一起来

C. 体现了消费者在市场中的主导地位

D. 表明了消费者的权利是不可侵犯的

（答案：B）

2. 材料分析题

材料一：消费者王某花大价钱从商场买了一件外国名牌皮衣。后来从报纸上的一则报道中得知，原来这种皮衣是外地一个老板雇人在本地加工制作的，连外文商标也是假冒的。

材料二：北京一位消费者带孩子到石景山某公园内的儿童娱乐城游玩，因设施的问题造成孩子腕骨骨折。无独有偶，另一位消费者带孩子到丰台区一家快餐厅就餐，孩子在儿童游乐区玩耍时眼角被游乐设施上裸露的螺丝划破。

阅读上述材料，请回答：

(1)以上材料中的经营者损害了消费者的哪些权利？

(2)你认为材料中的消费者，应如何依法保护自己的合法权益？

(答案略。)

教学反思与总结

本课的一些知识，学生初中就有所涉及，怎么样使课堂更有新意，是必须首先考虑的问题。鉴于高中生的思维能力又上了一个层次，我采用了一些有争议性的案例来讨论，既使课堂气氛更为活跃，也使学生能在相互争辩中对问题认识更全面。由于本课和实际联系较为紧密，因此，尽量采取情景教学、案例教学，充分发挥学生主体性，发挥教师的主导性，提高课堂实效。

以学生为本，提高课堂实效

——《依法保护消费者的合法权益》教学反思

本框内容学生初中已有所涉及，而且整体看来较简单，但是与学生的实际联系很紧密，以情境教学法、讨论法、案例教学法能够充分发挥学生的主体性，激发学习兴趣，活跃课堂气氛，并能拓展学生思维。本堂课，以重庆 2008 年十大消费维权案例的一个典型案例导入，把学生带入了问题讨论中。该案例是关于就餐时摩托车丢失，店堂贴了免责语，是否该赔偿的问题。对于这个问题，学生争论很大，有说该赔的，有说不该赔的。在学生讨论的基础上，我进行了总结。通过讨论和总结，不仅使课堂一开始就显得很活跃，而且拓宽了学生知识面，还能导入引出要依法保护消费者合法权益。

本节课，我没有拘泥于教材顺序，而是根据授课的需要先讲消费者有哪些基本权利，再讲维护消费者权益的途径，最后再讲依法保护消费者权益的重要性。在讲基本权利这个知识点时，考虑到学生初中时学过，所以，先让学生回顾有哪些权利，学生一般都能说出九项权利中的大多数，然后我再辅以形象的动漫展示并简单分析每种权利。为了巩固这个知识点，我又让学生结合身边实际交流自己或家人、亲朋在消费购物中遇到的不快的事，并讨论、抢答这些案例中哪些权利受到了侵害。学生回答很积极，课堂气氛很活跃。从学生的回答中，可以看出来，学生具有较强的维权意识，这一点要及时表扬。然后用“我国的法律法规对保护消费者权益的途径具体是如何规定的?”进入第二个知识点：维护消费者权益的途径。先请学生列举一些这方面的法律，学生一般只能说出《消费者权益保护法》，在此，就需要我进行补充，让学生明确，我国还有其他一些法律法规可以保护消费者的合法权益，特别提出《食品安全法》。然后结合前面陈女士美容时权益受侵害的案例，讨论陈女士具体可以采取哪些措施去维权。学生讨论很活跃，除了仲裁这一途径外，其他措施都能提到，我简单总结一下维权的一般顺序即可。为了使课堂更生动，也为了使学生更了解各机构的职能，我让三组同学分别扮演消协、行政部门、人民法院角色，帮助处理纠纷。消协如何劝导双方，居中调解？工商部门如何处理纠纷，做出处理决定？法院如何判决？学生表演很到位，我在表扬学生的基础上，强调：当我们作为消费者的权利受到侵害时，我们要拿起法律的武器维护自身的合法权益，这也是由等价交换的原则决定的。但是，在现实中，在有些情况下，人们对消费者是不是该通过打官司获取赔偿却有争议。让学生讨论“一元钱官司”或者说“小额侵权诉讼”值不值得打的问题，大多数学生都觉得该打这样的官司，而且能从对个人，对社会的角度来谈。我在总结学生发言的基础上，播放2009年3·15晚会上的一个视频片段来进一步说明这种公益官司的社会影响。这样顺势就可以引出第三个知识点：依法保护消费者权益的重要性，而且从对个人、对企业、对社会的角度予以概括。最后结合3·15的“有你更有力量”强调消费者要维权，政府部门要推进消费维权。那样，我们将会有更加健康、和谐的消费环境，才能进一步促进经济发展，这也是为什么今年3·15的主题是“消费与发展”。

本课设置了大量学生活动以及讨论环节，充分发挥了学生的主体性，事后学生反馈也很好，收到了很好的课堂效果。我认为，政治课堂要尽一切可能设置情景和问题，处处发挥学生的主体作用，教师只是起引导作用，这也正是新课程教学所倡导的。

专家点评及学生反馈

专家点评：

教学设计好，教学案例中穿插的讨论环节较多，这在一定程度上充分调动了学生积极性和主动性，保持了课堂的活跃；另外，课堂教学时逻辑性强，条理清晰，不拘泥于教材的顺序安排。

学生反馈：

通过积极活跃的课堂学习后，使我们在初中所学知识基础上对维权又有了更深层次的认识，进一步增强了我们的维权意识。

参考资料

小学思想品德和中学思想政治教材编写委员会编著. 全日制普通高级中学思想政治(试用修订本·必修)一年级(下册)教师教学用书. 北京：人民教育出版社，2003年

《企业经营者的素质》教学设计

重庆市梁平中学　罗大春

教学内容分析

1. 重视企业经营者素质的必要性。从地位和作用介绍企业经营者为什么要具备良好的素质。

2. 企业经营者的素质。具体分析企业经营者(国企经营者)应当具备哪些素质,表现在哪些方面,这些素质对于企业的发展有什么样的作用。

3. 企业要在市场竞争中取得胜利,除了经营者要有良好的素质之外,还应当重视企业的信誉和形象。好的信誉和形象对企业的竞争有积极的作用,反之则会阻碍企业在市场上竞争。

所以,无论是对于企业本身还是对于社会,要开展正当竞争,反对不正当竞争。

学生情况分析

高一学生由于刚刚进入高中进行学习,对于高中知识尤其是思想政治的认识大多还停留在初中阶段,对于本科目的重视度以及兴趣都还不够。学生对思想政治有一些感性认识,缺乏理论的高度。

教学方法选择

归纳法、讲授法、比较分析法

教学环境与教学媒体选择

多媒体教室

板书设计

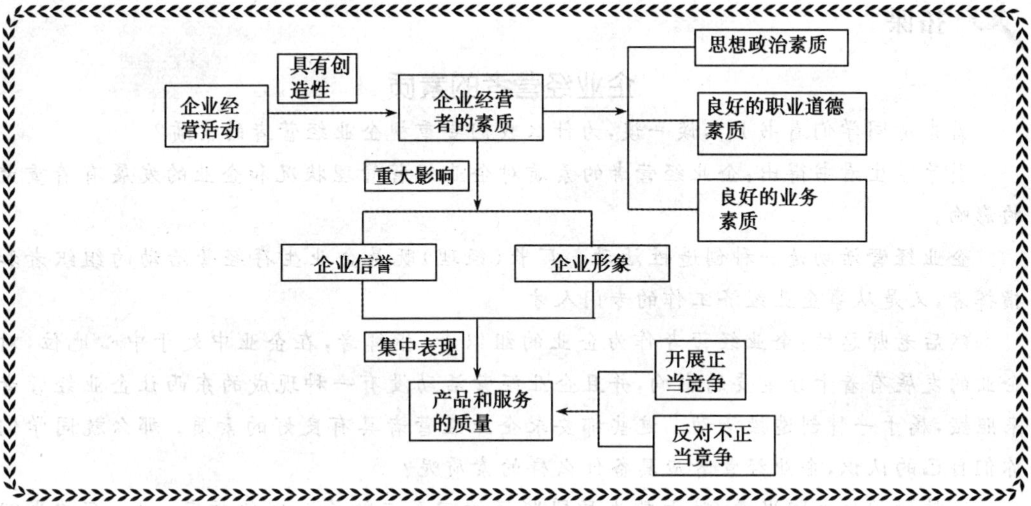

教学目标

1. 知识目标：了解企业经营者必备的基本素质及影响，明确企业的信誉和形象对企业的重要作用，学习正当竞争与不正当竞争的有关知识。

2. 能力目标：培养学生用所学知识分析实际问题的能力。

3. 情感态度价值观目标：让学生知晓企业经营者需要具备的素质，培养其关心祖国发展，进而关心社会主义建设的情感。

重点与难点分析

重点：企业经营者的素质、企业必须具备良好的信誉和形象。

难点：正当竞争与不正当竞争。

课堂教学过程结构设计

导课

举例：三鹿奶粉的倒掉与田文华，阿里巴巴的崛起与马云（多媒体显示资料），“一个成功的企业背后，必然有一个成功的企业家。”“而一个蹩脚的厂长（经理），则会搞垮一个企业。”

国家有关部门对我国两千多家亏损企业的调查显示，经营者素质低下造成亏损的企业占 2/3 以上。因此，对企业的发展来说，任何良好的外部条件都无法取代经营者的作用。企业经营者的素质对企业的生存与发展，有着重大的影响。

（师）是什么决定了经营者的素质对企业生存发展如此重要？

（让学生思考一分钟）

要了解企业经营者要有什么样的素质，为什么要有这样的素质，我们今天就来学习“企业经营者的素质”。

拓课

企业经营者的素质

首先请同学们看书 P_{87}，谈一谈，为什么我们要重视企业经营者的素质？

引导学生看书得出：企业经营者的素质对企业经营管理状况和企业的发展有着重大的影响。

企业经营活动是一种创造性活动。厂长（经理）既是企业生存经营活动的组织者和指挥者，又是从事企业经济工作的专门人才。

然后老师总结：企业经营者作为企业的组织者、指挥者，在企业中处于中心地位，对企业的发展有着十分重要的影响，并且企业经营活动没有一种现成的东西让企业经营者来照搬，属于一种创造性活动。这些都要求企业经营者具有良好的素质。那么就同学们你们自己的认识，企业经营者应具备什么样的素质呢？

可鼓励学生大胆思考，对于学生另辟蹊径的回答应给予一定的肯定。如：有学生回答要有良好的身体素质。教师可以给予肯定身体素质也是企业经营者需要的素质，“身体是革命的本钱”嘛。

那么企业经营者到底应该具备哪些素质，以及这些素质的内容及意义是什么？

分组看书，分别看书 P_{87} 最后一段、P_{88} 第三段、P_{89} 第二段。老师给出一些材料，请大家判断是属于企业经营者应具备的哪种素质。

（多媒体展示材料：张瑞敏“三只眼”的材料）

提问：这段材料表明了企业经营者的什么素质呢？

引导学生从张瑞敏的事迹中明白，张瑞敏坚持的是把党的路线方针政策与海尔的发展结合起来。这也体现了民主作风。

值得注意的是，思想政治素质主要是针对国有企业而言的。那么是不是说其他企业经营者不应该具有这种素质呢？

思想政治素质其他企业经营者也应当具备。

但是，要求诸如私营企业和外资企业的经营者具备这样的素质不太可能。

正是由于思想政治素质方向性很强，所以我们要求的是国企经营者必须具备这样的素质，其他企业经营者应当具备这样的素质。

请同学们再看这一则材料：（多媒体展示材料：张瑞敏“用户的难题就是我们的课题”）

通过材料，我们可以看出张瑞敏想群众之所想，急群众之所急，将群众的事情放在心里，从群众的利益出发，在这里张瑞敏服务群众、奉献社会，体现了他具有良好的职业道德素质。

企业经营者必须具有良好的职业道德。同样，我们要注意的就是，职业道德素质是所有企业经营者都必须具备的基本素质。不仅仅是企业经营者，其他各行各业的劳动者都应具有良好的职业道德。如果一个医生没有职业道德，后果是很可怕的。

（多媒体显示：比尔·盖茨语录）

同学们通过这段材料，可以看出企业经营者应当具备什么样的素质呢？

学生结合教材，基本明白企业经营者还应当具备良好的业务素质，要有较高的科学文化水平，较广的知识面，较精的专业知识，较强的组织领导管理和决策能力。

良好的业务素质也是针对所有的企业经营者而言的，尤其是国有大中型企业经营者更应当具有较高的文化水平。

一般地说，企业经营者三方面的素质是有机整体，缺一不可的。其中思想政治素质是方向。举例：就像修房子一样，一般是什么方向呢？

与坐北朝南、坐南朝北、坐西朝东……无关，其实是朝上。企业经营者的思想政治素质就表明我们走的是社会主义方向。

而职业道德素质是基础，就跟修房子一样，如果没有良好的基础，房子修得再高也会被风一吹就跑。

而良好的业务素质是前提，作为专门的人才，就应当具备专业的能力。尤其是企业经营者更要具备高文化、多能力。

就在 11 月 21 日的时候，黑龙江新兴煤矿发生了一起矿难，死亡人数达到了八十多人，以下是对这起事故的结果认定。

（播放视频：黑龙江新兴煤矿矿难事故调查）

让学生思考：通过这段视频，我们可以从中看出该煤矿经营者不具备什么样的素质？

三个方面的素质都不具备：该煤矿负责人没有强烈的事业心、使命感和责任感，不具备较高的思想政治素质。

煤矿的经营者不顾员工的安危，把工人的生命安全作为赌注来换取高额的利润，不具备良好的职业道德。

这起事故是一起责任事故，事故的原因是由于矿洞存在安全隐患，企业经营者作为企业的指挥者和组织者，不具备良好的业务素质。

由此，可以看出，企业经营者应当具备良好的素质，他们的素质对企业有着十分重要的影响。

通过问题转折过渡：那么是不是只要企业经营者具有良好的素质就能够带领企业在激烈的市场竞争中取胜呢？

从消费者的角度引导学生明白，消费者购买商品不仅仅看经营者的素质，还要重视商品的质量价格服务等。

得出结论：一个企业在激烈的市场竞争中取胜，除了需要有素质良好的经营者之外，还要有良好的信誉和形象。

企业必须具备良好的信誉和形象

用通俗的语言对比例证来说明：什么是企业的信誉和企业的形象？

如：信誉用东北话来说就是“一口唾沫一个钉”，用重庆话说就是要“耿直”。

形象不只是指企业的房子要修得漂亮，企业员工男的要帅，女的要靓。而是指企业的产品、服务在社会中留下的印象，以及所受到的评价和认同。

然后让学生从生活中找出信誉和形象好与不好的企业，加深他们的认识。

如:诺基亚这款手机质量好,服务好,价格也比较公道,这个品牌给我们留下的印象好。所以,这个企业的信誉和形象好。

而三鹿奶粉生产质量不合格的产品,损害了消费者的利益,这个企业的信誉和形象就是一个反面的形象……

这就是企业的信誉和形象,企业的信誉和形象是企业的一种无形资产,是企业经常成败的重要因素,有人称它为"开发企业的金钥匙"。由此可见,企业的信誉和形象对企业的生存竞争有着至关重要的作用。

引导过渡:企业的信誉和形象好与不好从哪里表现出来呢?

企业的信誉和形象集中表现在产品和服务的质量上,保证优质的产品和服务才能使企业立于不败之地。

(多媒体显示:2009 年最具价值品牌)

让学生体会品牌的价值,了解信誉和形象的重要性。

"就算一场大火把企业烧光了,就凭着他们品牌的价值就可以一夜之间再把企业重新建立起来。"这就是品牌的力量!

而企业的信誉和形象集中表现在产品和服务的质量上。

用正反两个方面的材料说明:

(多媒体展示:张瑞敏砸冰箱的故事)

在这里,张瑞敏砸冰箱的事迹说明了什么?

说明了他重视产品的质量,重视企业的信誉和形象。

(播放视频:海口市工商局查出农夫山泉和统一企业三款饮料含有砷)

如果这个报道属实的话,那么这两个企业的信誉和形象会怎么样?

不重视产品的质量,失去了良好的信誉和形象。

所以企业在进行市场竞争的时候,要开展正当竞争,反对不正当竞争。

(多媒体展示漫画:一炮打响)

说明该企业生产出来的产品质量不合格,企业没有良好的信誉和形象。

(多媒体展示漫画:背后铲球)

要求学生得出结论:这是一种不正当竞争的表现,在球场上裁判会给红牌的惩罚。

在这里,两幅漫画中的行为都是一种不正当竞争的表现,企业要树立良好的信誉和形象,重视产品的质量。

开展正当竞争反对不正当竞争

竞争就是经济实力的竞争,经济实力的竞争,在很大程度上表现为产品的竞争,产品的竞争又取决于产品的质量和知名品牌。如今世界上的知名品牌大举进军中国市场,运用技术和经济实力抢占中国的市场,中国的企业必须树立品牌意识,用产品的质量和优质的服务树立企业的信誉和形象。

(多媒体展示漫画:顾客是上帝)

在这里,后面两家店通过排挤竞争对手,来达到提升自己的目的,很明显是一种不正当竞争。

那么正当竞争和不正当竞争有什么样的区别和联系呢?分别请同学在书上找出正

当竞争的出发点、手段、社会效果和法律后果以及不正当竞争的出发点、手段、社会效果和法律后果。

完成下表：

	动机和出发点	采取的手段	社会效果与法律后果
正当竞争			
不正当竞争			

教师要帮助学生结合前面的知识掌握：企业参与竞争的目的终究来说，是以盈利为目的的。不过正当竞争是在遵纪守法的前提下来盈利的，不正当竞争是通过躲避法律或采用违法的方式，来牟取高额利润。

在此，老师举例进行简单讲解。在处理不正当竞争损害了其他经营者和消费者权益的时候可采用提问的方法：

（师）如三鹿奶粉，损害了消费者的合法权益，那么它又是怎样损害其他经营者的合法权益的。

（生）……

（师）那么，在三鹿出事的那段时间同学们喝的什么奶？

（生）伊利、蒙牛……

（师）有很多同学会选择不喝牛奶了，那么其他三聚氰胺不超标的经营者的牛奶是不是也跟着不好卖了啊！这样就影响了同行业的信誉，损害了他们的合法权益。

在教科书 P_{92} 的小字部分，三鹿奶粉的行为就是属于一种不正当竞争的行为，所以应该受到法律的禁止和制裁。

该企业到底违反了《中华人民共和国反不正当竞争法》的什么具体条款呢？

（多媒体显示：《中华人民共和国反不正当竞争法》）

结课

这节课我们学习了企业经营者的素质，同时了解了高素质的经营者必须高度重视企业的信誉和形象，努力提高产品质量，搞好售后服务，争创名牌，而不能搞不正当竞争。高素质是逐渐培养出来的，所以我们每个同学从现在起一定要努力学习，树立创新意识、竞争意识，全面提高自身的素质，为将来成为一名优秀的企业家而努力。

个性化教学

对于学有余力的学生可选择让其了解《中华人民共和国反不正当竞争法》的相关条文，加深对企业竞争方式方法的认识；对于需要帮助的学生可进行课后辅导。

作业设计及检测

1. 据《市场报》报道，北京市丁格尔服装服饰有限责任公司总经理关景惠告诉员工：“不要光看到钱，那只是一些有形的东西，而企业形象的扩大，信誉度的提高，才是我们真

正的财富。”这表明(　　)

A. 盈利不是企业生产经营活动的目的

B. 企业的信誉和形象是企业的一种无形资产

C. 企业的信誉和形象是企业经营成败的唯一决定因素

D. 保证优质的产品和服务就能使企业立于不败之地

(答案:B)

2. 据《经济日报》报道,“经营有道,道在立德”。我国西部规模最大的啤酒生产企业四川蓝剑集团就是坚持“以德为之得市场”为价值取向的,“以德为之得市场”(　　)

A. 说明道德是企业经营者安身立命之本

B. 说明良好的职业道德是任何一个经营者都首先应具备的素质

C. 表明企业经营者应在市场上开展正当竞争,反对不正当竞争

D. 表明企业的信誉和形象是企业在市场中经营成败的重要因素

(答案:B)

3. “一个成功的企业家,要有哲学家的思维,经济学家的头脑,政治家的眼光,军事家的胆略。”这段话强调了企业经营者(　　)

A. 要有良好的素质和才干　　B. 是企业兴衰成败的根本

C. 要面向市场、开拓市场　　D. 要处理好各种关系

(答案:A)

教学反思与总结

通过教学,发现学生对于政治的影响都是一种枯燥单调的感觉,因此他们对思想政治这门学科缺乏积极性。而学生能够学好知识的关键就在于能否提高该学科的兴趣,由兴趣引导学习,这样才能事半功倍。所以对于我们思想政治学科,更应该注重对学生兴趣的培养。作为老师首先就要了解现在的学生他们喜欢的什么、流行的什么、爱好的什么,老师在上课时穿插一些他们耳熟能详的教学示例,必然会引起学生的共鸣,从而轻松达到教学的目的。“新课标”的一个要求就是要学生学得快乐,而快乐是通过笑声来传达的,老师作为整个课堂的引导者,要注意调动学生的情绪,让课堂不缺乏笑声。

其次,应当充分发挥学生课堂的主体地位,引导学生自主学习。高中学生正是出于自我表现欲望十分强烈的时期,教师通过引导,让学生的自主学习意识得以实现,能够有效地激发学生的学习热情,变被动为主动,这样就能够达到一个良好的学习效果。

在本堂课中,由于内容比较多,所以采用学生看书,教师引导的方法能够有效地提高教学进度,达到教学的目的。但是由于多媒体教学的不足性,使得学生对于知识的结构逻辑理解不是很深刻,增加了他们系统理解的难度,所以在教学中应当采用多媒体教学与传统教学相结合的办法,实现优势互补,完善课堂的教学。

专家点评及学生反馈

该教学设计在教学目标上能依据《新课程标准》,切合学生实际,教学重点、难点确定准确,安排合理,体现了以人为本的思想。在教学过程中体现了教师的主导作用和学生

的主体作用的统一，教师适时点拨，学生独立思考，师生互动、生生互动，使学生真正成为学习和个性发展的主体，形成了教与学的磁力和共振。在教学方法上注重理论联系实际的原则，引用一些生动、鲜活的实例，设计了一些能引发学生思考且有一定深度的问题，引导学生分析、讨论，贯彻了启发式、讨论式、探究式教学原则和教学思路，精讲多思，适时诱导，正反论证，环环相扣。在教学手段上较好地发挥了多媒体辅助教学的方式。把形象思维、逻辑思维和辩证思维统一起来。采取多种方式，呈现、传递、处理教学信息，充分调动了学生视、听等多种感官的活动，增强了教学效果。

整堂课的设计，彰显了教学的功底与功力，使教学节奏、知识等和课堂气氛相得益彰，学生自始至终都保持较好的学习状态，课堂呈现较佳的教学情景，体现了教师简洁明快和流畅的教学风格，不失为一个好的教学案例，值得我们学习和借鉴。

参考资料

小学思想品德和中学思想政治教材编写委员会编著. 全日制普通高级中学思想政治(试用修订本·必修)一年级(上册)教师教学用书. 北京：人民教育出版社，2008 年

《存款储蓄 利国利民》教学设计

重庆市江津中学 蒋玲

教学内容分析

本框题论述的是存款储蓄及其作用，是高考考点之一。

1.存款储蓄的含义。

2.存款储蓄的原则。

3.存款储蓄的种类。

4.存款储蓄的作用。

学生情况分析

存款储蓄，一般学生都有过亲身经历，了解一些储蓄常识，前面也学过股票，再加上对银行的学习了解，学生对学习本课内容感到需要和兴趣，但对于如何进行科学投资和计划消费还欠缺相关的理论知识与实践探索，对储蓄利国的感受还不够。

教学方法选择

情景式教学、探究式教学、合作式教学、直观演示法、演绎归纳法

教学环境与教学媒体选择

多媒体教室

板书设计

一、储蓄的含义：

（一）广义：存款储蓄、购买债券、商业保险、手持现金等

（二）狭义：存款储蓄

二、存款储蓄的分类

- 存款储蓄种类
  - 活期储蓄
  - 定期储蓄
    - 整存整取
    - 零存整取
    - 存本取息
    - 整存零取
  - 保值储蓄
  - 教育储蓄

三、存款储蓄的原则

存款自愿，取款自由，存款有息，为储户保密

四、存款储蓄的作用

（一）调节市场货币流通

（二）为国家筹集资金，支援现代化建设

（三）培养科学合理的生活习惯，建立文明健康的生活方式

教学目标

1. 知识目标：了解存款储蓄的含义及其基本类型，理解国家对公民存款储蓄的原则及存款储蓄的作用。

2. 能力目标：培养学生分析问题的能力及理论联系实际的能力，通过学习，学生能够根据具体情况选择何种储蓄形式和存期的长短。

3. 情感态度价值观目标：学生培养科学合理的生活习惯，建立文明健康的生活方式。

重点与难点分析

重点：公民的个人存款储蓄在国家经济生活和人民生活中所起的重大作用。

难点：公民存款储蓄在货币流通中的作用。

课堂教学过程结构设计

情景导入

【教师活动】今天,我们来一场投资理财方面的知识抢答,老师想拜托大家一件事情,我好不容易东拼西凑凑齐了10万元钱,这可是我全部的家当,请同学们一定仔细帮老师算计算计怎样让这些钱保值升值?

【学生活动】学生分组讨论。学生抢答:存款储蓄、购买债券、股票、商业保险、古董收藏、炒房、买彩票、实业投资等。

【设计意图】创设情景、激发兴趣、发挥学生主体性。

新课讲授

一、储蓄含义

【教师活动】储蓄有广义和狭义之分。

【学生活动】学生归纳:广义的储蓄包括:存款储蓄、购买债券、商业保险、手持现金等。狭义即存款储蓄。

【设计意图】多媒体显示组织结构,直观演示,培养学生归纳能力。

二、存款储蓄的原则

【教师活动】现场采访:我的存款经历,播放视频:"我"的存款经历。分组讨论归纳:

1. 存款储蓄的含义

2. 存款储蓄的原则

【学生活动】讲述自己的存款经历,观看视频。讨论归纳:

1. 存款储蓄含义

2. 存款储蓄原则及表现:存款自愿,取款自由,存款有息,为储户保密

【设计意图】创设情景,从学生和老师的亲身经历全面了解存款储蓄,学生学会如何办理存款业务,适当运用视频多媒体增强效果。

三、存款储蓄的种类

【教师活动】算一算:选择何种存款种类让我的10万元利息最大化?

【学生活动】学生分组计算,比较选择,归纳存款种类。

【教师活动】现场调查:特殊储蓄种类:保值储蓄、教育储蓄。

【学生活动】讨论发言。

【设计意图】通过实际操作培养学生理财观念,学会计算利率,选择存款储蓄种类。

四、存款储蓄的作用

【教师活动】探究活动一:投资方案大家谈:第一,为什么全部选择储蓄不是一种理想的投资方式?第二,40%的储蓄和10%的储蓄,你认为哪个比较合理?为什么?

【学生活动】积极探究,分组讨论发言,选择理财投资方案,并陈述原因。

结论一:培养科学合理的消费习惯,建立文明健康的生活方式。

【设计意图】通过探究性活动，尊重发挥学生主体性，培养学生合作学习能力，探究学习能力，培养学生归纳能力，科学理财投资意识。

【教师活动】探究活动二：2009 年我国 GDP 增速保 8 的原因，为什么我国能够取得这么大的成就呢？比较中外 GDP 增长和储蓄率的差别。

【学生活动】积极探究，分组讨论发言，找出我国经济增长与居民存款储蓄的联系得出结论：为国家筹集资金，支援现代化建设。

结论二：居民的存款储蓄对国家也非常重要，能够为国家积累资金，支援现代化建设。

【教师活动】探究活动三：辩一辩：存款储蓄越多越好？存款储蓄过多会带来什么后果？

应该采取什么措施？反之，则该怎么办？

【学生活动】积极探究，分组讨论发言，结合生活感受并联系流通中的货币量知识，理论联系实际，得出结论：适量的存款储蓄可以调节货币流通。

结论三：适量的存款储蓄可以调节货币流通。

【设计意图】通过探究性活动，尊重发挥学生主体性，培养学生合作学习能力，培养学生归纳能力和演绎能力，理解存款储蓄对国家的作用，完成情感价值观升华。

课堂小结

【教师活动】带领学生归纳本课知识体系。

【学生活动】回顾本节课所学。

【设计意图】构建完整知识体系，巩固课堂效果。

个性化教学

为学有余力的学生设计环节：探究活动二：2009 年我国 GDP 增速保 8 的原因。

为什么我国能够取得这么大的成就呢？需要发散思维，多角度思考。

为需要帮助的学生所做的调整：在讲解储蓄种类时，设计了算一算环节，选择何种存款种类让我的 10 万元利息最大化？提高部分学生动手计算能力和现实的理财能力。

作业设计及检测

1. 记忆型作业：我国公民的个人存款储蓄作为一种投资行为，在国家的经济生活和人民生活中的重要作用？记忆存款储蓄的作用。

2. 运用型作业、实践型作业：班级调查：在金融危机下，各自家庭的储蓄、信贷及消费有何变化？运用储蓄相关知识，关心国际时事。

3. 要求学生自己选择作业类型、自己设计、独立完成，并对设计独特的作业给予表扬，这极大地调动了学生的主动性、积极性，激发了他们的学习需要。

教学反思与总结

上完这节课给我这样的启示和思考：首先，教师在新课程中的最大变化是角色的变化，因此，教师首先要转变角色，确认自己的教学身份。传统的应试教育是“重结论轻过程”，即教师在教学中只重视知识的结论，而忽略知识的来龙去脉，省略了学生对知识学习的思维过程，让学生只是机械的记忆；而新课程的理念要求教师从单一的知识传授变为对自主学习的引导，不仅要使学生获得知识与技能，而且要综合形成学生的情感、态度和价值观以及各种能力。基于此，在教学中教师应以学生发展为中心，“让学生自主学习”，以互动为方式。作为“导演”，教师首先要精心设计问题情境。“提出一个问题，胜于解答十个问题”，这虽然有点夸张，但说明了提出问题的重要性。在教学中，让学生提出问题，做真正的学习的主人，是确保学生主体地位和培养学生自主学习能力的一条有效途径。学生带着问题听课，则会主动参与到教学过程中来，极大地提高课堂效率。例如，在“选择何种存款种类让我的10万元利息最大化?”这个问题的过程中，在教师的引导下学生就提出了一系列一些问题，通过师生共同对这些问题的探讨，不但克服了教学中的难点，疑点，同时也使学生参与到教学活动中来，真正成为课堂的主人。创设情景，激发学生兴趣和思维，是上好课的先决条件。利用情境、协作、讨论等学习环境要素，充分发挥学生的主动性、积极性和创造精神，引导学生质疑、探究、发现，最终才能达到对学生有效地实施教学目的。课堂小结是课堂教学的一个重要组成部分，通过让学生自己小结，不仅能及时反馈信息而且可以进一步促进主体性的发展。在教学过程中，我们主要是让学生根据课前提出的教学目标来归纳整理本堂课的教学内容和知识体系，从而检查通过这堂课的学习是否达到课前提出的目标。

专家点评及学生反馈

重庆市思想政治优质课大赛评委老师：

一、学生主体，氛围轻松

以“知识抢答”导入引发学生兴趣，营造轻松的课堂氛围。教师所设计的问题考虑了学生实际，具有层次性，让他们有话可说，有感可发，这样的设计贴近学生生活实际。教师作为课堂教学的组织者和参与者，营造了良好的学习氛围、探究氛围、竞争氛围、合作氛围，学生能长时间保持饱满的热情参与教学活动。教师为学生营造“自我感悟、自我教育”的情境，创设一个宽松和谐、无拘无束的心理自由和安全的环境，让他们积极思考、大胆发言，产生思维碰撞，提高教学的实效性。

二、主线明晰，环环相扣

整个教学以“为老师出主意投资”这一生活情境为载体，通过发现问题、分析问题、解决问题，环环相扣，贯穿始终，师生互动、生生互动在教学中得到了实现，并追求效益最大化。师生在40分钟的合作与交流中实现了课堂资源和课程资源的共享，实现了“知识与技能、过程与方法、情感态度价值观”的统一。而在这个三维目标实现的过程中，情感态度价值观目标得到了最大关注和优先满足。

三、整合教材，深入浅出

教师大胆打破教材框架结构，由自己的存款经历视频引导学生讨论、分析和推理，得出储蓄的含义，原则，类型；而后又开展了3个探究活动，最后由学生自己得出课本上的知识结论，在最后通过当堂反馈运用于实际问题解决，整个教学过程赋予具体的生活内容，通俗易懂，深入浅出。理论的基础是生活实践，反过来理论又可以指导生活实践，为生活实践服务，教师在这里很好地实现了理论逻辑和生活逻辑的统一。

四、关注细节，教育无痕

本节课不仅仅是教学设计新颖，教学过程流畅，更关注了教育对象的种种细节。例如，对学生的回答给予适时引导，恰当肯定，对教学中转瞬即逝的教育契机的把握驾驭……细节是教师教育理念的一种流露、教育风格的一种表达、教育能力的一种诠释，课堂不仅是知识传递的学堂，更是人性养育的殿堂。这里，教师所营造的也许只是一种淡淡的情，是转瞬即逝的一幕场景，而对学生，可能就是一种人生态度、人生道路的选择。

参考资料

1. 小学思想品德和中学思想政治教材编写委员会编著. 全日制普通高级中学思想政治（必修）一年级（下册）教师教学用书. 北京：人民教育出版社出版，2008 年

《存款储蓄 利国利民》教学设计

重庆市铁路中学　王益蕾

教学内容分析

掌握理解存款储蓄的含义(广义和狭义)、种类、原则和作用

学生情况分析

该课题涉及的存款储蓄对于很多学生来说熟悉,学生平时生活中对其有丰富的感性认识,但比较零散、直观、感性。

教学方法选择

讨论法、讲解法、案例教学法、启发式教学法

教学环境与教学媒体选择

多媒体教室

板书设计

存款储蓄 利国利民

1. 存款储蓄的含义

2. 公民个人存款储蓄作用

(1)有利于培养科学合理的生活习惯,建立文明健康的生活方式。

(2)为国家积累资金,支援现代化建设。

(3)调节市场货币流通。

3. 存款储蓄的种类

4. 存款储蓄的原则:存款自愿,取款自由,存款有息,为储户保密。

教学目标

1. 知识目标：理解并掌握存款储蓄的含义；了解存款储蓄的种类、原则；理解存款储蓄的作用。

2. 能力目标：运用多媒体提供材料，引发学生的思考，讨论、培养学生全面比较分析问题的能力、理论联系实际的能力和归纳概括能力；培养学生主体的实践能力和解决问题的能力，培养学生的系统思维和关系思维，加强其创新思维，特别是团队合作分工协调能力。

3. 情感态度价值观目标：通过讨论等多种途径，引导学生对存款储蓄的重新认识，并以此培养学生健康文明的生活方式，激发学生的爱国热情，树立存款储蓄，利国利民的意识。

重点与难点分析

重点：存款储蓄的作用。

难点：存款储蓄有利于调节货币流通。

课堂教学过程结构设计

设置情境 · 引入新课

【活动环节】播放国际金融危机的视频，使学生对国际金融危机下的经济有直观感；设计一个寻找理财团队的竞争现场，四个团队就存款储蓄方面的内容进行PK。

【教师活动】将全班分为四个团队，进行团队之间的PK，争取获得打理200万投资的机会。

【学生活动】学生扮演委托人，讲述投资目的和意图，同时进行组建四个团队。

【设计意图】引起学生注意，创设出四个团队PK争取200万投资的现场从而激发学生的学习兴趣。

设疑讨论 · 探索研究

【活动环节】委托人不愿意存款储蓄，认为无好处，四个团队进行团队活动一，引出存款储蓄的作用。

【教师活动】根据学生所谈的存款储蓄的好处，引出并分析存款储蓄的作用。

【学生活动】每组三分钟的讨论思考时间，然后各团队以轮番说服式说出存款储蓄的好处。

【设计意图】在体验感受中掌握知识，发挥学生的主体地位，沟通交流能力、分析综合能力以及语言表达能力。

【活动环节】出示图表、材料，分析存款储蓄的作用，特别是通过团队活动二解决存款储蓄调节货币流通这一难点。

【教师活动】出示图表，材料，引导学生根据其思考，并注意随时引导，特别是调节货币流通，请学生以填表的方式得出国家和个人应该如何使储蓄适量。

【学生活动】学生认真分析图表和材料了解存款储蓄有利于合理消费和国家集中力量办大事。一位学生扮演新闻发言人来佐证这一作用。通过团队活动二，结合教材思考存款储蓄是如何调节市场货币流通的，得出观点，以突破难点。

【设计意图】培养学生自学能力、看图能力、综合分析能力。鼓励学生合理科学消费，激发学生的爱国热情。

【活动环节】学生分组讨论存款储蓄的种类和原则，并将创意设计进行展示。

【教师活动】组织学生讨论为学生进行创意展示搭建平台。

【学生活动】四个团队进行五分钟的讨论准备，可用任何形式介绍自己所承担的内容。

【设计意图】培养学生表达能力，激发学生的创意，大力发展创新思维。团队合作能力。

【活动环节】由四个团队的队长来归纳小结知识点。

【教师活动】请四个团队的队长来为委托人梳理存款储蓄各方面的内容，以此来归纳小结知识点。

【学生活动】四个团队的队长归纳小结知识点。

【设计意图】培养学生综合总结分析能力。

应用练习·指导实践

【活动环节】为强化、深化知识，理解存款储蓄各方面的内容，所进行的研究性学习：课后通过多种途径搜集两会中涉及货币政策的信息，找出教材不完善之处，并予以补充。

【教师活动】结合时政，请每个团队课后找出教材不完善之处。

【学生活动】学生通过搜集资料，讨论进行，找出教材不完善之处，予以补充。

【设计意图】强化、深化知识，加强学生能力训练，培养学生的比较能力，结合时政分析问题、解决问题的能力和实践能力，敢于质疑，培养与时俱进的创新精神。

个性化教学

研究性课题：请课后通过多种途径搜集两会中涉及货币政策的信息，找出教材不完善之处，并予以补充。促使学生落实知识点，将实践和教材内容相结合，更新教材，充分发挥学生的主体作用，能够与时俱进地将时事与教材知识点相结合进行深入的学习。

作业设计及检测

1. 狭义储蓄指公民存款储蓄，广义储蓄则还包括①购买债券 ②商业保险 ③手持现金 ④购置房产(　　)

A. ①②　　　B. ①②③④　　　C. ②③　　　D. ①②③

(答案:D)

2. 居民存款储蓄的形式很多,但归结起来即是(　　)

A. 活期储蓄和定期储蓄　　　B. 长期储蓄和短期储蓄

C. 保值储蓄和定活两便　　　D. 购买债券和购买股票

(答案:A)

3. 未到期的定期储蓄存款,储户如要提前支取,必须(　　)

A. 持有存单和存款人的身份证办理

B. 凭机关公章证明办理

C. 持有代领人的身份证

D. 报出存单密码

(答案:A)

4. 公民个人存款储蓄,在国家经济生活和人民生活中起着重要作用,可以概括为(　　)

A. 存款储蓄,利国利民　　　B. 为国家积累资金,支援现代化建设

C. 调节市场货币流通　　　D. 有利于培养科学合理的生活习惯

(答案:A)

5. 从 2000 年起,银行储蓄实行实名制,即必须凭公民个人身份证办理存款取款业务,这样做是为了(　　)

A. 维护储户的存款支配权　　　B. 为储户保密

C. 不受任何单位个人的查询　　D. 增加银行的利润

(答案:B)

教学反思与总结

本课设计采用“创设情境——师生互动”新型模式,以寻找理财团队,团队间合作竞争的方式考察存款储蓄方面的知识,学生分组讨论策划如何有创意地介绍存款储蓄的相关内容,和存款储蓄利国利民方面的重要作用,充分发挥学生主体作用。其指导思想坚持以新课程理念为指导,通过多媒体手段的运用活跃课堂,给学生创设情境激发起学习积极性,为其搭建共同探讨知识平台,体现科学性和思想性统一的原则、直观性和抽象性相组合的原则,突出教师主导和学生主体作用,培养学生主动、探索、合作、学生学习的能力以及创造性思维和创新能力。

一、为学生创设情境,激发其探究欲

以打造投资团队竞争为主线从而激发学生主体参与意识,使学生以主人的身份去主动地学习。变要我学为我要学,让学生成为自我发展,自我进步的主体。

二、激发学生的竞争与合作意识,向合作性学习发展

投资团队之间的合作及各团队之间的竞争对培养学生的竞争、合作意识非常重要,为顺应教育社会化的需求,培养现代社会所需的人才本人在教学中针对两个较难的问题,让学生小组讨论,通过合作学习来解决问题,同时习得合作技能,增进同伴友谊,学会

关心和理解等。培养学习树立正确地合作观和竞争观，达成智力因素和非智力因素的和谐发展。

三、设疑激趣相结合

“疑”是探求知识的起点，也是激发学生的支点。因此从开始为什么要存款储蓄到后面存款储蓄各方面的内容都引导学生存疑，再自己去寻找答案。启发学生思维，但又不马上让学生回答，使学生处于暂时的困惑状态，进而激发学生解疑的动因和兴趣。

整堂课结构紧凑、知识结构体系清晰，极大地发挥学生的主体地位，调动和激发了学生的学习兴趣和积极性，在体验感受中掌握知识，培养学生自学能力、分析综合能力以及语言表达能力。由学生自己寻找答案中突破重难点，培养学生表达能力，能运用所学对社会热点问题进行综合分析的能力和解决问题的能力，学生综合分析能力。

专家点评及学生反馈

专家点评：

这是一个让学生学习过程充满活力的体验式教学设计。

其特色在于：

1. 让学生扮演投资者、理财团队在经济活动中体验学习内容。有效地激发了学生的学习热情。

2. 教学策略和手段上突出以学生为本，教师始终以一个组织者、参与者、合作者参与学习。在发现、体验、探究中使课堂成为一个师生共同生长的学习园地。

3. 从设计感、故事感、交响感、共情感、娱乐感、意义感六个要素进行多方位教学设计。

4. 对学生学习的“三维目标”定位合理。该教学设计在 2010 年 4 月重庆市高中《思想政治》优质课教学竞赛中获得一等奖，是一个优秀的教学设计。

学生反馈：

本节课充满了竞争的感觉，但是我们这一小组又非常的团结，组长的分工合理，同学之间配合默契，使我们这一团队很有战斗力，最后取得成功。而且居然给我们的绘画、音乐等特长在这里得以发挥。整节课上完后对知识结构体系非常清晰，知识点理解透彻。

《银行的分类及其职能》教学设计

重庆市大足中学　李鑫

教学内容分析

1. 银行的分类

按性质的职能分为中央银行、商业银行、政策性银行。

2. 各类银行的性质和职能

(1)中央银行的性质和职能。

(2)商业银行的含义、性质、业务、利润、分类、职能。

(3)政策性银行的含义、性质、目的、分类、职能。

学生情况分析

该班学生是重点中学的学生，基础知识掌握较好，思想活跃，见识较广，对各种信息的了解较快，反应快，能提出各种问题和发表有独到见解的观点。

教学方法选择

讨论法、比较法

教学环境与教学媒体选择

多媒体教室

板书设计

我国银行的分类及其职能
- 中央银行 → 性质 → 职能
- 政策性银行 → 性质 → 职能
- 商业银行 → 性质 → 职能

教学目标

1.知识目标:通过教学使学生能识记我国银行的分类及各类银行的性质和主要职能;理解掌握中央银行的性质和主要职能,明确商业银行的性质、目的和主要职能,政策性银行的性质、职能和必要性。

2.能力目标:通过比较各种银行的性质和职能培养学生归纳、比较能力。

3.情感态度价值观目标:提高对加强、完善银行管理体制的认识。

重点与难点分析

重点:中央银行的性质和职能。

难点:中央银行的性质、政策性银行的性质及其特殊性、商业银行的企业性质。

课堂教学过程结构设计

导入新课

动画《走错银行》引入,(放动画,让学生边看边想)问:老人为什么取钱遇到这么多麻烦?根据学生的回答,提出三个问题:央行为什么不办理个人存取款业务?农业发展银行为什么不是农业银行?农业银行为什么要办个人存取款业务?(教师把这三个问题写在黑板上),以这三个问题为线索贯穿整个教学过程,导入到新课中。

新课教学

银行的分类及其职能

一、我国银行的分类

学生看书,随即作出回答:按照银行的性质和职能划分,我国现阶段的银行分为中央银行、商业银行、政策性银行三类。(多媒体显示)

二、各类银行的性质和职能

(一)中央银行的性质和职能

(师)我们首先来学习央行的性质和职能,请看我国《银行法》对央行的性质和地位是

如何规定的。(多媒体显示)

“中国人民银行在国务院领导下,是制定和实施货币政策的国家机关,是我国政府的组成部分。对金融业实施监督管理,防范和化解金融风险,维护金融稳定。”

(师)从这段法律条款中明确规定了中国人民银行兼有“国家机关”和“银行”的双重性质。一方面,作为国家机关,中国人民银行是国务院直属部委之一,是我国国家机器的一个重要组成部分。然而,中国人民银行又不同于一般的政府机关:一是它要办理以政府、商业银行及其他金融机构为对象的银行业务,有经营收入,有利润,因而要实施经济核算,这是其他政府部门所不具有的特性。二是它在管理上主要运用经济手段进行间接调控,是一种经济性质的管理,和其他行政部门有区别。另一方面,作为银行,中国人民银行也要经营银行业务。但它与一般的商业银行、政策性银行不同,它是银行的银行、发行的银行、政府的银行。它虽有银行业务,有收入,有利润,却不以赢利为目的,不与商业银行和其他金融机构争利;它不经营一般银行业务(银行业务后面要专门谈),而是以政府及金融机构为业务对象,它处于超脱的地位,以“最后贷款者”和“信用管理者”的身份,控制和调节全国的货币流通与信用活动。中国人民银行的双重性质,决定了它的双重职能:作为中央银行的职能和作为政府机关的职能。尤其要强调央行的性质,它具有双重性,既是国家机关又是银行的银行,是银行金融机构的领导力量。(多媒体显示央行的性质、地位)

(师)请同学们看一段新闻,注意央行行长周小川提到的政策。(老师打开视频播放)

(师)新闻主持人和周小川同时提到一个什么政策?谁制定的这个政策?为什么要制定这样的政策?它说明了央行有什么职能?

(生)适度宽松的货币政策……

(通过老师的设问,引导学生得出结论,多媒体显示)

依法制定和实施货币政策,是国家宏观调控的主要工具。

(师)请同学们看大屏幕(显示几版我国的法定纸币),我们使用的人民币是从哪里来的?我们可印制吗?

(生)人民币只能由国家发行。

(师)对。大家再看一下人民币上有些什么字样?

(生)中国人民银行。

(师)好。具体地讲是国家授权中国人民银行统一发行货币。中国人民银行总行是发行人民币的唯一金融机构,享有货币发行的垄断权,是“发行的银行”,其他任何部门、单位和个人,均无权发行人民币。我们要严厉打击制售假钞的不法行为,禁止假币流通。

(师)中国人民银行能不能任意发行人民币呢?

(生)不能,发行太多会导致通货膨胀。

(师)好。我国货币发行有一定的程序:首先由中国人民银行总行根据国民经济发展情况,提出货币发行计划,经国务院批准,再按照国务院核定的发行额,组织年度的货币发行工作。可见,中国人民银行要根据国民经济发展的需要而发行人民币,从而调节货币流通,保持货币的稳定。中国人民银行还负责货币的投放和回笼,这样来掌握和管理人民币的流通。

发行人民币，管理人民币流通。（多媒体显示）

（师）请再看大屏幕，我国银行法还给央行规定了哪些职能？中国人民银行不仅是“发行的银行”，还是“政府的银行”。作为政府的银行，它经理国库，是政府的总会计和总出纳。

国库，是经管国家财政收支的机关，也称为金库。国家的全部财政收入都要纳入国库，国家的全部财政支出都要从国库拨付。我国的国库依法由中国人民银行经理。因而，中国人民银行还有这样一个职能——经理国库。（多媒体显示板书）

此外，作为政府的银行还有如下职能：代理国家持有、管理、经营外汇储备、黄金储备；直接对政府贷款，以解决财政临时性的资金周转困难和弥补财政赤字。老师做简单的引导即可。

经理国库。持有、管理、经营国家外汇储备、黄金储备。（多媒体显示）

中央银行
- 性质：国家机关，政府组成部分
- 地位：主导、领导
- 职能：
  - 依法制定和实施货币政策。是国家宏观调控的工具
  - 发行人民币，管理人民币的流通
  - 经理国库。管理外汇储备、黄金储备

（师）现在我们能为动画片中老人解决第一个困惑了吗？（央行为什么不办理个人存取款业务？）

（生）因为央行是国家机关，不具有办理个人存取款业务的职能……

（师）好。大家应把这三点记住，下面我们来为老人解决第二个困惑，他到的第二家银行是什么银行？为什么银行不给他办取款业务？引入学生学习第二类银行：政策性银行，先让学生看一段新闻“城市建设，金融如何发力”并思考：武汉城市发展和经济建设所需资金为什么要由国家开发银行来支持，财政投入和商业银行为什么做不到这点？（多媒体显示视频）

（生）……

通过学生的回答，引入政策性银行的含义、性质、目的、分类。

（二）政策性银行

1. 含义和性质

（师）政策性银行是为确保国家大型基本建设和大宗进出口贸易的顺利完成而设立，并向这些项目提供国家政策性专项贷款的专业银行。其目的是建立健全国家宏观调控体系：

政策性银行由政府组建，业务上由政府的相应部门领导；它不接受存款，也不从民间借款；专业性强，与政府的产业政策密切配合，是只贷不存的银行。

（师）政策性银行只贷不存，那它的资金来源于何处呢？

（生）政策性银行，既然由国家组建，其目的是建立健全国家宏观调控体系，它对需要

国家支持的某一行业或某一项目进行投资。那么,政策性银行的资金应来源于国家财政。

(师)政策性银行是专门从事国家政策性贷款业务的银行。它对需要国家支持的某一行业或某一项目进行投资,不同于财政拨款,它是运用信贷手段投资,是贷款。那么,只贷不存,资金源于何处呢?它主要是通过自有资金或发行债券、国际金融机构贷款等负债形式筹得,它不与商业银行竞争,但它自主经营,自担风险,也必须坚持保本微利原则。

那么我国目前有哪些政策性银行呢?(多媒体显示)

2. 分类及其职能

政策性银行分类
- 中国国家开发银行
- 中国进出口银行
- 中国农业发展银行

老师引导学生了解三大政策性银行的职能。(多媒体显示如下)

银行名称	职能
中国国家开发银行	为国家大型重点项目提供专项贷款。
中国进出口银行	为大宗进出口贸易提供专项贷款。
中国农业发展银行	为国家粮油储备、农副产品合同收购和农业基本建设发放专项贷款,并代理财政支农资金的拨付及监督。

(师)现在我们能为动画片中的老人解决第二个困惑了吗?(农业发展银行为什么不是农业银行?)请学生来解惑。

(生)……

下面我们来为老人解决第三个困惑,引入第三类银行——商业银行。

(三)商业银行的性质和职能

在我国银行体系中商业银行是主体,与我们生活联系最为密切的是商业银行。那么,什么是商业银行呢?

1. 商业银行的含义和性质

(师)首先,农业银行会吸收个人存款吗?吸收了存款就有义务为储户取款,它吸收存款的目的是什么?发放贷款又是为了什么?

(生)盈利。

(师)那么,为了盈利,它必须开展哪些业务?

(生)存款、贷款、结算。

(师)以盈利为目的的经济组织是什么?

(生)企业。

(师)商业银行是依法成立的以盈利为目的的企业法人。从这个定义可看出商业银行是什么性质的银行?

(生)(企业法人)(多媒体显示)

（师）商业银行是以银行利润为主要经营目标的。那么这个利润从哪儿来呢？

（生）……

（师）根据生活经验，我们知道，银行一方面要吸收存款，另一方面要发放贷款。储蓄者存钱要获得利息，贷款人也要付给银行利息。存款利息与贷款利息相比，如何呢？

（生）贷款利息总是高于存款利息。

（师）这样，贷款利息和存款利息之间就有一个差额，再扣除银行的内部开支，剩下的就是银行利润。（多媒体显示：银行利润）

（师）商业银行为了盈利可不可以自己提高贷款利率？为什么？（通过设计这个问题，既能复习通货膨胀的有关知识，又能温故中央银行是国家机关，才有权制定货币政策）。

（生）……

我们平时接触的银行大都是商业银行，这些银行中有哪些家庭成员呢？下面我们就来一一认识。（多媒体显示）

2. 商业银行的分类及其职能

多媒体显示：

我国商业银行分类	国有控股商业银行	工行、农行、建行、中行、交行
	其他商业银行	光大银行、招商银行、华夏银行、民生银行、福建兴业银行、农村商业银行、中国邮政储蓄银行、上海浦东发展银行等

教师对五家国有控股商业银行的职能作一个简单介绍，强调随着改革的深化和市场经济的发展，我国的各家商业银行的职能和业务范围将互相渗透，向着综合化、多样化发展。其他商业银行也不断壮大和发展，共同形成我国金融体系的主体，共同参与竞争，为国家经济的发展和人民的生活改善做出了巨大贡献。

（师）现在我请一个同学来为老人解决第三个问题。（农业银行为什么要办个人存取款业务？）

（生）……

（师）在现代社会，银行在整个国民经济中的地位十分重要。但在三类银行中，中国人民银行是中央银行，居于主导地位，是负责制定和执行国家的货币政策、实行金融管理和监督、控制货币流通的金融中心机构；而商业银行是银行的主体，与人民生活联系密切；政策性银行也是社会主义现代化建设不可缺少的银行，为建立和完善社会主义金融秩序起着重要作用。

我们要认真学习有关银行的知识，以适应时代的需要。

知识回眸

让我们一块来总结一下我们所学的知识：（多媒体显示）

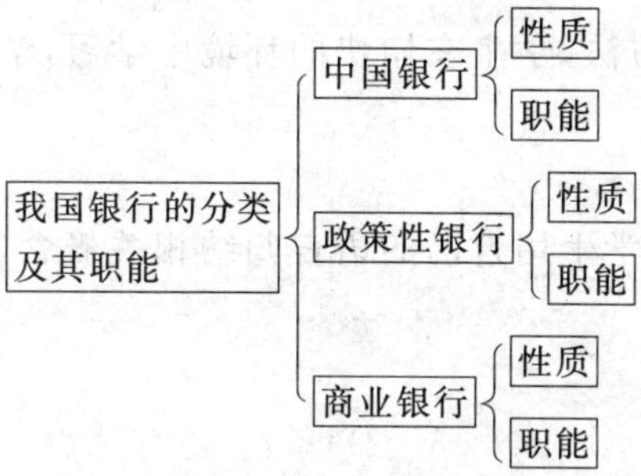

个性化教学

根据我教学设计中的动画《走错银行》的顺序，以问题为中心，把商业银行的有关教学内容放在最后一个教学环节进行，使之与动画设计步骤一致，更有逻辑性。在创新与探研教学环节，可根据教学时间和学生能力的差异，还可设计另外的问题：

假如你就是财政部的部长，你将如何为调控房价制定科学的财政政策？

假如你就是税务总局的局长，你将如何为调控房价制定科学的税收政策？

让学生结合前面学过的财政知识和税收知识以及国家的宏观调控手段，充分讨论，既培养学生发散性思维，又巩固了旧知识。若没时间，可安排在课外进行。

作业设计及检测

2009 年房价疯涨，面对高房价，越来越多的百姓可望而不可及，成为都市“蜗居族”，不少楼市也面临着泡沫风险。国家相关部门相继出台了一系列调控高房价的措施，来遏制房价飙升势头。请用所学经济常识知识回答：

假如你就是央行的行长，你将如何为调控房价制定科学的货币政策？

（答案：略）

教学反思与总结

通过这节课的教学，我圆满完成了教学任务，在教学过程中，能用先进的教学手段引导学生抓住重点，突破难点，让学生在愉快的教学环节中学到知识。能根据课堂上的学生情况，及时调整教学方法，用灵活多样的手段调动学生积极参与教学的各个环节，让学生大胆发言，有话可说，一语中的。

专家点评与学生反馈

专家点评：

采用灵活多变的教学方法，学生在愉快的环境中学习，学生积极参与到教学活动中来，以达到教学目标。

学生反馈：

通过师生的共同学习，学生用自己的语言归纳相关概念，从中训练学生的逻辑思维和归纳能力。

参考资料

小学思想品德和中学思想政治教材编写委员会编著.全日制普通高级中学思想政治(试用修订本·必修)一年级(下册)教师教学用书.北京：人民教育出版社，2003年

《银行的分类及其职能》教学设计

重庆市第二十九中学　方华

教学内容分析

1. 商业银行的性质及职能。
2. 中央银行的性质及其职能。
3. 政策性银行的性质及其职能。
4. 我国银行的分类。

学生情况分析

学生为重庆外国语学校高一年级学生，基础较好，能力较强，但由于是比赛借班上课，且听课教师较多，因此学生会比较拘谨，教师在上课过程中应注意帮助学生缓解紧张情绪，充分调动积极性。

教学方法选择

分析与归纳相结合、阅读与讲解相结合

教学环境与教学媒体选择

多媒体教室

板书设计

银行的分类及其职能

1. 商业银行的性质及其职能。
2. 中央银行的性质及其职能。
3. 政策性银行的性质及其职能。
4. 我国银行的分类。

教学目标

1. 知识目标：理解并识记中央银行、商业银行和政策性银行各自的性质和主要职能。

2. 能力目标：通过比较三类银行的性质和职能，培养学生比较学习的能力，通过对案例的深度解剖培养学生分析问题和解决问题的能力，通过对生活中金融常识的学习培养学生主动参与经济生活的能力。

3. 情感态度价值观目标：关注社会发展，正确理解国家经济政策，积极参加社会实践，增强社会责任感，培养公民意识。

重点与难点分析

重点：中国人民银行的性质和职能。

难点：中国人民银行的性质和职能，商业银行的职能。

课堂教学过程结构设计

导入新课

PPT1：解放碑、音乐、标题、动画效果

（师）阳春三月好逛街。今天天气这么好，同学们想逛街吗？那好今天我就带大家去逛街。

PPT2：实景拍摄解放碑周边的银行

讲授新课

（师）大家逛了解放碑，解放碑最大的特点是什么？（银行多）

（师）那么考考大家的眼力，刚才视频中出现了哪些银行？

互动活动一：记一记

PPT3：

视频里有的银行（国家控股）（其他银行） 视频里没有但解放碑有的银行

在这些银行当中,有一家银行和我有着不解之缘——招商银行。

同学们知道为什么吗?

(按揭贷款)

对,正如同学们所说,方老师就是找招商银行按揭买房的。

互动活动二:算一算

我向银行贷了25万买房,期限是20年,现行的月利率为3.5‰,月供1600元。

请同学们帮我算算在其他条件不变的情况下第一个月要还多少利息?

请位同学上来算。(875元)

PPT4:银行利息=本金×利率

方老师算过了20年总共要多还134000元。

(师)大家说,银行赚没赚我的钱?(赚!)

(师)这134000利息等不等于银行的利润?(不等)为什么?

PPT4:银行利润=贷款利息-存款利息-其他费用

从这个公式中我们可以看出银行贷款给我就是为了赚钱,那它就是以盈利为目的的了。

(师)那这一类银行是不是企业呢?(是)

PPT4:

银行利息=本金×利率	银行利润=贷款利息-存款利息-其他费用	以盈利为目的的企业法人

那么这一类银行的性质就是企业法人。

PPT4:

性质:企业法人

(师)那同学们知不知道银行除了存款和贷款这两项常规业务外,还有哪些具体的业务?

(生)……

(师)展示银行义务宣传单,因此我们可以看出这些银行是以经营工商业存款、贷款和结算为主要业务的。

PPT4:

以经营工商业存款、贷款和结算为主要业务	以盈利为目的的企业

(师)像这一类以经营工商业存款、贷款和结算为主要业务,以盈利为目的的企业,我们称之为商业银行,有的国家也叫:存款银行。

PPT4:

商业银行:	以经营工商业存款、贷款和结算为主要业务	以盈利为目的的企业

那么商业银行职能呢?(含义)

PPT4：

商业银行的职能：信贷中介 支付中介 其他金融服务

同是天下买房人，相逢何必曾相识。下面就让我们一起来听听天涯论坛上另一个买房人的故事：

互动活动三：听一听

PPT5：

《听重庆讲那房价的故事》小杨

2008年重庆市政府提出打造“五个重庆”的设想，而在房价飞涨的今天，对于我来说，最关心的莫过于“宜居重庆”的建设。政府说要让像我这样的一个普通家庭，在7年内买得起房子，这是一个多么激动人心的设想啊！可是当算算我的收入时，我彷徨了！

我家两人工作，月收入4千，处于中等收入，不吃不喝不生病不租房，要存到买得起一套60平方米新房得42万元，需8.75年。当然，这比其他一些城市算下来要不吃不喝27年，还是要乐观得多。可是我真的可以不吃不喝不生病不租房吗？我想这是有悖自然规律的，如果当我把这些都算进去，可能就得两个8.75年，也就是17.5年了。这离政府提出的7年差了整整十年还要多啊！

那么我们的政府是如何调控的呢？

近年来重庆市政府采取的严打房地产腐败，严控地价，严格征收二套房契税，大力建设廉租房等措施，对于抑制房价起到了一定效果。

激动啊！宜居重庆建设已经吹响号角，让我们一起憧憬美好的未来！

2010年3月20日

同学们你们认为现在的房子贵不贵，高不高？

但是我们用杨先生的话来说：宜居重庆建设已经吹响号角，未来我们满怀希望！

因为重庆市政府已经采取了很多措施，特别是最近央行采取了一系列措施。

同学们知不知道，这里的央行是指的哪家银行？（中国人民银行）

请同学们阅读教材38～39页，结合已有知识，前后分小组讨论我们国家的中央银行对于调控房价能够采取哪些措施？

PPT6：自今年1月18日起，中国人民银行上调存款类金融机构人民币存款准备金率0.5个百分点。该鞭还未落定，央行再度扬鞭，决定于2月25日再次上调人民币存款准备金率0.5个百分点，控制商业银行信贷发放，适当回笼货币。

那么同学们能不能试着从这段材料中分析出中国人民银行的职能？

存款准备金率——货币政策

PPT7：

央行职能：

1. 依法制定和实施货币政策，是国家宏观调控的工具；控制商业银行信贷发放，适当回笼货币——管理人民币流通；

2. 发行人民币，管理人民币流通；

中国人民银行除了前面两个职能还有：

3.经理国库；

4.持有、管理、经营我国外汇储备和黄金储备。

中国人民银行是银行不？(是)那同学们有没有去存款和贷款？(没有)

为什么？因为它是央行，不办理对个人的业务，回到职能强调(管理)，说明它是国家机关，因此它具有双重性质：

PPT7：

央行性质：中央银行、国家机关

实际上正是它的双重性质决定了它的以上职能。

今天我来的时候堵车，我看在施工，在施什么工啊？(修地铁)

哦，原来是打造“畅通重庆”。

PPT8：

重庆轨道交通目标：到 2050 年轨道交通线路总长 513 千米，将辐射多个区县，城际铁路将连接轻轨和地铁，辐射一圈两地，计划总投资 2000 亿元。

大家说怎么解决？

(生)找银行贷款

互动活动四 ：演一演

现在在座的各位同学都是各大商业银行的行长，你们哪一家愿意贷？

预设一：愿贷，贷多少？小于 900 亿，为什么愿贷，为什么不愿贷？

预设二：不愿贷，为什么不愿贷？

抛出：实际上工商银行和建设银行只愿贷 900 亿。为什么？

原因：属于公益事业，贷款时间长，收益低。

实际上剩下的钱是由我们国家的另外一家银行贷了，这家银行不仅利息低，而且贷款时间长，它是一家专门支持国家基本建设的银行。大家知道是哪家银行不？

国家开发银行

为什么同样是银行，差别咋就这么大呢？

其实它属于我们国家另一类银行——政策性银行

PPT8：政策性银行提供国家政策性专项贷款

现在大家在教材上找找，我们国家政策性银行还有哪几家以及它们各自有些什么职能？表格：

分类	职能
中国国家开发银行	支持国家大型重点项目建设
中国农业发展银行	承担国家粮油储备、农副产品合同收购，支持“三农”建设
中国进出口银行	为大宗进出口贸易提供专项贷款

材料：当下的重庆正着力打造“五个重庆”和建成中国五大中心城市之一，而要顺利实现这个目标，有一个重要的元数不可缺少，那就是大力发展金融业，因此重庆市政府提出了打造中国西部华尔街的设想，下面就让我们去西部华尔街的建设现场看看。

个性化教学

1.从学生熟悉的商业银行业务和职能作为教学的突破口，最大限度调动学生自我学习的积极性。

2.结合学生身边发生的案例和事件教学，增加学生对知识的认同感。

3.拍摄实地视频材料，加强视频材料的针对性和实用性。

4.当前热点“五个重庆”、高房价等贯传整个教学过程，激发学生对时事的关注。

作业设计及检测

材料：当下的重庆正着力打造“五个重庆”和建成中国五大中心城市之一，而要顺利实现这个目标，有一个重要的元素不可缺少，那就是大力发展金融业，因此重庆市政府提出了打造中国西部华尔街的设想，下面就让我们去西部华尔街的建设现场看看。

利用所学知识，结合重庆打造西部金融中心和中国中心城市的宏伟规划，以“我给市长写封信”为题目，给市长写封信，谈谈你的意见和建议。

教学反思与总结

采用多媒体教学，分析与归纳相结合，阅读与讲解相结合，讲解中设疑、点拨、启发、引导，并列举案例，创设情景，充分发挥多媒体的作用，调动学生学习的积极性，培养学生多方面的能力三维目标达成比较好。

1.在教学过程中应注意因材施教。学生层次不同，其教学效果将大相径庭，具体来讲，此种教学方式适合在层次较好的班级运用，以培养学生进行科学研究与探索的勇气和方法，而在层次较差班级运用则会有一定难度，但如若在讨论、归纳的过程中细心引导，还是能达到预期效果的。

2.在教学设计的过程中要反复推敲，设想学生的各种发散思维，务必做到设计精确、合理，这是启发式教学最应注意的地方。

3.在引导学生推理研究的过程中要注意引导的程度，一方面要切忌教师喧宾夺主，把什么都说完了，降低了学生的推理难度；另一方面也不要太过于笼统，让学生把握不住方向，胡乱推论，这样只能是浪费时间，而且还会打击学生的积极性和自信心。

专家点评及学生反馈

专家点评:

本堂课教学设计新颖,从易到难,师生互动良好,重难点处理得当,能够自行拍摄教学视频服务于教学,注重培养学生综合能力,是一堂好课。但也在个别细节处理上还是略显粗糙。

学生反馈:

本堂课形式新颖,教师注重师生平等,案例多为身边故事,是一堂轻松、愉快的课。

参考资料

1. 小学思想品德和中学思想政治教材编写委员会编著. 全日制普通高级中学思想政治(试用修订本·必修)一年级(下册)教师教学用书. 北京:人民教育出版社,2003 年

2. 梁世昌. 高中政治疑难问题 500 问. 重庆:重庆出版社,2006 年

3. 朱耀明,宗刚. 财政与金融. 北京:高等教育出版社,2006 年

《债券和商业保险》教学设计

重庆市永川萱花中学　盈明春　蒙晓琳

教学内容分析

本框题是第六课的落脚点，展示了多种投资方式，表达了投资在经济生活中的重要意义，在本单元中具有“画龙点睛”之妙。懂得如何合理地选择投资，对中学生有很重要的现实意义，有助于提高学生参与经济活动的能力，增强学生理性的理财观念。本节课的内容主要是：三种债券的定义、特点；债券和股票的区别；商业保险特点。

学生情况分析

高一的学生经过一年经济常识的学习，对这门学科有一定的兴趣。在讲授完几种常见投资方式的特点后，同学们对这几种投资方式有了一定的了解，对在生活中究竟该怎样具体地应用产生了浓厚的兴趣。由于学生在生活中对于债券和股票接触少，所以相对于储蓄的内容来说有点难度。

教学方法选择

情景讨论法、小组探究法、讲授法、启发法

教学环境与教学媒体选择

多媒体教室

板书设计

债券和商业保险
- 家庭理财的必要性
- 投资的方式
  - 股票
  - 债券
  - 商业保险
- 比较这几种投资方式
- 投资的原则
  - 分散投资
  - 选择适合自己的投资组合

教学目标

1. 知识目标：识记股票的基本含义、特点。识记债券和商业保险的基本含义、种类、特点；理解股票、债券、保险等投资方式在国民经济建设和个人生活中的意义。

2. 能力目标：学习本框题后，学生能利用基本知识分析在不同条件下如何投资更加有利；学生能利用所学知识为家庭或企业投资提出建设性意见。

3. 情感态度价值观目标：培养学生为社会主义国家经济建设服务观念；培养学生积极进取的意识。

重点与难点分析

重点：股票、债券、商业保险。

难点：股票、债券、商业保险。

课堂教学过程结构设计

导入新课

【教师活动】（课前播放 CCTV-2《理财在线》的背景音乐）

活动一：晒晒压岁钱

同学们是如何安排自己的压岁钱？（学生纷纷回答，请几位同学谈谈自己的情况）

老师总结：大多数同学选择了消费，也有同学选择了存款储蓄想获得利息，看来同学们已具有一定的理财意识，让自己的压岁钱“生”出更多的钱。那同学们有没有想过老师课前让你们了解的投资方式？到底要选择哪种或哪几种？这就需要了解投资方式各自的特点。

【学生活动】思考回答。

【设计意图】从生活中，激发学习兴趣，引导积极思考。

讲授新课

【教师活动】(课前准备)将全班学生分为三个兴趣小组,每个小组指定一名召集人,负责组内分工和监督本小组的进度,各小组可通过上网查找相关资料,找家长访谈、到银行观察购买基金和国债的人群特点、与保险推销员交流、到证券交易所实地考察等,了解股票、基金、债券、保险的有关知识。在上课前要充分掌握投资理财方式的主要特点及影响该投资收益的主要因素。同时三个小组对于课堂上的任何问题都可以合作探究,同时进行组与组的比赛,激发积极性。

假设每位学生现在有闲置资金十万,课堂上模拟理财。

活动二:股票模拟操盘

十万资金选择股票。在课堂上让学生模拟操盘(五分钟),请几位小组代表说明情况:买的哪些或哪支股?谁发行?为什么要发行?你在公司是什么身份?享有什么权利?你是赚了还是亏了,亏了你怎么办?想过退还给公司没有?(股票的钱不能退还给公司)

请同学谈谈股票的特点:

(师生一起归纳,展示幻灯片)

股票——高风险与高收益同在

含义:股份有限公司、筹集资金、入股凭证。

特点:流通性——强(股票的生命力所在);收益性——高(有股息或红利,升值);风险性——大(企业的经营状况,综合因素)。

过渡:看来股票诱惑确实很大,可是风险也很大,真的是想说爱你不容易啊!有没有一种风险小点,收益又大点的,稳妥点的投资?(债券)

抛问式的引导:什么是债券?是谁发行(借)的?不同的发行者(借款者)付的利息是否一样?下面我们来比较一下。

活动三:计算债券收入

十万资金选择股票风险大,那如果选择债券会怎么样?告之国债、金融债券、公司债券各自一年期利率。

(归纳总结,展示幻灯片)

债券——稳健的投资				
种类	发行者	收益性	风险性	流通性
国债	国家	小	低	强
金融债券	金融机构	中	中	较强
企业债券	企业	大	高	弱

活动四:知识竞答

三个小组通过计算债券收入和炒股收入比较两种投资方式的异同,比比看哪组同学说得好并给予表扬以此激励同学积极思考并参与活动。

展示幻灯片：

	股票	债券
功能	都是发行机构筹资的途径，都是公民的投资方式	
性质	入股凭证	债务凭证
偿还方式	不返还股金，但可买卖	有明确的付息期限，到期偿还本金
风险	大	相对小

（过渡）我们中国有一句古话"月有阴晴圆缺，人有旦夕祸福"，人的一生变化莫测。（展示玉树地震视频并播放"梦中的额吉——五彩呼伦贝尔儿童合唱团"音乐）在此情况下，玉树人民怎样做可以获得一定的赔偿降低自己的损失（保险）。

同学们有没有买过保险？为什么要买？（买保险有什么好处？）

（归纳总结，展示幻灯片）

商业保险——针对风险本身的一种投资

分类	功能	订立原则
人身保险	保障人身健康、寿命	公平互利、协商一致、自愿订立
财产保险	保障财产和相关利益	

（过渡）同学们说的这个保险费用是谁承担？有一位工薪劳动者在此地震中身受重伤，但是没有买商业保险，他（她）能获得一定的医疗赔偿吗？为什么？那是什么保险？包括几个保险项目？（社会保险，包括养老保险、医疗保险、失业保险）关于社会保险我们在上学期已经介绍过，有没有哪位同学来谈一下？那么它和商业保险又有何区别？下面我们通过比较性质、给付标准、费用承担、保险依据、保险范围的方式来了解二者的区别。

（展示商业保险和社会保险比较内容的幻灯片）

	社会保险	商业保险
性质	解决大多数社会成员最迫切的项目	保障项目广泛
给付标准	只保障基本生活水平	按约定给投保人经济补偿，补偿高
费用承担	由个人、企业、国家共同承担或者由国家承担	完全由个人负担
保险依据	国家和有关部门统一规定	建立在商业原则基础之上，是参保人个人意志的体现
保险范围	社会成员的绝大多数	社会成员最少

同学们，这十万块钱闲置资金该怎么投资才可以防范金融风险，让利益获得最大化？投资一个品种还是应该多元化投资？（学生自主讨论）每小组讨论设计一套方案，看看谁的方案最好？

学生方案一：

投资方式	投资金额	理由
股票	7万元	这样投资赚钱快，收入高
企业债券	1.5万	而且有点储蓄既有收益
储蓄	1.5万	又可备急用

学生方案二：

投资方式	投资金额	理由
股票	3.5万	这样投资收益较高，风险大
国债	3.5万	风险小
金融债券	2.5万	风险不大
人身保险	0.5万	以防万一

学生方案三：

投资方式	投资金额	理由
股票	3万	这样投资收益较高，风险较小
国债	2.5万	保险可以规避风险
保险	0.5万	预防万一
储蓄	4万	自己的心理承受能力小，所以储蓄数额大一些

（老师总结）同学们通过学习，在设计方案上既考虑收益性又考虑了风险性，还考虑到自己的心理承受能力。看来大家具有较强的理财意识，而且还有一定的防范金融风险的能力。

【学生活动】(1)收集各种投资方式的特点；(2)学生讲解特点；(3)思考；(4)学生计算并思考；(5)讨论回答并落实教材；(6)看视频并思考问题；(7)讨论并落实教材；(8)回忆讨论，思考并落实教材，讨论并点评方案。

【设计意图】把学生分成几个小组，集思广益，激发学习激情，同时通过学生的课前社会实践活动，把理论和实践相结合；通过模拟操作，学生更能体会股票的特点；复习股票的知识过渡到债券投资方式；通过计算三种债券的收入，分析各自的收益和风险；通过三小组的比赛方式比较股票和债券的异同；能激发学生的积极性，掌握两种投资方式各自的特点；视频可直观的感受风险。

课堂小结

【教师活动】储蓄、股票、债券和保险各种投资方式，都有自己的特点。只有认清他们的利弊，多元化投资，才能更好地规避风险，使自己的资金保值增值。当然除了这几种投资方式外还有投资期货、黄金、外汇、基金、古董字画，以及彩票，还有现在很多人热衷的房地产等。当然到底该怎样投资，这就需要根据自己的实际情况，切不可盲目跟从！

【学生活动】一起总结。

【设计意图】小结本节内容，培养理财意识。

个性化教学

有兴趣的学有余力的同学可以在课后了解投资期货、黄金、外汇、基金、古董字画、以及彩票等投资方式。接受能力稍慢的学生认真落实教材，明确股票、债券、保险各自的特点即可。

作业设计及检测

假如你是一位理财顾问，根据自己家庭的经济状况和实际情况，告诉父母在选择投资方案时应该注意的问题，设计一套投资方案并说明理由。在设计投资方案时还是可能会忽略投资的合法性和自身的心理承受能力。

教学反思与总结

《债券和商业保险》一是基于课程教学的安排，二是基于该节是典型的热点教学内容，结合热点教学是政治学科教学最显著的特色之一，也是培养学生自主探究能力的有效方法。通过热点教学的讨论和思考，引导学生关注社会，发挥学生的主体作用。本节教学设计在高中新课程理念指导下，充分考虑时政热点的知识要求与重难点，注重问题情景的设计与教学过程的生成，注重师生互动的合作。在学习了存款储蓄、股票相关知识的基础上，再融合债券、保险等相关知识，结合近半年来时政热点，重点分析解析几种投资方式的区别、优点以及投资时应注意的问题，最后利用学科的知识，解决实际问题，形成互动。

一、亮点与创新点

首先，本节课基本上按教学设计进行，由学生压岁钱和家庭投资问卷调查导入，符合学生的接受思维，贴近学生的实际，能很好引起学生的学习兴趣，同时能很好地复习到旧知识又能结合社会热点，拓宽了学生的知识面，设计的问题由浅入深，采用启发——互动——探究的教学方法，给学生创造多说、多练、多思考、多讨论的机会，培养学生自主合作的学习精神，也体现了新课程标准必须遵循“三贴近”原则（贴近学生实际，贴近生活，贴近社会），使学生在学习过程中能够体验一些内容，并且使之内化为自己的学习成果。

其次，让学生自己收集上课的素材，注重学生的体验，使学生在实践中学习知识，实践中锻炼能力。这节课学习的所有东西除了书上的原理之外都是学生自己动手收集的，在课前将学生分成了几个小组，每组确定一名组长，组长负责领取本组的任务和分配任务，在这一过程中，全班同学都被调动起来了。家住城区的同学一组采访银行工作人员，购买基金和投资证券的人群，获得第一手资料，另一组深入到本地区的上市公司，通过采访这些公司的管理人员，了解上市给这些公司发展带来的巨大动力，同时也明白了股票与债券的意义所在。住校的同学可以上网查阅各种材料、图片和视频。这些活动的展开不仅培养了学生收集信息和筛选信息的能力，通过采访各种人群增强了学生的语言表达能力和社交能力。在这节课中，学生的收获绝不仅仅是40分钟能够衡量的。

二、困惑与不足之处

1. 知识容量大。尤其要在一节课向学生介绍没有接触过的这么多基本知识，时间上显得不够，到后半节有可能出现赶课的现象，师生的互动性到后半节会稍显不够。

2. 知识偏难些。介绍几种投资品种的购买和如何选购时出现一些专业的术语，生僻术语会增加理解难度，这就需要在课后和学生一起解决。

对于这些不足，在今后教学中需要我们注意如何去改进，注重教学实践的提高，把握热点，同时不断巩固专业知识，做到知识间的良好渗透。

总之，本节课无论是在教学组织形式上还是教学手段上，我都想努力尝试进行一些新的探索，但这种教学需要投入很多精力，和平时教学任务重又形成矛盾，但相比自己和学生在此中的收获，又感觉付出有所值。当然对于一种新的教学方式的尝试，需要进一步地总结和探索，是勇于尝试的激情和坚持不断的反思。

专家点评及学生反馈

专家点评：

1. 本节课符合学生的接受思维，贴近学生的实际，能很好引起学生的学习兴趣，学生的参与度较高，是一堂把理论观点寓于社会生活之中，建构学科知识与生活现象、理论逻辑与生活逻辑有机结合的活动教学课。

2. 整堂教学过程思路清晰，老师对学生的回答点评得当，真正地贯彻了以老师为主导，学生为主体的教学理念。

3. 在本节课的教学中教学目标明确，把握住了教材的整体性，坚持以学生发展为本的原则，在教学过程要始终关注学生的成长成才，从学生身心发展需要的角度出发，关注学生的全面可持续发展，培养他们终生学习的能力。做到了贴近学生、贴近生活、贴近实际。

学生反馈：

本节课容量大，对于某些新的理财名词一时还无法理解，但对理财特别是针对目前该如何更科学更合理的理财有着浓厚的兴趣。

参考资料

小学思想品德和中学思想政治教材编写委员会编著. 全日制普通高级中学思想政治(试用修订本·必修)一年级(下册)教师教学用书. 北京：人民教育出版社，2003 年

《市场经济的一般特征》教学设计

重庆市第七中学　雷燕

教学内容分析

1. 资源和资源的合理配置

2. 市场和市场经济

(1)有形市场、无形市场

(2)市场经济:社会化的商品经济,是市场在资源配置中起基础性作用的经济

3. 市场经济的一般特征

(1)平等性;(2)竞争性;(3)法制性;(4)开放性

学生情况分析

在现实的社会生活中,社会的各种思想文化、生活方式、经济现象对在校的高中学生产生强烈的影响,高一学生思想活动的独立性、选择性、多变性、差异性明显增强。高中学生正处在世界观、人生观、价值观形成的关键时期,具有极大可塑性,在这个时期,给予他们正确的平等观、竞争观、法制观、开放观的教育,旗帜鲜明地教育他们,树立合理优化使用我国有限资源的意识;树立平等意识、竞争意识、法制意识和开放意识。

教学方法选择

情境感悟法、交流互动法、合作探究法 、角色扮演法

教学环境与教学媒体选择

多媒体教室

板书设计

市场经济的一般特征

1. 资源
2. 资源配置
3. 市场:有形市场、无形市场
4. 市场经济:基础性作用
5. 市场经济的一般特征: 平等性 竞争性 法制性 开放性

教学目标

1. 知识目标:通过对漫画、实例的剖析,举一反三,师生互动,生生互动,在合作学习的过程中把握本框的基本经济学原理。

2. 能力目标:通过对市场经济一般特征的学习,提高学生对市场经济一般特征的认识能力、判断能力和综合分析能力。

3. 情感态度价值观目标:通过对资源和资源配置的理解,培养学生树立合理、优化使用我国有限资源的意识;通过对市场经济一般特征的理解,引导学生树立正确的平等意识、竞争意识、法制意识和开放意识,引导学生树立为中华民族的繁荣昌盛而努力奋斗的志向。

重点与难点分析

重点:市场经济的一般特征。

难点:市场经济的基础性作用。

课堂教学过程结构设计

创设情景·激趣导课

(师)仔细观察这幅漫画,思考并回答:从这幅漫画里,我们可以读到哪些经济信息?

(生)有一批钢材,有人要用它修铁路,有人要用它造汽车,有人要用它盖房子,有人要用它做家电……

钢材说:"我怎么应付得了! 我究竟应该帮谁发展生产呢?"

合作探究·生成知识

引导学生获取漫画中(漫画见PPT)的有效信息:生产需要钢材,钢材是有限的,而需要却是多样甚至无限的。请结合课本,把大家找到的这些信息转化成经济学的术语表达出来:

(生)

①物质资料的生产需要各种各样的生产要素。(我们把这些生产要素统称为“资源”)

②在一定的时期和范围内,社会可以利用的资源总是有限的。

③人们的需求是多样的,无限的。

(师)人类要解决“资源有限”和“需求无限”的矛盾,就必须在如何使用资源上“动脑筋、想办法、作安排”。“安排”的过程就叫做“资源配置”。对资源的配置是否合理,是否科学,会影响人类的生存状态和发展趋势。在人类社会的发展过程中,人们一直在努力追求实现资源的优化配置,使有限的资源得到充分的利用,最大限度地满足人类生存和发展的需要。

一、资源

二、资源配置

(师)资源的配置总需要采取一定的方式。在人类社会的发展历程中,主要有两种资源配置的方式:一是计划调节,二是市场调节。在现代商品经济条件下,资源配置主要是依靠市场的调节作用实现的。

(师)“市场”这个词语我们并不陌生,请大家列举出我们接触过的、听说过的或者我们家周围的市场有哪些?

(生)重百商场、新世纪商场、超市、菜市场、朝天门批发市场、海外市场、展销会、人才交流市场……

(师)我把同学们罗列出来的这些市场进行分类整理:从范围上看,有国内市场和国际市场;从内容上看,有消费品市场、生产资料市场、金融市场、劳动力市场、技术市场、信息市场、房地产市场等等。那到底在经济学上给了“市场”一个什么定义呢?

(师)概括地说市场就是买、卖东西的地方。准确地说,市场有狭义和广义之分。狭义的市场是指商品交换的场所,也叫有形市场;广义的市场就是商品交换关系的总和,除了有形市场,还包括无形市场。无形市场是没有固定交易的场所的市场,买卖双方靠广告、中间商等交易形式,寻找货源或买主,实现交换。比如:

(生)电视购物、网络购物……

三、市场:有形市场、无形市场

(师)不管是在狭义的市场,还是广义的市场上,价值规律都是要起作用的。请大家回顾我们在前面学过的“价值规律的作用”。

(生)价值规律的作用:第一,价值规律调节生产资料和劳动力在各生产部门的分配(指挥棒作用);第二,价值规律刺激商品生产者改进生产技术,改善经营管理,提高劳动生产率(鞭子作用);第三,价值规律促使商品生产者在竞争中优胜劣汰(筛子作用)。

(师)这些作用是通过什么表现出来的呢?

(生)价值规律是通过价格围绕价值上下波动表现出来的。

(师)通俗地说,就在我们的经济生活中,企业生产什么,如何生产,为谁生产,主要是通过价格的涨落以及供求行情的变化,由市场来安排和调整的。哪种商品在市场上好卖，人们就扩大生产；哪种资源（生产要素）的价格昂贵、供应紧张，人们就减少这种资源的使用。市场中好像有一只“看不见的手”在引导着商品生产者、经营者，调节着人、财、物在全社会的配置。其实，价值规律发挥它“指挥棒”、“鞭子”和“筛子”作用的过程，就是对资源进行配置的过程。这种发挥市场在资源配置中起基础性作用的经济形态就是我们常说的“市场经济”。

四、市场经济：基础性作用

（师）好了，这节课的前半段，我们就到这里。请大家闭上眼睛在脑子里理一理，我们都了解到了哪几个关键词？（在小结整理这些知识点的时候，小声播放《春天的故事》作为背景音乐）

（生）资源、资源配置；市场、市场经济。（强调市场在资源配置中的基础性作用）

案例剖析·提升能力

（师）在进入下半段之前，我们先来读一读大屏幕上呈现出来的材料——《郑板桥的故事》

学生阅读材料：

传说清代的画家郑板桥一天到街市的茶馆饮茶，老板见来客是个小老头，就随便说了声“坐”，接着，又对伙计叫了声“茶”。郑板桥只管独自欣赏店里的字画，老板看到此景，估计这小老头准是个读书人，于是改口对郑说：“请坐”，对伙计说：“泡茶”。不久，店里来了个认识郑的人高声喊：“板桥先生”！店老板这才知道郑的身份，于是打躬作揖不停嘴地对郑说：“请上座”，又对伙计说：“泡好茶”。郑领了老板的情。临走时，郑板桥为店老板写下了这样一副对联：坐 请坐 请上坐；茶 泡茶 泡好茶

（师）店老板前后态度的变化说明了什么问题？（思考讨论）

（生）……

（师）店老板对看似卑微的“小老头”很鄙视，对看似高贵的“读书人”、“板桥先生”讨好有加。这种态度上的变化说明：卖者与买者在社会地位上是不平等的。但是21世纪的今天，在市场经济条件下，经济活动参加者（市场主体）之间的关系应该是平等的。这种“平等”意味着卖者与卖者之间，卖者与买者之间、买者与买者之间，是一种平等竞争、平等交换的关系。“平等性”是市场经济自身所具有的特征之一。

（师）现在，请同学们阅读教材第49页第四段的内容，并结合所学知识分析“为什么市场经济具有平等性的特征？”

（生）从根本上说，市场经济的平等性是由价值规律的作用决定的。

（师）价值规律的内容里，商品交换要以价值量为基础，实行等价交换。等价交换这个根本原则决定了经济活动参加者之间的关系是平等的。同学们，当我们作为买者在购买商品的时候，遇到态度恶劣的卖者的时候，完全可以断然拒绝购买他的商品。要知道，你购买他的商品就是给了他赚钱的机会，他用“势利眼”看我们，我们就取消他赚钱的机会。

五、市场经济的一般特征

1. 平等性（价值规律、等价交换）

大屏幕上展示第二段材料：成渝“和谐号”动车组

学生阅读材料：

随着2009年9月26日“和谐号”动车组的开行，对成渝两地的交通格局产生了颠覆性的改变。乘坐“和谐号”，两个小时就能到成都或返回重庆，而且票价分别为117元和98元。民航客流流失严重。据当地媒体引述川航重庆营业部人士介绍，每日的上座率不到五成，在“和谐号”开通以后更是每况愈下，甚至在一趟航班中还会出现航空公司工作人员比旅客还多的情况。在地面交通的“持续威胁”下，川航最终决定停飞成渝快线。实际上11月15日就已经没有了成渝快线的航班。

公路方面也是备受打击。

（师）“成渝两地交通格局的颠覆性改变”是由什么引起的？

（生）竞争！

（师）对，在市场经济中，商品的市场价格是在竞争当中形成的。竞争对商品生产者和经营者形成外在的压力，会促使他们不断改进技术，提高劳动生产率，并实现优胜劣汰。

（师）换一种说法，在市场经济条件下，价格由市场决定。充分的市场竞争可以保证价格变化的灵敏性，使供求关系尽快得到调整，促进资源配置达到优化。所以，竞争是市场经济有效运行的必要条件，竞争性是市场经济的另一个特征。

2. 竞争性（技术、管理、劳动生产率）

（师）市场竞争带来并不全是“好东西”，请看下面这段材料：搜狗状告腾讯

学生阅读材料：

自2007年以来，腾讯公司向包括原告用户在内的广大用户提供其系列“QQ拼音输入法”软件服务业务，破坏原告运营的“搜狗拼音输入法”软件服务，对原告实施不正当竞争行为。腾讯公司不仅进行虚假宣传，且利用其破坏性技术手段直接删除网络用户终端的“搜狗拼音输入法”软件的快捷方式，客观上阻止用户同时使用“搜狗拼音”软件。同时，腾讯公司利用其破坏性技术手段进行人为干预，使“搜狗拼音”软件的快捷方式的排序位置始终处于“QQ拼音”之后。

（师）在这个诉讼案中，搜狗状告的是腾讯的不正当竞争行为。不正当竞争、背后铲球的行为都是市场竞争带来的负面效应。盲目的竞争可能造成社会资源的浪费，还会导致垄断。重庆开展的“打黑除恶”专项斗争，大家都知道吧？

（生）知道。

（师）其中有一个“恶霸”名叫王天伦（展示王天伦的照片），重庆今普食品有限公司的董事长，因垄断了重庆屠宰市场而被大家称为“重庆屠夫”。他经常用暴力手段“打开”市场，形成区域性垄断，并由他制订猪肉的收购价、批发价与零售价。这也是竞争带来的负面效应，这样的竞争肯定不利于资源的优化配置。当然，“法网恢恢，疏而不漏”，“搜狗状告腾讯”和王天伦的落网，正好说明市场经济具有法制性的特征。

3. 法制性(基础、依据)

(师)市场经济的法制性,是指社会经济运行有健全的法制基础,生产者和经营者的经济活动必须依据市场经济的法规进行。市场经济承认企业和个人的物质利益,但不是让人们为满足一己私利而不择手段,为所欲为。越是高度发展的市场经济,法律法规越是完善。所以,市场经济对每个经济活动参加者都有要求。要求是什么呢?

(生)要求我们必须学法、懂法、守法、用法,既保证自己的经济活动符合法律的规范,也能够用法律维护自己的权益。

(师)现在我们来听一段广播(展示《小铅笔的家谱》)

学生听故事:

要做一只铅笔必须使用生长在美国加州北部和俄勒冈州的挺拔的雪松。为了砍倒树木,把木材运到铁路支线,就需要用到锯子、火车以及绳索等工具,而这些工具除了锯子必须经过采矿、炼钢和加工制造的过程,绳索也需要从种植开始,经过无数的阶段才能完成。另外,伐木营地需要的床铺和餐厅,以及伐木工人所喝的咖啡,每一样都有不计其数的人参与制造。如果再加上用锡兰开采的石墨做成的笔芯,用黄铜所做的铅笔顶端的金属包头和用印尼的油菜籽油和氯化硫制造的橡皮擦,参与制造一只铅笔的人数更可以多达成千上万。在这些人里面,没有谁是因为想要一只铅笔而做这个工作的,我们也找不到一间中央办公室能同时对这些人发号施令。然而即使这些人住在不同的地方,说着不同的语言,信仰不同的宗教,却还是能够合作生产一只铅笔。

(师)听完这段广播后,再请大家快速浏览教材第 52 页第一段中的例子。这些故事说明了什么?为什么不同语言、不同信仰的人们能够为同一种商品努力?

(生)……

(师)社会分工越来越细,专业化程度越来越高。社会分工和生产专业化的广泛发展,要求市场具有开放性。请看教材第 51 页的漫画《谁也别想发财》,再结合《小铅笔的家谱》谈谈有什么启示?

(生)……

(师)只有打破狭隘的区域封锁,实现生产要素的自由流动,经济活动参加者才能充分发挥各自的优势,并广泛利用他人先进的生产和科技成果,达到资源优化配置的目标。因此,一个国家经济要迅速发展,必须实行对外开放,不但要优化配置国内资源,还要充分利用国际资源。开放性是市场经济的要求和内在属性。

(师)好了,这节课的后半段,我们分别了解了市场经济的四个一般特征:平等性、竞争性、法制性和开放性。现在请同学们思考:这四个特征之间存在着怎样的关系?

(生)……

(师)

①四者不是孤立的,而是相互联系、相互制约的。没有平等性,竞争就不能展开;同理,不能展开竞争也就无平等可言。法制既是平等和竞争的保证,也是平等的体现。而开放是平等和竞争充分展开的前提,也是法制作用发挥的社会条件。

②市场经济的一般特征是市场经济固有的,是各种社会条件下的市场经济的共性。

③市场经济的优越性——市场经济是实现资源优化配置的有效形式。

课堂小结·梳理思路

（引导学生小结，老师再做补充）

通过本课的学习探究，我们取得了如下共识：了解了什么是资源和资源的合理配置；懂得了市场经济是社会化的商品经济，是市场在资源配置中起基础性作用的经济；作为社会化的商品经济，市场经济具有平等性、竞争性、法制性和开放性等一般特征；市场经济是实现资源优化配置的有效形式。

个性化教学

本案的设计考虑了班级中不同层次学生的不同需求。

比如：对“资源配置”的分析理解需要用到已经学过的价值规律等相关知识，在合作学习的过程中，要充分发挥生生互助的作用，让学有余力的学生找到成就感；

对“市场经济的一般特征”的分析理解，本案用到了通俗易懂的四个典型案例，在学生阅读分析这些案例的过程中，给予需要帮助的学生具体而有针对性地指导，并让这部分学生在阅读分析中找到成就感。

作业设计及检测

一、选择题

在我国出版业的改革中，国家肯定了民营出版工作室，表示要鼓励和支持他们以各种形式进入“政策许可的领域”。据此回答1、2题。

1. 国家之所以要作出这样的决定，是因为（ ）

A. 市场经济具有法制性的特征

B. 市场经济是实现资源优化配置的有效形式

C. 开放性是市场经济要求的内在属性

D. 市场经济健康发展主要靠行政手段

（答案：C）

2. 市场经济具有平等性、竞争性、法制性、开放性的一般特征。市场经济的平等从根本上说是由______决定的。（ ）

A. 交换双方的平等地位

B. 等价交换的基本原则

C. 竞争性和法制性

D. 法制性和开放性

（答案：B）

二、非选择题

2008年9月11日，河北三鹿集团生产的奶制品含有化学物质三聚氰胺被媒体曝光，“三鹿毒奶粉”事件凸显了我国的食品安全问题的严重性。这一事件破坏了社会主义市场经济秩序，对人们的身体健康构成了严重威胁，必须加大力度打击。

运用市场经济法制性特征的知识，说明怎样才能有效防止此类事件的发生。

（解析：解答本题时要抓住两点，一是运用市场经济法制性特征的理论；二是从国家、企业、消费者角度作答。）

（答案：①市场经济具有法制性，是指社会经济运行有健全的法制基础，生产者和经营者的经济活动必须依据市场经济的法规进行。②为了维护公平竞争，国家要加强立法、严格执法，依法打击扰乱和破坏市场秩序的行为。③企业要守法经营，诚信为本。④消费者要增强权利意识，依法维护自己的合法权益。）

教学反思与总结

巧用生活案例 感受学科魅力

本节课是在学习“新课程”精神、迎接“新课程”到来的背景下设计并实施的。在整个设计中，努力贯彻这样的理念：把握时代特征，贴近学生生活；强调学生从现有知识经验出发，自主获取新知识的过程与方法；主张用富有意义的案例来呈现问题，提供问题发生的情境和分析问题的思路，以帮助学生在解决问题的过程中活化知识；注重认知工具的给予，注重学生生活逻辑的主导，以促进学生知识、能力、态度及情感的和谐发展。

《资源配置》漫画的引入，吸引学生的目光，对漫画的解读，让学生顺理成章地了解到“资源、资源配置”这两个概念。商场、超市、网购等对大多数城市学生来说，非常熟悉，从大家熟知的东西着手理解经济学上的“市场”，符合从“特殊到一般”的认知规律。对市场经济的“基础性”作用的理解比较抽象，也是本节课的一个难点。我通过学生已有知识“价值规律的内容、表现形式和作用”来突破这个难点。市场经济的四个一般特征是本节课的重点，我选择了四个典型案例《郑板桥的故事》、《和谐号动车组》、《搜狗状告腾讯》、《小铅笔的故事》，让学生来阅读分析得出这四个基本特征及其之间的内在关系。

本堂课教学的最大特色就是选用有趣案例，引发学生强烈兴趣，再通过教与学的结合，实现能力培养和情感态度价值观的引导。首先表现在学生对知识目标的达成上。如：通过漫画、典型案例，实现对资源、资源配置、市场、市场经济及其一般特征的认识；其次，表现在能力目标的实现上。通过知识目标的生成过程，实现认识和思维能力的培养，让学生的思维，由片面到全面、由简单到复杂，由低级到高级，由孤立到联系，由不科学到科学，切实培养透过现象认识本质的能力；最后，表现在情感态度价值观目标的实现上。如：让学生认识到市场经济的一般特征是其固有的而不是外在强加的，引导学生树立平等意识、竞争意识、法制意识和开放意识。这样就自然而然地形成了由知识目标到能力目标再到情感态度价值观目标的认知链条和转化驱力，从而更好地实现教学目标。

同时，在教学重难点处理上，分清主次，重点突破；在教学模式和教学方法选用上，强调沟通合作，突出学生主体地位，并恰当地使用课件，充分发挥其在课堂教学中的辅助作用。当然，这堂课也有需要改进的地方，比如：在突破重点的时候显得有些啰嗦，对学生自己已解决的问题，老师不必再作过多的重复，要大胆地相信同伴互助的效果。由于担心教学进度，老师情绪不敢放松，致使学生的认知活动显得有些浅薄，学生的表现有些拘谨，少数学生没有被关注到。

专家点评及学生反馈

专家点评：

本堂课，有浅有深、有详有略、有理有例、有声有色，教师有意识地采用了各种手段把学生调动起来，使老师的教和学生的学相得益彰，教与学呈现融洽之美，和谐之美。

具体来说：

1.“新课程”理念得到了一定的体现。

“新课程”的核心理念是以学生为本，是为了学生的发展而教，课堂教学的主体是学生。“新课程”理念在这堂课中不是口号，是践行：在老师的指导下，学生看书预习、面对材料阅读思考等方面的自主学习；在老师的引导下，互相讨论、相互启发等形式的合作学习；在老师的鼓励下，对某些问题争先恐后提出自己见解、发表自己观点的探究性学习。

2. 创设情景，注重理论联系实际

《市场经济的一般特征》是一堂理论性较强、政治课特点很浓郁的课。教师有意识地采取创设情境、材料引路、理在情中、情理交融的情境式教学方法，让学生倍感熟悉和亲切。

3. 努力营造轻松活泼的课堂教学氛围

《资源配置》漫画的引入，吸引学生的目光；商场、超市、网购等对大多数城市学生来说是非常非常熟悉的；《郑板桥的故事》、《和谐号动车组》、《搜狗状告腾讯》、《小铅笔的故事》的引用，都体现了该教师在开动脑筋，努力营造轻松活泼的课堂教学氛围。

学生反馈：

课前老师布置给我们相关材料的收集，课中还采用了我们收集到的“和谐号动车组”的案例。因为与实际联系紧密，案例也是我们熟悉的，所以，我们理解起来也不费劲；老师在分析案例的过程中，不是就事论事，给了我们一些如何跟“卖家、商场”打交道的建议和技巧，并且，在整个课堂中老师始终面带微笑，积极启发我们去思考、去分析、去归纳小结，很有亲活力，缓解了政治课本身的理论性强、枯燥的状况。

参考资料

课程教材研究所，思想政治课程教材研究开发中心编著. 普通高中课程标准实验教科书思想政治（必修）经济生活教师教学用书. 北京：人民教育出版社，2004 年

《市场经济的一般特征》教学设计

重庆市垫江中学　明福君

教学内容分析

市场经济的一般特征是经济常识的一个中心和重点，在全书中具有重要地位。市场经济是一种资源配置方式，在学习中要遵循资源——资源配置——市场——市场经济——市场经济的一般特征这样一个思路，层层推进，步步深入，在识记市场和市场经济的基本含义以及几种主要市场的基础上，从市场经济的一般特征，结合社会实际，理解说明树立正确的平等观念、竞争观念、法制观念的必要性。要学会观察和分析有关市场经济的平等性、竞争性、法制性和开放性的现象，提高运用所学的知识对实际问题进行分析的能力。树立正确的竞争观念，学会用法律武器来维护合法权益。

学生情况分析

学生的学习状态较好，是重点中学实验班的学生，有良好的学习习惯，有一定的学习方法，但是刚进入高中学习，在学初中政治时知识性要求较低，如果这种认识迁移到高中政治，就会忽视高中政治学习的难度。还有部分靠缴纳捐资助学款到校读书的学生，知识底子、学习方法、学习习惯都比较差，这样在教学对象中差别就比较大，这是教学过程中的一个关注点。

教学方法选择

讲授法、合作讨论法、情景扮演法

教学环境与教学媒体选择

多媒体教室

板书设计

市场经济的一般特征
- 平等性
- 竞争性
- 法制性
- 开放性

教学目标

1. 知识目标：使学生通过对市场的认识，懂得市场经济的含义，正确理解市场经济和商品经济的关系；在此基础上明确市场经济是资源优化配置的有效形式。

2. 能力目标：培养学生归纳能力和类比能力。

3. 情感态度价值观目标：通过市场经济的法制性，使学生树立法制意识，自觉遵纪守法，懂得建设社会主义市场经济就是建设法制经济社会。

重点与难点分析

重点：市场经济的一般特征。

难点：市场经济与商品经济的联系和区别。

课堂教学过程结构设计

导入设计

播放一组录像镜头：上海繁华的南京路、人来人往的庙会、宾客盈门的商业大厦，电话订货、网上购物、邮购。学生很容易就能找到它们的共同点：都在进行买卖或交换。进而指出，只要存在着商品交换关系，就存在着市场；市场不仅有有形市场，还有无形市场。并让学生分辨出上面六个镜头中，哪些是有形市场，哪些是无形市场，从而能够准确地把握市场的概念，并对认识社会实际具有一定的指导作用。（导入注重学生参与，注重联系社会实际，激发学生的主体意识。）

突出重点设计

从计划经济走入市场经济，很多人存在着疑惑：为什么要在社会主义条件下发展市场经济？根本原因是，在目前，市场经济更有利于实现资源的合理配置，市场经济是一种更有效的资源配置方式。而这一优势的具备主要是因为市场经济的一般特征 。

一、平等性

由学生和老师配合，表演小品《如此买卖》，模拟市场活动。大意如下：一工商人员到某处购物，老板点头哈腰，明卖暗送；一年轻学生前去购物，老板满脸不屑，漫天要价。引起学生思考：如此买卖合理吗？为什么？通过讨论，学生很自然地归纳出：市场交换的当事人身份是平等的，在交易过程中也应该是平等的，这是由价值规律的作用决定的。

二、竞争性

播放录像：火车上，人满为患，坐着的、站着的、蹲着的，挤成一团；小孩的哭闹声、大人的吵骂声，乱作一团。车厢里是肮脏的，茶桶里是空空的，工作人员的脸是冷冷的……

投材料影：

1.铁路局提出“随到随上，车上买票”。

2.京沪、京哈、京广三大铁路干线提出多发以“夕发朝至”列车为基本框架的列车运行方案。

3.某地区准高速铁路在加大发车密度的同时，票价下调 10.6% ～ 12.2%。

通过资料的对比引发学生思考：铁路为何会呈现出前后如此大的变化？学生联系近年来航空、公路、水运事业迅猛发展的社会实际，不难得出结论：变化的原因在于竞争。并进而认识到竞争性是市场经济的特征，以及竞争性对于当今社会的重大意义，从而确立竞争意识。

三、法制性

播放录像（边讲解）：这是一场精彩的角逐。穿红色运动服的是武汉红桃 K 队，穿蓝色运动服的是上海申花队，双方争夺很激烈。请看这个镜头，红桃 K 队的队员将申花队的队员绊倒了，裁判判申花队发任意球。

引导学生思考：

裁判为什么要判申花队发任意球？

足球比赛还有哪些规则？

如果没有这些规则，足球比赛将会怎样？

从学生感兴趣的足球比赛入手，再引入市场活动，学生很自然地就会认识到：市场经济活动同样需要规则，失去了必要的约束，就不能公平地展开竞争，就体现不出市场经济的平等性。这样将新知识建立在学生喜闻乐见的旧知识的基础上，大大地激发了学生的学习兴趣，有水到渠成之效。

四、开放性

欣赏漫画《谁也别想发财》并思考。学生讨论、归纳。

保护就其表面效果而言，是保护了地方利益、当前利益，但实际上排除了竞争者，保护了落后，最终也会被社会所淘汰。当今世界是开放的世界，要想在竞争中立稳脚跟，不能自我封闭、排斥竞争，必须开放市场，迎接竞争。

市场经济的四个一般特征其内部是相互联系、相互制约的。通过对市场经济的各个特征进行了具体分析之后，还要让学生明确以下几点联系：

1.没有平等性，竞争就不能展开；不开展竞争，就无公平可言。

2.法制性是平等性、竞争性的保证，也是平等性的体现。

3. 开放性是平等性、竞争性充分展开的前提，是法制性发挥作用的社会条件。

个性化教学

由老师和学生配合表演小品《如此买卖》模拟市场经济活动，大意如下：

一名工商局工作人员到一超市购物，老板点头哈腰，明买暗送；一年轻学生前来购物，满脸不屑，漫天要价。

思考：如此买卖合理吗？为什么？

作业设计及检测

位于某江上下游的A、B两市水资源的拥有量差别很大。2000年，缺水的B市出资2亿元向A市买下了5000万立方米水资源的永久使用权，用以解决本市水资源供不应求的问题，也使A市获得了相应的收益。水资源的市场调节有利于（　）

A. 提高资源配置效率　　　B. 调整区域经济结构

C. 发挥政府调控作用　　　D. 推动区域经济增长

（答案：A）

教学反思与总结

追求政治教学的个性化

政治教材现实性强，与我们生活息息相关。贴近生活的丰富多彩的实践材料。生活无处不是政治教育元素。这样一个丰富多彩的教材，应该对学生有着极大的吸引力，但我们每一个政治教师心里都清楚，不是每一堂课都能吸引学生。有时一篇课文被教师进行空洞的说教，抽象的分析，课堂上就极其干瘪、枯燥。学生在课堂上有气无力，恹恹欲睡。长此以往，相当一部分学生对政治毫无兴趣，学习极为被动。要改变这种现状，就得培养学生对政治的兴趣，提高政治课堂的吸引力。笔者认为应从以下五个方面入手：

一、教师要理解把握新课标

与过去的教学大纲相比的《政治课程标准》，在理论和实践两个方面都将对21世纪中国政治教育产生巨大的影响，起到积极的推动作用。尤其是对政治学科性质、特点的认识，课程资源的开发，综合性学习的倡导，为我们描绘了理想的政治教育，指明了政治教育的方向。我们每一个政治教师理所当然应深入地领会其中的精神、要旨，充分利用课外活动。

二、教师要有饱满的工作热情

教师的情感、情绪很容易影响、感染学生。因此教师在跨进课堂前就应注意调整好自己的情绪。特别是在自己情绪低落时，工作生活不顺心时，千万不能把这种情绪带入课堂。一般地，入教室前应抖擞抖擞精神，作一次深呼吸，眨眨眼，扬扬眉。特别要让自己的眼睛充满光彩，充满自信。因为一个人的精神状态最容易从眼睛中看出来。然后面带微笑从容不迫走上讲台,用与教学内容相匹配的情感、情绪来教学。学生会被教师这种精神状态所感染,从而也以饱满的热情投入到学习中来。一个热爱本职工作、热爱学生的教师,课堂上感情充沛、情绪饱满,他身上就好像有一个磁力场,能够吸引学生的注意力。反之,若教师走进课堂,表情麻木或情绪低落,精神萎靡,动作迟缓,有气无力,讲解没有激情,这堂课的教学效果就可想而知了。

三、教师要加强业务钻研

提高教师素质在实施新课程中显得尤为迫切。教师的素质已经成为制约教师驾驭新课程的瓶颈。而课堂的吸引力与教师的素质有很大的关系,因为,政治教学是一门科学,又是一门艺术。优秀的政治教师都是既要有学者的头脑,又要有艺术家的风范;既要有渊博的知识,又要有一定的表演才能;既要有慈母般的爱心,循循善诱的教学艺术,又要善于用自己的人格魅力去影响和感染学生。这就要求我们的教师不仅仅是"学高为师",还要有艺术才能和完善的人格。有实力才能有魅力,有魅力才能有吸引力,学生才会佩服你,进而崇拜你。"亲其师,听其言,信其道,效其行"。试想,若教师能以宽阔的知识背景,新颖的思维方式,流畅的口才表达,深刻的思想功夫吸引学生,那么教师在政治教学中就能左右逢源,游刃有余。学生听课就会如沐春风,如饮醇醪。

四、教师要精心设计好新课的导入

"良好的开端等于成功的一半"。一堂课的开头十分重要,设计并组织好"开场白"(导入语)就会吸引学生,抓住学生的注意力,取到先声夺人的效果。为课堂教学奠定良好的基础,使教学很快进入佳境。刘显国老师把导入语的基本要求归纳总结成如下口诀:"名言警句,群情振奋;故事谜语,趣味猛增;对比悬殊,令人吃惊;志士伟绩,鼓舞精神。巧插小引,开拓意境;点将开篇,活跃气氛;新闻奇事,娓娓动听;切身利益,人人关心。"

五、教师要不断更新教学手段

教师一定要注意教学手段的不断翻新,改变传统教学中教师讲,学生听,教师问,学生答的单一格式。向学生自主学习,多向交流转化,营造师生间、生生间、个体与集体间的互动场面。

六、借助现代教学手段

借助多媒体辅助教学,充分发挥多媒体教学的特点和优势。

专家点评与学生反馈

专家点评:

通过录像镜头、师生合作表演小品《如此买卖》、漫画《谁也别想发财》等丰富多彩的题材,加上学生积极参与、主动体验,使学生获得本堂课的知识,在这个过程中,学生不仅学到了知识,还锻炼了综合素质,充分体现了以学生为本的新课改理念。

学生反馈：

学生的学习兴趣很浓厚，积极参与到课堂中，知识的理解、情感态度价值观的升华都有明显的成效；师生的共同合作中，拉近了师生间的距离，真正实现了在学习中体会快乐，在快乐中学习。

参考资料

小学思想品德和中学思想政治教材编写委员会编著. 全日制普通高级中学思想政治（试用修订本·必修）一年级（下册）教师教学用书. 北京：人民教育出版社，2003 年

《市场经济的一般特征》教学设计

重庆市铜梁第一中学　黄倩

教学内容分析

1. 市场经济是市场在资料配置中起基础性作用的经济。
2. 市场经济的一般特征。
3. 市场经济是实现资源配置的一种有效形式。

学生情况分析

从心理特点与认知水平讲，高一学生对社会、经济生活的现实问题的理解与分析能力已经比较成熟，在逻辑思维能力上还不成熟。学生虽然对市场交换、商品的基本知识有所了解，但要从理论上完整把握市场经济的四个特点还是会有较大的困难。

教学方法选择

案例教学法、合作探究法、讨论法

教学环境与教学媒体选择

运用多媒体教学手段和CAI(计算机辅助教学)课件、中国地图、清明上河图等图片

板书设计

市场经济的一般特征

一、资源和资源的优化配置

1. 资源的含义

2. 资源配置

3. 资源的优化配置

二、市场和市场经济

1. 市场的含义及其分类

2. 市场经济的含义

3. 市场经济的一般特征

三、市场是配置资源的一种有效形式

教学目标

1. 知识目标：识记市场和市场经济的基本含义；理解树立正确的竞争观念和法制观念的必要性。

2. 能力目标：通过无形市场与有形市场的举例比较，培养学生比较鉴别的能力；根据对社会现象的观察，说明市场经济的一般特征，说明市场经济是实现资源优化配置的有效形式之一，提高学生观察、分析问题的能力。

3. 情感态度价值观目标：了解资源有限性与需求无限性这一客观现实，深刻认识我国建设节约型社会，树立科学发展观，树立竞争和法制意识，树立为发展我国市场经济、为全面建设小康社会贡献力量的远大志向。

重点与难点分析

重点：市场经济的一般特征。

难点：市场为什么是一种资源配置的有效手段。

课堂教学过程结构设计

第一，提前发给学生《导学案》，组织学生课前学习。

【设计意图】把学生分成三个学习小组，结合教材的具体知识点和重点内容拟出有启发性和有思考价值的问题，各小组有具体分工，重点负责探讨和分析几个问题，安排学生在个体自学的基础上，学习小组内部就《导学案》中分工的问题进行交流、探讨。从而使学生具备相应的知识储备，为本节课学习比较抽象的理论知识打下足够的知识基础。

第二，课堂教学过程。

导入新课

活动一：

【活动内容】组织学生展示自主预习和小组内部交流学习成果。

三个学习小组根据《导学案》要求，就本小组负责的问题提出自己的思考和解答以及疑问。

【设计意图】在《导学案》中就明确要求学生在课堂上对预习成果进行展示，目的是要调动学生进行自主、合作、探究学习的积极性，为新课学习奠定良好的基础。同时可以反馈预习效果，发现存在的问题，加强教学针对性。

新课教学

活动二：

【活动内容】屏幕显示材料、问题，组织学生分组讨论：

> 改革开放以来，我国的人才、资金、技术等生产要素不断地从中西部地区流向东部地区，人们形象地称之为"一江春水向东流"，"孔雀东南飞"。而今，国家正在大力实施"西部大开发"战略，这又将会实现"春风要度玉门关"。

（结合投影片，讨论以下问题）

1. 这里的人才、资金、技术等生产要素，我们称之为什么？

2. 其流动的过程，通常叫什么？

"一江春水向东流"与"春风要度玉门关" 的流动方式是否一样？为什么？

> 合作探究
>
> (1)"有市场就有市场经济"这种说法对吗？(2)市场经济是怎样产生的？

【设计意图】以上问题分组讨论，教师根据学生回答，借助投影利用清明上河图、现代超市、电视购物、淘宝商城等图片，创设情境，进行讲解。从而掌握关于市场的内涵、分类、市场体系、市场经济内涵等重点知识。

活动三：

【活动内容】屏幕显示材料和问题，组织学生分组讨论。

> "市场的煤炭现在很紧张，山西的煤炭一生产出来就被买光了，价格不断上涨，很多浙江人开始到这里投资煤炭业务！"
>
> 讨论：市场经济有哪些要素？市场经济是如何通过这些要素来配置资源的？

【设计意图】教师根据学生回答，借助投影讲解，进而突破本框难点：市场调节作用与价值规律的作用是一致的。

（投影）我国煤矿资源的分布图

【设计意图】增强学生对资源有限性的认识，并树立保护环境、节约资源的意识。

活动四：

【活动内容】播放视频短片“央视经济半小时节目——告别煤老板”并探究以下问题：

> 问题1：浙江民资按照“民营经济在市场准入等方面享受同等国民待遇”的中央规定而向山西煤炭行业投资。
>
> (1)这体现了市场经济的什么特征？(2)市场参与者的平等地位从哪些方面体现出来？
>
> 问题2：平等的地位为浙商人得以大举进军山西煤炭业，山西煤炭业原国有独资的局面被打破，不少落后的企业被淘汰，煤炭价格缓落。到2004年，浙商控制了山西70%的中小型煤矿。浙江的民间资本和山西煤炭资源得以充分的优化组合，双方实现了双赢。
>
> (1)上述内容反映了市场经济的什么特征？(2)这种特征对两地有什么积极作用？(3)竞争有没有消极的影响呢？
>
> 问题3：由于竞争的激烈性、盲目性和极少数浙商唯利是图，导致了资源浪费、矿难频发，扰乱正常的经济秩序。
>
> 运用市场经济的法制性特征的知识，说明怎样才能有效防止此类事件的发生？

教师展示探究结果：

1.市场经济的法制性的内涵。

2.为了维护公平竞争，国家必须健全法制；加强监管，严格执法，依法打击扰乱和破坏市场秩序的行为。

3.经营者增强社会责任感，使经济效益和社会效益相结合。

4.劳动者增强权利意识，依法保护自己的合法权益。

> 问题4：央视10月18日焦点访谈节目：山西省正在进行的一次史无前例的资源整合，也可以说是全国最大规模的企业重组，在这次重组中，每一名煤老板都将面临一次重新选择，很多煤老板将淡出这个舞台，山西发出行政命令要求民间资本退出煤矿引发社会广泛争议。
>
> 辩论：“封杀”浙江炒煤团是否有利于山西的发展？

(教师指导学生开展有效的合作和交流，并对学生的探究成果进行即时评价，对于学生出现的错误及时恰当地指出和纠正。)

【设计意图】通过播放视频活跃课堂气氛，激发学生兴趣、使全体学生都能积极参与活动，分工合作，能在讨论中暴露学生认知障碍，并通过组内和组间讨论解决，体现探究性学习和创新意识，有创造性地完成任务，学生的思维得到启发。

活动五：

【活动内容】模拟记者现场采访。

> 记者：《纽约时报》最近一篇广为流传的报道是“求职无门，美国毕业生到中国找工作”。许多美国网友痛斥自己国家竟堕落到“人才外流”的境地，而一些有中国经历的读者则嗤之以鼻，“中国岂是那么容易混的地方”？你怎样看美国毕业生到中国抢“饭碗”的现象？

【设计意图】依据新课程标准，注重联系社会变革和学生的生活实际，把知识与技能、过程与方法、情感态度价值观三者真正统一起来，完成知识、技能等基础性目标，同时注意学生发展性目标的实现，使学生在获得知识、技能的同时学会学习，形成正确的价值观和人生态度。

活动六：

【活动内容】学生阅读49～50页材料和本节结束语，自我小结本节学习内容。

课堂小结
一个观念——资源的优化配置
二个市场——有形市场和无形市场
三个含义——资源、市场、市场经济
四个特征——平等性、竞争性、法制性、开放性

【设计意图】通过小组活动和个体活动的有机结合，让学生在解决问题的过程中明确具体的知识点，建构新的知识结构。

活动七：

【活动内容】形成性检测

1.(2004春季全国文综29)期货交易是一种交换方式，交易双方约定在未来某个时期内按协议价格和数量进行交易。我国发展期货市场有利于(　　)

A.社会主义市场经济体系的完善　　B.中央政府对市场经济的调控

C.企业(生产者)经济效益的提高　　D.我国社会保障制度的完善

(答案:A)

2.市场经济是实现资源优化配置的一种有效形式。这种配置主要是通过(　　)

A.对外出口来实现的　　B.政府宏观调控来实现的

C.价格机制来实现的　　D.银行信贷来实现的

(答案:C)

3.我们应当这样认识市场经济(　　)

①它是以市场为基础和主要手段的资源配置方式

②它形成于资本主义自由竞争阶段，是资本主义所特有的

③它是以政府不干预经济为显著特点的

④它是以商品经济的充分发展和价值规律为基础的

A.①②　　B.③④　　C.①④　　D.②③

(答案:C)

4.“泛珠三角”，简称“9+2”，是为了充分发挥广东、广西等九省和香港、澳门各自优势、实现资源优化配置而提出的发展构想。这一构想(　　)

①体现了市场的开放性特征　　②旨在通过港澳促进内地的开放

③旨在通过内地带动港澳产业升级　　④有利于形成有序的竞争

A.①②　　B.②③　　C.①④　　D.②④

(答案:C)

5.近几年，食品安全问题受到社会越来越多的关注，“毒火腿”、“注水肉”“劣质奶粉”等事件接连曝光和查处。这些事件，严重破坏了社会主义市场经济秩序，对人们的身体健康构成了严重威胁。

运用市场经济法制性特征的知识，说明怎样才能有效地防止此类事件的发生？

(答案:①市场经济的法制性,是指社会经济运行有健全的法制基础。②生产者和经营者的经济活动必须依据市场经济的法律、法规进行。③为了维护公平竞争,国家要严格执法,依法打击扰乱和破坏市场秩序的行为。④消费者要增强权利意识,依法保护自己的合法权益。)

【设计意图】用以考核学生对本节课的基本知识和基本概念的掌握程度。

教师(巧设结尾):市场经济就像一个巨人,它也有两只手,一只是“看不见的手”,这只手很厉害,它自发地调节着人、财、物在社会范围内分配。它还有另一只手,就是“看得见的手”。这一只手也是很厉害的,和另一只“看不见的手”相配合,使市场经济协调有序地向前发展,推动国民经济持续、快速、健康运行。大家猜猜看,这只“看得见的手”是什么?学习了下一个框题就知道了。

活动八:

【活动内容】课外合作探究

> 摘自大渝网:“十一”黄金周期间,重庆商贸流通企业实现消费品零售总额46.7亿元,同比增长32.6%,创国庆黄金周零售总额新高。汽车销售同比增长71.7%;特色餐饮店餐餐爆满;文化体育消费成为市民消费新宠,消费方式更趋健康;市民赴周边地区度假休闲旅游、市郊农家乐旅游、自驾车游、自助游持续掀起新高潮。
>
> 问题:市场经济是资源配置的有效形式,“有效形式=万能形式”吗?市场经济仅靠市场调节行不行?为什么?

【设计意图】根据《新课程标准》,因时因地开发和利用课程资源,注重联系社会变革和学生的生活实际,注重学科之间、模块之间的联系,体现科学精神和人文精神的融合。

个性化教学

通过课前学生做《导学案》等,先对所学新内容有所了解,为新内容的学习做好准备,这样有利于新知识的习得;组织学生积极参与教学活动,让学生在分析问题、解决问题的过程中建构新的知识结构,培养学生解决问题的能力,从长远的目光为他们的未来做好铺垫。

教学反思与总结

1.知识评价:通过把本堂课知识点特别是重点难点知识设计成练习题,指导学生通过练习反馈掌握知识的情况。基础知识和基本技能的掌握,对绝大多数同学来说,还是比较好,但极少数同学还是比较差。对于灵活性较强的问题,解题能力较差,知识的综合运用能力还欠缺。

2.学习表现评价:教学过程中组织学生积极参与教学活动(小组活动和个体活动有机结合)让学生在解决问题的过程中建构新的知识结构。学生能深入思考,凸现认知难点(通过小组讨论、代表发言、通过实物投影仪展示小组讨论结果),有效地激发学生产生认知矛盾,从而引发学生有效的探究并解决认知矛盾。本堂课绝大多数学生能主动学习，快乐学习，合作、探究学习。积极动脑、动口、动手，形成师生、生生互动的课堂，不同层次的学生在参与中都有收获。

3.对学生的综合评价：通过本堂课的教学，学生的自主、合作、探究学习能力得到提高，培养学生保护环境节约资源的意识，学生认识到了资源有限性与需求无限性这一客观现实，深刻认识我国建设节约型社会，树立科学发展观，大力发展低碳经济和循环经济的意义。树立竞争和法制意识，树立为发展市场经济，全面建设小康社会贡献力量的远大志向。课堂气氛活跃，教师和学生共享学习成功的快乐。课堂真实、朴实、扎实，达成预设目标，生成新的资源并较好地利用。

巧妙设疑、激发兴趣、培养能力

——《市场经济的一般特征》教学反思

"学起于思，思起于疑"，学、思、疑是密切相关，辩证统一的。疑问是思维的火种，思维以疑问为起点，有疑问才有思维，经过思维才能解疑，有所进取。教育家朱熹说："读书无疑者需有疑，有疑者却要无疑，到这里方是长进。"在教学过程中通过设疑、释疑、解惑，可极大地引发学生兴趣，使学生处于一种"心愤愤、口悱悱"的状态，促使他们积极思考。当他们苦于"山重水复疑无路"时，教师给予解惑，他们就能收到"柳暗花明又一村"的效果。设疑是调动学生学习兴趣的重要手段，

本节课体现了《政治新课程标准》中所提出的"应让学生在主动积极的思维和情感活动中，实现传授知识、培养能力、提高觉悟的三重任务。"这一先进的教学理念。

一、知识迁移、引文入境

课前我展示了山城重庆的美丽风光，提问"我们重庆有哪些特色资源，我们应该怎样利用好这些资源?"这一情境的创设，提出学生感兴趣的问题，造成悬念等激发了学生的探究本课知识的兴趣。

二、自主合作、质疑交流

在教学中，我用投影创设了提问的情境，促使学生自主读书，边读边想，主动发现问题。学生在自主学习、互助解答的过程中，得到了老师的充分肯定，感受到了成功的喜悦。在自学交流中，我注重了学生的个体差异，鼓励他们选择自己喜欢的学习方式学习，体现了学生的主体意识。

三、多给学生议、练的时间，活跃课堂气氛，增强学习兴趣

高中学生对社会热点更加关注，所以我用了最新的央视视频资料。学生在议论过程中畅所欲言、精神放松、兴趣盎然，既理解了市场经济的特征，又提高了辩证思维能力。如果教师一直"满堂灌"，学生一定会困倦，收不到好的效果。

四、拓展升华

在理解了"市场经济的平等性、竞争性、开放性、法制性"之后，我又给学生创设了空间："面对煤矿的盲目开采、矿难的频发，运用市场经济的法制性特征的知识，说明怎样才能有效防止此类事件的发生?"学生能够运用学科知识从国家、企业、矿工等各个方面谈了观点，学生思维求异创新，富有个性，体现了科学精神和人文精神的融合。

五、课堂评价分析

课堂教学中，教师的评价语是启发调动学生积极性的重要手段。回顾本节课的教学，也不乏一些激励性的评价语，起到了点拨学法、调动学生积极性的作用。如："你能抓住材料内容提问，很好！"、"你能把其他学科的知识用在政治课上，看出你很会学习"、"你迅速地达到高考水平"……我还真为这些颇有新意的评价语而沾沾自喜，但我细读《新课程标准》中"实施评价，应注意教师的评价、学生的自我评价与学生之间的相互评价相结合"这一句时，我意识到这节课我的评价方式比较单调，学生自评、互评的力度不够，更没有学生对老师的评价，使评价只停留于表面，这是本课最大的遗憾。

六、如何做好课堂评价

1. 巧用"师评"

教师要调动学生学习的积极性与主动性，把课堂激活，其关键就在评价。《新课程标准》指出："要从知识与能力、过程与方法、情感态度与价值观几方面进行评价。"课堂上要通过评价激发动机与情感，点燃学生智慧的火花，滋润情感的幼芽，从中获得认知的快乐，创造的快乐，成功的快乐。评价语要有针对性，要有导向作用。拓宽思路，使思维具有广阔性；或联系学生的实际，产生亲切感；抑或感情驱动，唤起心灵的共鸣……这样可以打开学生的心扉，使之产生内发性动机。教师的评价要本着以下的原则：(1)及时性。抓住时机不误"火候"。(2)激励性。能激发学生的情感，课堂自始至终情意浓浓。(3)趣味性。兴趣浓，意味深长。(4)层次性。针对不同的学生，给予不同的评点。(5)启发性。点拨、诱导具有启发性。

2. 加大"互评"、"自评"的力度

学生互评可以使他们互相尊重、互相理解、并能看到他人的闪光点，取长补短。同时可以增强合作，交流意识，共同促进提高。而自评可以使学生认识到自己的优缺点，不断地完善自我，超越自我，享受成功的体验。

3. 活用"师生评"

《新课程标准》指出："政治教学应在师生平等对话的过程中进行。"生对师的评价方式的运用，不但可以创设良好的学习情境，还可以建立平等、民主的师生关系。同时学生在评价老师时也是从教师身上获得知识的过程，使学生创造性的个性得以发展。教师要想在课堂上做好评价，就要掌握教材，积累经验，吃透学情，善于处理学生"突发"的问题，知识面要宽，还要全心的爱学生，这样的课堂教学就能全面地体现认识、教育、发展三大任务，课堂就能看到最佳效果。

在教学中运用多种手段拓宽学生视野，协调教材与实际的联系，创设了一个宽松的教学氛围，使学生在讨论中进一步加深对市场经济的理解，使学生的学习既以教材为主，又不拘泥于教材，以理论为依据，又不空背理论。课堂形式多样、气氛热烈，学生兴趣高昂，充分发挥了学生的主体作用，使教学较好地实现了知、情、意、行的统一。

专家点评与学生反馈

专家点评：

学生通过自主探究学习，实现了三维目标的达成，充分发挥学生的学习积极性，体现了新课改的以学生为主体的理念。

学生反馈：

学生积极参与，习得知识；但是本堂课的活动有些多，到了下半堂课，学生精力有些匮乏，参与的积极性有所下降，在一定程度上影响了学生对本课的学习。

参考资料

1. 周成平主编. 高中新课程给教师的 100 条新建议. 江苏：江苏人民出版社，2008 年
2. 华国栋主编. 差异教学论. 北京：教育科学出版社，2001 年

《国家的宏观调控》教学设计

重庆市石柱中学　吴波

教学内容分析

市场经济发展的实践表明，国家的宏观调控已经成为现代市场经济的重要组成部分。在市场经济体制之下，市场是实现资源优化配置的一种有效形式，但是它并非无所不能，存在着固有的弱点和缺陷，这就需要国家的宏观调控。本框题中的市场经济的弱点、缺陷和国家的宏观调控，是经济领域基础理论部分的一个重点，它对于社会主义市场经济相关知识的学习，以及经济部分具体知识的把握起引领和基础作用。

学生情况分析

在学习本框题之前，学生通过对市场经济一般特征的学习，已了解到市场在资源配置中起着基础性作用，加上同学们日常生活对市场也有初步的了解。但是，因为班级人数较多，学生生活环境各异，对生活的感知和知识的理解力也有所不同，这就给教学设计提出了更高的要求。加上这部分内容理论难度较大，距离学生现实生活较远，学生缺乏必要的感性认识，所以学习起来较难，而对于少数民族地区的学生来说，远离大都市，信息相对闭塞，更是增加了理解的难度。

教学方法选择

讨论法、讲授法、启发式教学方法

教学环境与教学媒体选择

本节课要在多媒体教室进行，采用多媒体课件，其中课堂前采用音频《梦中的新娘》，课堂导入采用视频《金融海啸导致珠江三角洲地区中小企业频频倒闭》，教学过程中引用视频《消防车出动情景》，以及讲国家宏观调控经济手段时，引用视频《国家出台 4 万亿元刺激内需》。

板书设计

市场的调节作用不是万能的

- 国家的宏观调控
  - 必要性
    - 市场的调节作用不是万能的
    - 市场调节的缺陷和弱点
      - 自发性
      - 盲目性
      - 滞后性
  - 国家宏观调控的含义和目标
  - 手段
    - 经济手段
    - 法律手段
    - 行政手段

教学目标

1. 知识目标：识记宏观调控、经济手段、法律手段、行政手段；理解国家宏观调控的必要性和国家宏观调控手段。

2. 能力目标：通过“读—思—练”教学模式，使学生在教学后能运用国家宏观调控相关知识解析经济运行典型现象和政府在市场经济活动中发挥作用的典型事例，逐步培养学生理论联系实际的能力。

3. 情感态度价值观目标：通过学习，在潜移默化中培养学生科学地观察、分析问题的意识，使其体会到国家宏观调控对市场经济正常运行的必要性，拥护国家宏观调控的政策等。

重点与难点分析

重点：国家宏观调控的必要性和国家宏观调控的手段。

难点：国家宏观调控手段的理解。

课堂教学过程结构设计

课前准备

【教师活动】制作课件，编写学案。

【学生活动】课前预习，接受任务。

【设计意图】了解和感知教学内容。

导入新课

【视频导入】《金融海啸导致珠江三角洲中小企业频频倒闭》。

【教师活动】播放视频，创设情境，设疑置思，在发生金融海啸这样的大背景下，经济的正常运行，只依靠市场的调节作用行吗？那么，还需要什么？以此导入新课。

【学生活动】观看视频，激发兴趣，进入新课。

【设计意图】通过视频，激发学生学习兴趣，感知经济运行需要国家的宏观调控。

讲授新课

国家的宏观调控

一、国家宏观调控的必要性

【教师活动】设疑引思。市场经济是实现资源优化配置的有效形式，但能否把市场交易的原则运用到一切领域或一切社会经济活动中去呢？

【学生活动】思考讨论。

【设计意图】导出国家宏观调控的必要性。

（一）市场的调节作用不是万能的

【教师活动】播放一小段视频《消防车出动场景》，设疑：在此场景下如果由市场调节会发生什么后果？该领域能不能由市场调节？那么，国防、治安、消防这些领域呢？

【归纳】对国防、治安、消防等公共消费设施的供给不能用价格、供求、竞争等市场机制去调节，因为这些是不以盈利为目的，而是国家和政府根据国防现代化和维护社会稳定、人民安全的需要出发投资兴办的领域。

【归纳】有些领域不能由市场调节。

【演示图片】《毒品》和《枪支》，提问：能不能由市场调节？

【归纳】有些产品如麻醉品、枪支弹药、不健康的书刊等，经营者可以发其财，但公民的健康、社会治安和社会风气则会受到损害，所以不能依靠市场调节，而只能由国家和政府采取打击和严惩的措施，取缔从事生产经济麻醉品、板支弹药、黄色音像制品的不法活动。

【归纳总结】有些产品不能由市场调节。

【结论】市场调节的作用不是万能的。

【学生活动】直观感受，思考解问，完成任务。

【设计意图】启发学生思考，在感知中体会市场的调节作用不是万能的。

（二）市场调节的弱点和缺陷

【教师活动】分组讨论，呈现问题，辅导点拨。

【问题】市场调节的自发性、盲目性、滞后性的表现是什么？

市场调节表现出来的自发性、盲目性、滞后性的内在联系和根本原因是什么？

【学生活动】互动讨论，展示讨论结果。

【设计意图】增强学习互助意识，强化理解。

1. 市场调节具有自发性

【教师活动】事例呈现——“三鹿奶粉事件”（2008年9月，三鹿生产的婴儿奶粉被发现食用后导致多位食用婴儿出现肾结石症状，“三聚氰胺”事件爆发。据卫生部通报，截至2008年12月底,全国累计报告因食用三鹿牌奶粉和其他个别问题奶粉导致泌尿系统出现异常的患儿共29.6万。),为什么会出现此经济现象?

【解归纳】在价值规律的自发调节下,一些个人或企业由于对自身利益的过分追求,容易产生不正当行为。比如生产和销售伪劣产品;欺行霸市,扰乱市场秩序;一切向钱看,不讲职业道德等。这些不正当行为容易引起社会各阶层的两极分化,由此产生的矛盾将不利于经济和社会的健康发展。

【学生活动】思考分析。

【设计意图】结合经济现象,深化理解。

2.市场调节具有盲目性

【教师活动】:展示漫画《一哄而下》,请学生解读此漫画。

【分析】在市场经济条件下,经济活动的参加者都是分散在各自的领域从事经营,单个的生产者和经营者不可能掌握社会各方面的信息,也无法控制经济变化的趋势,因此,他进行经营决策时,也就是仅仅观察市场上什么价格高、有厚利可图,并据此决定生产、经营什么,这显然有一定的盲目性。这种盲目性往往会使社会处于无政府状态,必然会造成经济波动和资源浪费。

【学生活动】思考和提高表达和解读能力。

【设计意图】进行思维加工,加深理解。

3.市场调节具有滞后性

【教师活动】展示漫画《赶不上趟》。

【分析】在市场经济中,市场调节是一种事后调节,即经济活动参加者是在某种商品供求不平衡导致价格上扬或下跌后才作出扩大或减少这种商品供应决定的。这样,从供求不平衡——价格变化——作出决定——到实现供求平衡,必然需要一个长短不同的过程,有一定时间差,这就是滞后性。市场调节的滞后性会导致经济波动和资源浪费。

【学生活动】分析思考。

【设计意图】形象感知,体会到市场调节的滞后性。

过渡:"由于市场的作用不是万能的,也不是完美无缺的,所以,市场经济的正常发展,不仅要求充分发挥市场的作用,而且需要有国家的宏观调控",只有加强国家的宏观调控,才能克服市场的种种缺陷,把"有形的手"与"无形的手"结合起来,保证市场经济健康、有序地向前发展。

二、国家宏观调控的含义和目标

(一)国家宏观调控含义

【教师活动】结合课前导入视频,设问:国家宏观调控含义的四个要素——主体、对象、干什么、怎样控制和调节。

国家的宏观调控是指国家运用各种手段对国民经济进行的控制和调节。

【学生活动】解答问题,完成学习任务。

【设计意图】前后相连,帮助理解,加深记忆。

(二)国家宏观调控的主要目标

【教师活动】设问:国家宏观调控的主要目标是什么?最主要的目标和任务是什么?

展示一组图片:漫画《经济增长》,图片《某招聘会现场》的拥挤情况,图片《温家宝总理深入北京农产品市场》(强调要稳定物价),图片《国际天平》。

设问:这组图有没有联系?什么联系?(相互联系、相互制约、相互促进)

【学生活动】感知情境,理解宏观调控的目标。

【设计意图】形象感知,深化理解。

过渡:国家要达到上述目标,应该怎么做?引出国家宏观调控的手段。

三、国家宏观调控的手段

【教师活动】讲解国家宏观调控的手段包括经济手段、法律手段和行政手段。

宏观调控主要运用经济手段和法律手段,同时辅之以必要的行政手段,这是社会主义市场经济体制同传统的计划经济体制的区别所在。计划经济体制下也有宏观调控,主要运用行政手段而不是经济手段。社会主义市场经济体制下,宏观调控的对象是一个个独立的利益主体和市场主体,只能主要运用利率、税率、汇率等经济杠杆以及有关的法律法规,对他们进行引导,使千千万万个微观经济活动(企业或个人的生产、经营活动)在追求自身利益时,不会突破总量均衡的框架和损害宏观的经济协调。

【学生活动】感知和理解。

【设计意图】导出国家宏观调控的手段,增强学生知识的连贯性。

(一)经济手段

【教师活动】导入视频《金融危机发生后,国家出台4万亿元刺激经济需求计划》,实施积极的财政政策和适度宽松的货币政策。

【学生活动】了解和分析经济现象。

【设计意图】联系实际。

1.含义

【教师活动】设问:经济手段是国家运用经济政策和计划通过对经济利益的调整从而影响和调节社会经济活动的措施。

【学生活动】自主学习,解答问题。

【设计意图】增强互动,提高学习效果。

2.经济手段

【教师活动】讲解引导。

经济手段包括两大方面:一是经济政策;二是经济计划,以引导经济活动的参加者按国家的控制目标行动。

“经济政策”指在社会经济运行中国家根据需要及时制定的某些政策和措施,如进行治理整顿,调整经济增长速度,调整利率、税率,变救济式扶贫为开发式扶贫,以及国家在财税、金融、外汇、外贸等方面的改革措施等。

经济政策主要包括:

货币政策:银行存贷款利率、汇率等;

财政政策:发行国债、国家财政增加投资等;

价格政策:提高粮食收购价格,最高限价、最低限价等;

税收政策:调整税率等。

“经济计划”通常是指国民经济计划,它是国家为了发展国民经济而制定经济活动的长期和短期的规划或方案,如我国制定的国民经济分步走的战略目标、年底计划、五年计划、十年规划等。计划主要是在合理确定国民经济和社会发展的战略目标,搞好经济发展、预测、总量控制、重大结构与生产力布局规划,集中必要的人力、财力、物力进行重点建设等方面发挥作用。国家有关部门在制定经济政策和计划时,要根据客观经济规律,统筹兼顾,全面安排,合理布局,在实现国民经济的持续、快速、健康发展中起重要的调控作用。

【学生活动】理论应用,思维拓展。

【设计意图】对难点知识,在感知基础上深化理解。

(二)法律手段

1.含义

【教师活动】设问:法律手段是国家通过制定和运用经济法律来调节经济活动的手段。

【学生活动】自主学习,解答问题。

【设计意图】增强互动,提高学习效果。

2.依据

【教师活动】设问:市场经济的特征之一是具有法制性,所以法律必然成为国家调控经济活动的重要手段。

【学生活动】思考解答。

【设计意图】增强互动,提高学习效果。

3.方式

(1)通过经济立法进行事前调整

【教师活动】展示事例—— 2009 年 2 月 28 日,《食品安全法》经全国人大常委会表决,获得高票通过,将于今年 6 月 1 日开始施行,《食品卫生法》将同时废止。针对“三鹿事件”、保健食品等群众反映强烈的内容,《食品安全法》作出了系列规定。

【学生活动】思考分析。

【设计意图】结合经济现象,深化理解。

(2)通过经济司法手段进行事后调整

【教师活动】材料展示

三鹿奶粉系列刑案一审宣判名单			
姓名	身份	罪名	一审判决
田文华	原三鹿董事长	生产、销售伪劣产品罪	无期徒刑
王玉良	原三鹿副总	生产、销售伪劣产品罪	有期徒刑 15 年
张玉军	奶贩	以危险方法危害公共安全罪	死刑
耿金平	正定金河奶源基地负责人	生产、销售有毒食品罪	死刑

【学生活动】事例理解和思考。

【设计意图】结合时事材料，帮助和深化理解。

4. 作用

【教师活动】设问置思。

市场经济，在一定意义上说，就是法制经济。国家运用法律手段可以有效地保护经济活动参加者的合法权利，调整社会经济关系，规范生产经营者的活动和市场秩序，从而保证经济的正常运行。

【学生活动】思考解答。

【设计意图】加强互动，帮助理解。

(三)行政手段

1. 含义

教师活动：设问：行政手段是国家依靠行政机构，采取行政命令、指示、指标、规定等行政措施来调节和管理经济的手段。

【学生活动】自主学习，解答问题。

【设计意图】增强互动，提高学习效果。

2. 特点

【教师活动】设问：行政手段有何特点？具有直接、迅速的特点。

行政手段必须反映客观经济规律的要求，不能片面强调和过多运用，否则，将不利于市场作用的正常发挥，甚至会产生消极的后果。例如：为遏制通货膨胀急剧发展的势头以控制物价飞涨，就有必要关闭个别重要商品市场；对关系国计民生的少数重要商品实行限价或冻结其价格；以及冻结工资等。但这些都只能是短期的非常规的手段，一旦形势好转，就要放弃。行政手段只能治标，不能治本，不能作为常规手段滥用。

【学生活动】自主学习，解答问题。

【设计意图】增强互动，提高学习效果。

国家宏观调控的手段各有所长，各有特色，它们相互联系、相互补充，共同构成了宏观经济调控手段的体系。在市场经济条件下，应该以经济手段为主，以间接调控为辅，发挥宏观调控手段的总体功能。

个性化教学

设置“我学我思”环节：

1. 加强国家宏观调控，是否与市场调节相违背？让学有余力的学生继续深入思考，深化对知识的理解。

2. 让学生列举现实生活中国家实行宏观调控的事例，并且分析采用何种手段进行宏观调控。

作业设计及检测

一、判断：以下事例属于国家采用何种手段在进行宏观调控？

1. 国家修订个人所得税法
2. 工商部门给新办企业发放营业执照
3. 国家提高农产品收购价格
4. 物价部门核准公共交通的价格
5. 2008 年 3 月 1 日起，国家将个人所得税起征点由 1600 元提高到 2000 元
6. 国家上调存贷款利率
7. 国家减免二手房营业税

（答案：略）

对学生出现的判断失误，继续追问，层层引导，使之认识到自己答案的错误，在纠正的过程中，对知识真正把握到位。

二、选择题

始发于美国次贷危机的金融海啸，不仅导致全球经济的大萧条，也对我国经济造成较大冲击，外部需求明显收缩，企业生产经营困难，失业人员增多，经济增长减缓。

1. 上述材料表明（　　）

A. 市场是资源配置的基础性手段

B. 市场具有自发性、盲目性和滞后性的缺陷

C. 市场经济具有平等性、法制性、竞争性和开放性的特征

D. 市场是商品交换关系的总和

（答案：B）

2. 应对金融危机，需要加强国家的宏观调控，这是因为（　　）

A. 国家宏观调控的手段是多种多样的

B. 我国实行生产资料公有制

C. 国家的宏观调控是国家运用各种手段对经济进行调节和控制

D. 国家的宏观调控已经成为现代市场经济的重要组成部分

（答案：C）

教学反思与总结

贴近生活，充分发挥两个主体的作用

——《国家宏观调控》的教学反思

以《新课程标准》为指导思想，在本框题的教学设计中，积极贯彻新课标中以学生为本的教学理念，充分发挥学生和教师两个主体的作用。紧密结合现实生活，选择学生熟悉的典型事件（如“三聚氰胺”事件），提高学生学习参与的积极性，让学生在感悟中增强教学效果。

《国家的宏观调控》在本册的教学中，是一个重要的知识板块，对于学生学习来说，看

似很容易理解，但是在对国家宏观调控手段的理解上，容易混淆。所以，在教学中，通过学生讨论，互相答疑，强化对重点知识的突破，充分发挥学生的主体作用。

俗话说，好的开端是成功的一半。在导入新课上，我注重导入的针对性和主体性。采用视频《金融海啸导致珠江三角洲中小企业频频倒闭》导入新课，充分运用教师语言行为、课件内容、媒体内容等各种教学资源顺利、自然、和谐引入新课。同时，选择学生普遍感兴趣的、学生关注的重大社会问题作中介，联系学生生活世界，激活学生生活经验，提高学生学习的积极性，增强学习效果。

在课堂教学中，采用“读—思—练”的教学模式，突出学生作为主体参与到教学活动中，教师的导充分为学生的学服务。具体来说，首先，转变教学观念，学生是受教育者，但不完全是被动地接受教育，是具有主观能动性的学习主体。因此，一切教育的影响必须通过学生的主动积极参与，才能达到预期效果。在课堂中，多处设疑置思，调动学生积极思考，参与教学。同时，设置讨论环节，让学生在教学参与中加强协作意识，真正成为课堂的主体。其次，相信学生的潜力和发展潜能，用发展的眼光看待学生，教育的着力点在挖掘学生潜能，促进学生发展。第三，尊重学生人格，尊重学生个性差异，他们是充满情感的人，渴望得到成功，期望受到尊重。积极引导回答问题，创设一个学生各抒己见的课堂氛围，鼓励学生阐述自己的意见，无论对错，都给予相应肯定，及时纠正学生错误观点，引导学生得出正确的观点。第四，充分认识到学生身心发展具有一定的差异性和层次性，教学中注重因材施教，因人施教。教学观念上“回归主体”，即把学习的主体地位还给学生，以实现积极地学、主动地学，使学生真正成为学习的主人。第五，在教学过程中重视过程的展开与方法的运用。在新课程理念中特别强调学生的主体地位，让学生自己经历学习知识、积累知识、运用知识的体验式学习过程。巧设疑问，让学生参与到课堂中来。设疑，是调动学生学习兴趣的重要手段，也是启发式教学的核心，能够激发学生的求知欲，培养学生的兴趣。以教材内容为依据，联系生活，采用一些典型的案例和形象生动的漫画，比如漫画《赶不上趟》，三鹿集团“三聚氰胺”事件等，设置一些精巧别致的小问题，做到层层深入，环环相扣，引导学生讨论，在讨论中教师除了注意培养和提高学生的知识、能力，使学生的知识、能力及思想得到升华和发展外，师生间可以互相诘难答题、互相启发补充，形成师生间双向的智慧交流，迸发出创造的火花，从而形成教学相长的氛围。

专家点评及学生反馈

专家点评：

1. 该教案设计具有较强的可操作性，紧密结合现实生活实际教学，有利于充分调动学生学习积极性。

2. 将学生自学与讨论相结合，让学生参与到教学中来，将课堂真正归还给学生，充分发挥学生的主体作用。

学生反馈：

1. 课堂反馈：学生通过教学参与提高了学习的积极性，在读、思、议过程中，加深了对知识点的掌握，课堂反响好。

2. 质疑反馈:通过学生的思和学,学生能够自己提出问题,互相解决,教师进行适当的导,解疑设思中提高学习效果。

3. 练习反馈:从课堂习题的练习中,及时反馈出学生对知识的掌握情况,但同时也反映出部分学生未完全把握的疑点,教师进行及时地纠正和讲解。

参考资料

小学思想品德和中学思想政治教材编写委员会编著. 教师教学用书高一政治(上). 吉林:吉林教育出版社,2008 年

《国家的宏观调控》教学设计

重庆市江津聚奎中学　张晓辉

教学内容分析

1. 国家宏观调控的原因。
2. 国家宏观调控的含义、目标及手段。
3. 宏观调控手段的比较。

学生情况分析

国家宏观调控这部分内容离学生的生活较远，也比较抽象，学生缺乏必要的感性认识，不易提起学习兴趣，有些知识也难以理解。对一些时事、政策了解不多的学生，学习起来难度更大。作为复习课，学生对知识有一定的印象，但是由于时间间隔较长，有些知识已经遗忘，对重要知识之间的联系理解不透。

教学方法选择

教法：知识讲授法、情境感悟法、练习法

学法：小组合作学习法

教学环境与教学媒体选择

多媒体教室

板书设计

宏观调控{是什么
为什么
怎么办}

教学目标

1. 知识目标：识记宏观调控的含义、目标和手段；理解宏观调控的必要性。

2. 能力目标：要使学生学会运用归纳、分析、综合的方法，去体会怎样认识经济概念和理论。逐步培养学生理论联系实际的能力，锻炼解决实际问题的能力。

3. 情感态度价值观目标：通过对宏观调控的分析，使学生认识到国家宏观调控的必要性，从而真正认识到社会主义市场经济的优越性。

重点与难点分析

重点：宏观调控的必要性，市场调节与宏观调控的关系。

难点：宏观调控的手段。

课堂教学过程结构设计

情境设置、引导复习思考

（师）PPT展示材料一：阅读材料思考，回答问题。

《大武夷新闻网》："不拔，担心花生烂在地里，或被老鼠吃了；拔出来，卖不出去，又担心花生干了。"2009年8月6日上午10点多，顶着火辣辣的太阳，延平区大横镇博爱村村民叶昆春直叹气，"今年的花生可能连成本都保不住。"老叶告诉记者，去年花生的收购价是每公斤3.6元至4.4元，还有人专门到田里来收。可没想到，今年的花生收购价跌至每公斤2元左右，而且只有屈指可数的几位商家上门收购。"按亩产七八百斤算，一亩地的收成只有七八百元，与成本持平。把花生全卖出去，勉强才能保住本。"销售难、价格低，失望的老叶直言："明年我可能就不种花生了。"由此有人总结"农民跟风总是会疯"。（引发思考，进入自主学习）

（师）思考1：农民跟风就会疯说明了什么？

（生）市场调节具有自发性、盲目性、滞后性，需要国家的宏观调控。

（生）宏观调控能够弥补市场的不足。

（师）思考2：什么是国家宏观调控，其目标有哪些？

（生）宏观调控是指国家运用各种手段对国民经济进行的调节和控制。主要目标有：促进经济增长、增加就业、稳定物价、保持国际收支平衡。

(师)请总结宏观调控的必要性(检验学生知识掌握的完整性)。

(生)①市场经济条件下,市场对实现资源的优化配置发挥着积极的作用;②但是,市场的调节作用并不是万能的,市场调节具有自发性、盲目性、滞后性;③宏观调控能够弥补市场的不足;④所以必须加强国家宏观调控。一方面市场经济要高效地发展需要充分发挥市场的作用,另一方面市场经济要健康、有序地发展也需要加强国家宏观调控,把"无形的手"与"有形的手"结合起来。

(师)PPT 展示材料二:阅读材料思考,回答问题。

2007 年 9 月底,黑龙江肇东惊现倒奶事件,当地一名奶农因不满地方政府在公路设卡查扣奶车、强行阻止奶源外运的行为,一怒之下将自己的 9 吨鲜牛奶倒进壕沟。这一事件是在牛奶供应紧张、价格持续上涨的情况下发生的,自然引起舆论关注。

(师)这一现象说明了什么?

(生)国家运用宏观调控手段对经济进行调节。

(师)应对金融危机,宏观调控起了很大的作用,是不是有了宏观调控就可以解决市场问题?

(生)宏观调控要起到积极效果,必须正确运用宏观调控手段。

知识运用

要求:

(1)给定时间,各组同时做题。

(2)分组做题:1～3 组做 1、2 题;4～6 组做 3、4、5 题;7～10 组做 6 题。

(3)各组内合作完成相应试题并解答试题。

试题:

中国公安部经济犯罪侦查局副局长高峰说:"传销违法犯罪'经济邪教'的本质日益凸现,威胁国家经济安全和政治稳定。"重拳打击传销,刻不容缓!据此回答 1～2 题。

1. 如果政府过度参与经济活动,对经济生活全面干预(　　)

①会导致资源的不合理配置　②不符合市场经济发展的要求　③有利于防止出现经济波动　④会动摇公有制的主体地位

A. ①②　　B. ②③　　C. ①③④　　D. ②③④

(答案 A 。解析:政府全面干预经济生活违背规律,带来一定的危害,①②正确分析了其后果;③④的认识不正确。)

2. 针对中国猪肉市场价格出现波动,一些地方猪肉价格上涨的情况,国家有关部门采取措施,增加供应,稳定猪肉价格。国家有关部门采取上述措施的原因在于(　　)

A. 市场配置资源不利于资源的合理利用

B. 公有制是社会主义经济制度的基础

C. 市场存在着不可克服的弱点和缺陷

D. 国家是资源配置的主体

（答案C。解析：正是由于市场存在缺陷，因而需要加强国家的宏观调控。）

3.国务院宣布第四批取消和调整的行政审批项目，其中决定取消"国家特殊规定的移动通信系统及终端等生产项目核准"，这意味着手机核准制正式取消。从发展市场经济的角度看，取消手机核准制的目的是（　　）

①为手机厂商提供公平竞争的平台 ②缓解手机厂商面临退出市场的危机③完全由市场来调节手机的生产 ④促使手机厂商不断进行技术创新

A.③④　　　B.②④　　　C.①③　　　D.①④

（答案D。解析：手机核准制正式取消，这是市场发展到一定阶段的产物，为手机市场的参与者提供了公平竞争平台，促进手机厂商不断进行技术创新参与市场竞争，①④当选。）

4.市场调节与宏观调控的关系应该是（　　）

①健全宏观调控是充分发挥市场调节作用的前提　②健全宏观调控才能克服单纯市场调节的弱点和缺陷　③市场调节和宏观调控都是完善社会主义市场经济体制的基本内容，不能割裂和对立　④调控应以市场机制充分发挥作用为基础

A.①②③　　　B.②③④　　　C.①②④　　　D.①③④

（答案B。解析：①说法错误，颠倒了两者关系，应是发挥市场调节作用作为宏观调控的基础和前提。）

5.一般消费者认为关税下降后，进口汽车的价格马上就能降低，其实这是一个误解。这是由于（　　）

A.进口商品的价格不受关税的影响

B.国际品牌的汽车价格具有很强的稳定性

C.进口汽车的价格是由市场自发形成的

D.关税的下降导致汽车从进货到降价具有滞后性

（答案D。解析：关税下调导致进口汽车价格总体呈下降趋势，但是在短期内，从降税反映到进口产品的价格上，需要一定的时间，其对价格的影响并不会全部显现，这是市场调节滞后性的体现。）

6.材料一：自改革开放以来，我国中西部广大地区的剩余劳动力不断涌入"珠三角""长三角"等经济发达地区，为当地经济的繁荣与发展作出了突出贡献。但近年的春节后，这些地区的民工大量回流，使"长三角"、"珠三角"等经济发达地区首次出现"民工荒"，大批企业因招不到工人而影响生产。究其原因，主要是这些地区民工工资涨幅缓慢，而中西部地区却由于经济发展，民工收入有了较大幅度的增长。

材料二：近年来，国务院根据我国宏观经济过热的情况，对钢铁、水泥、电解铝等行业进行了清理整顿。同时，为了解决十一个省市的"电荒"，国家在全国范围内调集铁路、港口抢运煤。

(1)材料一、二分别说明什么问题？

(2)材料一、二共同说明什么问题？

（答案：材料一说明在市场经济条件下，劳动力资源在利益的支配下在不同地区之间

自由流动，但由于市场调节的自发性、盲目性和滞后性，往往导致资源的浪费，从而影响经济发展。材料二说明在社会主义条件下，国家为了保持国民经济的健康发展，可以采取各种手段加强宏观调控。）

（答案：两则材料共同说明在完善社会主义市场经济体制的过程中，必须将市场调节和国家宏观调控结合起来，这是因为市场经济条件下，市场的调节作用不是万能的，再者市场经济存在自发性、盲目性和滞后性的固有弱点和缺陷，客观上要求国家加强宏观调控。）

重点归纳

（师）宏观调控的必要性学生掌握得比较完整。但是市场调节与宏观调控的比较和三种宏观调控手段的比较，有些同学还有些混淆。请同学将市场调节与宏纲调控进行比较。

（生）……

（师）PPT 显示。

市场调节与宏观调控的区别		
名称	市场调节	宏观调控
调节手段	主要通过价格、供求、竞争等来进行。	以经济手段和法律手段为主，辅之以必要的行政手段。
优越性	价格及时反映供求变化，市场信息灵敏，生产要素自由流动，生产效率高。	具有自觉性、主动性和预见性的特点，可以弥补市场机制的不足。
局限性	具有自身的弱点和缺陷；单纯的市场调节会导致资源配置效率低下，造成资源浪费；会造成社会经济不稳定发生经济波动和混乱；会造成收入分配不公平，收入差距拉大，甚至导致两极分化。	政府调节是一种主观性行为，可能因为决策失误或过度的政府调节干扰、破坏市场机制的正常运行。
联系	二者都是现代市场经济条件下实现资源配置的手段。二者相互联系、相互补充，缺一不可。①市场调节是资源配置的基础手段，是经济运行中经常的、大量的、第一位的手段。②市场调节具有自身的弱点和缺陷，需要加强宏观调控；国家的观调控要在尊重市场、遵循市场规律的前提下进行。	

（生）……

（师）PPT 显示。

三种宏观调控手段的比较				
比较		经济手段	法律手段	行政手段
区别	内涵不同	是国家用经济政策和计划，通过对经济利益的调整而影响和调节社会经动的措施。	是国家通过制定和运用经济法规来调节经济活动的手段。	是国家通过行政机构，采取行政命令、指示、指标、规定等行政措施来调节和管理经济的手段。
	外延不同	经济政策（最常用的是财政政策和货币政策）和经济计划。	主要包括经济立法、经济司法（经济执法和法律监督）。	包括行政命令、行政制度、行政规章和条例等。
	特点不同	具有宏观性、战略性、指导性和间接性。	对经济具有普遍的约束力和强制性，对经济运行的调节具有相对的稳定性和明确的规定性。	具有直接、迅速和强制性特点。
	实施主体不同	立法机关、行政机关	立法机关、行政机关、司法机	行政机关
	地位不同	最主要手段	重要手段	辅助手段（当经济和法律手段都不能有效调节经济时采用）
联系	三种手段各有特色，相互联系，相互补充，共同构成了宏观调控手段的体系。在运用这三种手段时，应以经济手段和法律手段为主，辅之以必要的行政手段，充分发挥宏观调控总体功能。			

提示：

（1）经济计划是由国家统一制订的国民经济和社会发展计划，是国家从宏观上引导和调控经济运行的基本依据。经济政策是指政府指导和影响经济活动所规定并付诸实施的一切准则和措施，它包括财政政策（财政收入政策和财政支出政策，如国家的粮食生产补贴、税收、国债发行等）、货币政策（信贷、利率、汇率政策等）、产业政策、收入分配政策、价格政策等。

（2）是否具有强制性是用来判断经济手段的标准（无强制性的是经济手段）。

（3）实施行政手段的唯一主体是行政机关，如果某一宏观调控手段的实施主体是唯一的（行政机关），那么这一措施一定是行政手段。

课堂小结与知识整合

（主要由学生小结，老师作点评补充）

本课知识主要讲了宏观调控
- 是什么——宏观调控的含义、目标
- 为什么——宏观调控的必要性
- 怎么做——宏观调控的手段

个性化教学

本案的设计充分给予学生的自主性，考虑了不同层次学生的不同需求。通过对知识的整合归纳给予学习起步晚的同学以帮助，使他们能够比较全面地学习把握知识，增强学习信心。在小组合作做题环节，给予优秀同学当老师的机会，通过谈自己的解题思路，既帮助激励了其他同学，同时也使自己得到了提高。

作业设计及检测

一、选择题

1. 在社会主义市场经济条件下，国家根据经济运行的实际情况进行宏观调控，促进国民经济持续健康协调发展。从宏观调控目标看，右图中宏观经济运行较好的时期是(　　)

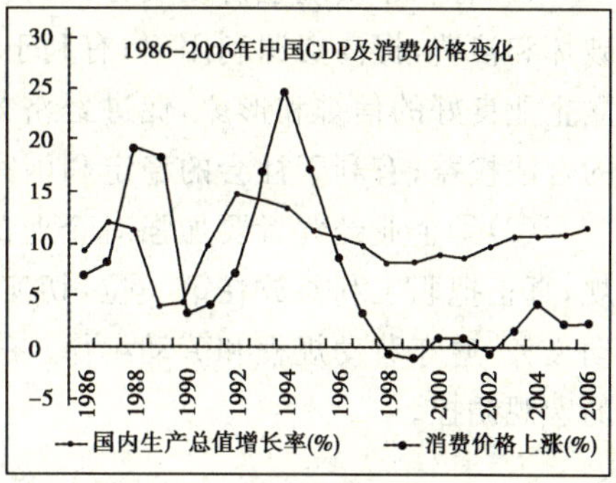

A. 1986 年至 1990 年

B. 1990 年至 1996 年

C. 1996 年至 2002 年

D. 2002 年至 2006 年

(答案：D)

2. 今年要继续实施适度宽松的货币政策。一是保持货币信贷合理充裕；二是优化信贷结构；三是积极扩大直接融资；四是加强风险管理，提高金融监管有效性。适度宽松的货币政策(　　)

①属于经济手段　②是运用“看不见的手”进行宏观调控

③属于行政手段　④是为了经济增长、物价稳定

A. ①④　　B. ②④　　C. ①③④　　D. ②③④

(答案：A)

3. 2010 年，为控制 CPI 的过快上涨，政府需要运用税收、利率等经济杠杆来调节。经济杠杆能够起到调节作用的根本原因在于(　　)

A. 经济杠杆能够弥补市场调节的缺陷　　B. 经济杠杆有政府强制力的保障

C. 直接关系市场主体的利益　　D. 能够保证经济平稳运行

(答案：C)

二、非选择题

材料一：2010 年 3 月 28 日 14 时 30 分许，位于山西省乡宁县和河津市境内的华晋焦煤有限责任公司王家岭煤矿发生透水事故。事故造成 153 人被困井下。事故发生后，中共中央总书记胡锦涛、国务院总理温家宝就山西王家岭煤矿透水事故作出重要指示：要求全力抢救被困人员。受党中央、国务院委派，中共中央政治局委员、国务院副总理张德江已赶赴现场，指挥救援。截至 4 月 7 日 19 时，王家岭煤矿透水事故被困人员中已有 115 人获救，遇难人数上升到 9 人，矿井下仍有 29 名工人被困。各级政府不抛弃不放弃，坚持以人为本，在无私奉献与顽强拼搏中赢得了与死神的赛跑，让世界再次见证了国人

在灾难面前众志成城的巨大力量。奇迹让人感动，也让人反躬自省。

材料二：经济发展的同时更应该强化安全意识，2010 年 3 月 28 日王家岭发生透水事故，153 名工人被困井下；3 月 29 日下午，衡阳耒阳市南阳镇天门煤矿发生一起透水事故；3 月 31 日 19 时 20 分，伊川县国民煤业有限公司井下发生煤与瓦斯突出事故，引起地面副井口爆炸。这接连不断的矿难事故将煤矿安全生产再次推向了风口浪尖，也为安防企业再次敲响了警钟。

(1)请阐述重视煤矿安全生产的经济和政治意义。

(2)从经济生活角度说明如何才能有效避免安全事故的频繁发生。

参考答案：

(1)有利于实现经济发展方式的转变，贯彻落实科学发展观；有利于避免有限资源的破坏和浪费，提高资源利用率；有利于保证经济的健康发展和生产的顺利进行；有利于树立企业良好的信誉和形象，促进经济效益的提高；有利于保护人民的生命财产和劳动者的合法权益；有利于社会的稳定和国家的长治久安。

(2)①企业经营者要加强对企业的技术改造，更新设备；提高职业道德，遵守法律法规，真正把职工利益放在第一位，切实维护劳动者的合法权益。②劳动者要自觉履行劳动义务，遵守劳动规程和劳动纪律。③政府要运用经济的、法律的、行政的手段加强国家的宏观调控。

教学反思与总结

本教学设计是为了适应我校课堂改革——“五五教学法”教学模式而设计的。

一、含义

从时间上来划分：至少 50％的时间用于学生学，最多 50％的时间用于教师讲。

从内容上来划分：一堂课的知识由学生自主学习的内容不得少于 50％，用于教师讲的内容不得多于 50％。

从学生来划分：50％的能较好完成学习任务的学生带动 50％的不能较好完成学习任务的学生。

二、学教策略

先学后教，当堂检测。

三、课堂教学五步骤

明确目标、看书自学、自主探究、分组合作、完成学案；训练应用、讨论解疑、展示点评、总结反刍、达标检测。

四、教师和学生的角色

教师是导演，不是主演；教师是导师，不是讲师。学生是主演，不是群众演员和观众；学生是人，不是机器。

五、教师讲课“五不讲五讲原则”

“五不讲”是：学生已经会了的不讲，学生通过自己看书能会的不讲，学生通过简单讨论就会的不讲，讲了也不会的不讲，学生能讲明白的教师先不讲。

"五讲"是：学生理解不全面的时候，教师做补充讲解；学生讲错的时候，教师做更正讲解；教师提问学生回答之后，教师做点评讲解；学生回答问题涉及到几个方面之后，教师做归纳总结讲解；让学生从课内到课外举一反三的时候，教师做延伸拓展讲解。

六、集体备课的原则集中研究以下几个问题

1. 如何引导学生自学最有效？2. 共同研究下一周各课时的教学方案。3. 确定学生自学范围、自学内容、自学方式、自学时间、自学要求，这五确定是统一的。4. 自学可能遇到哪些疑难问题？5. 设计什么样的当堂测验题才能最大限度地暴露学生自学后可能存在的问题？6. 如何引导学生自我解决这些问题？备课中的每一个细节，教是根据学生的"学"来组织进行的。7. 形成学案。

前不久曾校长和鄢主任已经布置了集体备课要有共享的教案，各科分年级组建立题库。另外，集体备课还必须要给学生准备学案，这将作为我们今后和作业批改情况一样一起检查。

根据我校的实际，要提高教学质量，只靠教师一味的满堂灌，效果不明显，因此要充分发挥学生的主动性。所以要变教室为学生主动学习的场所。

本人一直希望能够采用一些新的教学方式，一方面对学生进行促进，另一方面对自己也是一种鞭策。在我校大力倡导新的教学理念，新的教学行为的情况下，积极投入其中，希望能够促进自己的进步和适应即将到来的新课程改革。

从本教学设计的实施来看，充分发挥了学生的主动性，增加了课堂的容量，改变了原来那种只图气氛活跃而课堂实质内容变化不大的课堂教学，在时间上和行动上都充分保障了学生的主体地位。通过学生的动脑动手积极参与，充分暴露了学生对知识理解上的一些问题，既有利于学生间的互相交流又有利于教师的针对性教学。

本课时的教学得到了本校赛课评委老师的高度赞扬，对带动我校的课堂模式改革有一个良好的示范作用，主要优点有：

1. 课堂模式比较新颖，学生主体性得到了明显的体现；2. 问题设置能够较好的检验学生学习掌握情况；3. 课堂容量比较丰富；4. 教学任务总体完成较好；5. 小组合作解题形式好。

同时，本设计也存在一些不足，本课时容量较大，学生必须高度投入积极参与，因此有学生感到进度有点快，也有学生担心本小组没有分到的试题，其他小组在解答的时候，自己不能正确判断。

专家点评及学生反馈

该课是积极落实新课程理念和要求，以本校"五五教学法"教学模式为基础，教学贴近高三学生知识结构，结合当前高考的考情，进行大胆探索的一节好课。

首先，教学设计出于教材，不拘泥于教材，结合高考要求实际，培养学生的解题能力。

当前的高考，一般都是通过设置贴近社会实际的时政情景，考查学生的获取和解读信息的能力，调动和运用知识的能力，描述和阐释事物的能力，论证和探讨问题的能力。本复习课紧紧抓住了当前高考考情，通过设置情景，而且先让学生独立思考解决；从而提高了学生适应高考的能力，以及解题能力。

其次，学生为主体，教师为主导。

该课设计从时间上保证了学生的积极主动学习的时间（一节课的一半时间由学生主动学习），改变了原来复习课教师一讲到底的方法。以贴近学生实际生活的经济问题作为引导，激起学生积极思考，同时检验学生的知识掌握情况。教师针对学生存在的问题及时点评讲解或者总结梳理知识。在检验学生知识掌握的情况时，通过学生分组做题的方式来完成。这既有利于学生间的合作，也有利于学生间的竞争，更重要的是让学生主动参与积极学习。

再次，整合教材，深入浅出。

本课凸现了复习课的特点。对知识的整合，对知识的细化，本课对宏观调控的原因进行了整合，有利于学生对这一重要知识点有完整的掌握。而对于宏观调控的三个具体手段进行细化，有利于学生在选择题中的正确选择。

参考资料

郑淀文主编.师说（思维点拨与能力训练、三维方案、高三政治、大纲版、总复习）.辽宁:辽宁大学出版社，2009 年

《国家的宏观调控》教学设计

重庆市沙坪坝实验中学　杨小英

教学内容分析

1. 国家宏观调控的必要性

(1)市场的调节作用不是万能的

(2)市场调节具有缺陷和弱点

①自发性;②盲目性;③滞后性

2. 国家宏观调控的含义和目标

3. 国家宏观调控的主要手段

(1)经济手段;(2)法律手段;(3)行政手段

学生情况分析

从学生的认知来看,学生对每天发生的经济现象有感性的认识,知晓一些经济现象,但是他们却没有感知到千变万化的经济生活背后有市场和国家的宏观调控同时在发挥作用,因此,教学内容对他们既要求具备透过现象看本质的能力,也要求有逻辑抽象的思维能力。从学生的知识基础来看,学生在高一虽然学习了经济常识的很多内容,知晓了很多经济现象,掌握了很多经济原理,但是这对于深刻理解宏观调控的知识来说还很欠缺。另外,高一学生大部分来自城市,虽然感知到每天的千变万化,但是却没有去体验,每天基本都在学习,所以导致学生理论与实践的脱节,增加了课程内容讲解的难度。

教学方法选择

问题探究式教学方法、小组讨论法、讲解法

教学环境与教学媒体选择

多媒体教室

板书设计

宏观调控 { 是什么 / 为什么 / 怎么做 }

教学目标

1.知识目标:通过教学使学生识记宏观调控的含义、目标和主要手段。理解实行宏观调控的必要性。

2.能力目标:增强学生理论联系实际,独立分析问题的能力。能创新性地思考,提出不同的见解,从多个角度思考问题。

3.情感态度价值观目标:正确看待市场经济,正确宣传和看待我国的宏观调控政策。遵循经济规律,正确看待与参与经济生活。

重点与难点分析

重点:国家宏观调控的必要性。

难点:国家宏观调控的目标及调控手段中的行政手段。

课堂教学过程结构设计

导入新课

情景体验:

情景一:假如离消防部门远近不同的两地同时发生了火灾,双方都打了“119”报警,假设只能出动一辆消防车,在价值规律的作用下,消防部门与受灾方讨价还价,会出现什么后果呢?

(学生讨论:这说明消防、治安等公共消费的供给是市场不能调节的。)

情景二:如果高额利润的毒品让市场来调节,又会出现什么样的结果?

(学生讨论:会使经营者大发其财,但将会损害更多人的生命健康。因此这些毒品更不能让市场调节。)

结论:市场的调节作用不是万能的,我们称这种现象为市场失灵。市场虽然是一种有效的资源配置方式,但是任何事物都不是完美无缺的,市场也有它的缺陷,如何克服这些缺陷,这就是我们这节课将要学习的内容。

讲授新课

国家的宏观调控

一、国家的宏观调控的必要性

(一)市场的调节作用不是万能的,我们称这种现象为市场失灵

有些领域市场不能调节,有些领域不能让市场调节。例如:国防、治安、消防等公共消费的供给。此外,有些产品如麻醉品、枪支弹药、不健康的书刊等。

即使在市场调节可以广泛发挥作用的领域,市场也有自身的弱点和缺陷。

(漫画展示)《赶不上趟》(漫画略)

(学生分组讨论分析:根据漫画"赶不上趟",具体分析市场的这三种缺陷。)

第一小组

漫画一:漫画中的老农为什么要养鸡?市场调节为什么有自发性?

原因:价值规律自发地作用,人们追求自身利益的行为是自发的。

危害:使社会各阶层收入差距扩大,激发社会矛盾,不利于经济和社会的健康发展。

第二小组

漫画二:为什么会出现"杀鸡毁蛋"的结果?市场调节为什么有盲目性?

原因:经济活动的参加者是分散的,各自独立,信息不全,故作出的决策具有盲目性。

危害:造成经济的波动和资源浪费。

第三小组

漫画三:这位老农为什么老是"赶不上趟"?市场调节为什么有滞后性?

原因:市场调节是事后调节,有一定的时间差。

危害:造成经济的波动和资源浪费。

(二)市场存在的弱点和缺陷:自发性、盲目性、滞后性

(教师提问)这幅漫画给我们什么启示?

(学生得出启示:投资一定要保持头脑冷静,不要总跟在别人后面瞎起哄。要学会抢占商机,作好市场调查,寻找市场空白点。生产经营要有主见,永占商机,永远不败。)

(教师总结)综上所述,可以看出,市场的调节作用不是万能的,市场有其固有的弱点和缺陷。为了保证市场经济的健康稳定的发展,我们需要弥补市场的缺陷,那么怎样才能弥补市场的缺陷呢?将"有形的手"与"无形的手"结合起来。

(有形的手:国家的宏观调控;无形的手:市场价值规律的调节作用)

二、国家的宏观调控的含义和目标

(课件展示)材料一:2010 年 1 月 19 日国家统计局公布的数据,2009 年全国房地产市场成交量近 9.4 亿平方米,均价约 4695 元/平方米,全年房价涨幅 24%。房地产量、价都创出了历史新高,是全年 GDP 增长 8.7%的主要推动力之一。然而,忧虑也随之而来。一方面,2010 年房地产市场难以重现 2009 年的爆发式增长,由于 2009 年的高增长基数,2010 年房地产对 GDP 增长的贡献将大大减弱。另一方面,高房价超越了大部分社会成

员的购买能力，容易引发诸多深远的经济和社会问题。

材料二：2010 年 1 月 7 日，国务院办公厅《关于促进房地产市场平稳健康发展的通知》要求，增加保障性住房和普通商品住房有效供给；第二套以上住房的家庭贷款首付款比例不得低于 40%；严格土地出让价款的收缴，严厉查处违法违规用地和囤地、炒地行为。

材料三：2010 年，全国高校毕业生为 630 万人，比 2009 年的 611 万多出 19 万人。放眼全国，有机构统计数字表明，80 后、90 后"新生代农民工"已成为农民工这个庞大群体的主力，仅他们的人数就约有 1 个亿，占农民工外出打工的 60%。

通过以上新闻材料，请大家结合材料思考：

(1)到底什么是国家的宏观调控？

(2)国家为什么要对房地产市场进行宏观调控？

(3)面对严峻的就业形势，国家需要做什么？

通过阅读教材、结合材料得出：

(一)含义：指国家运用各种手段对国民经济进行的调节和控制

需要注意两个问题：(1)宏观调控的主体是国家；(2)调控就是调节和控制。

(二)目标(任务)：促进经济增长，增加就业，稳定物价和保持国际收支平衡

1. 促进经济增长(最主要的目标)

促进经济增长不仅表现为经济总量的增长，也体现为人均收入的增长以及人民生活质量的提高。它是增强综合国力和实现社会全面进步的基础，也是全面建设小康社会的物质保障。社会经济的有序运行，促进经济的增长，要求社会总需求和社会总供给达到基本平衡，即供需大致相等。如果二者不平衡，将引起经济的波动。所以促进经济增长是国家宏观调控最主要的任务和目标。

2. 增加就业

就业是民生之本，也是社会安定的稳定器。严峻的就业形势既使劳动力资源得不到充分利用，也影响了居民收入的增长、影响了社会的稳定。因此，增加就业是我们国家一项长期的调控目标，促进经济增长有助于增加就业。(让学生体会两者之间的关系)

3. 稳定物价

稳定物价不是指物价保持不动，而是指物价的基本稳定，不大起大落。物价稳定是实现国民经济持续、快速、健康发展的重要保证。

4. 保持国际收支平衡

保持国际收支平衡即国家对外经济关系中收入和支出大体平衡。它对于促进国内经济增长、维护国家的独立和主权具有积极的作用。

(课件展示)20 世纪 80 年代以来市场经济发展的实践证明，国家的宏观调控在很大程度上弥补了市场调节的缺陷，促进了国民经济的协调发展。国家的宏观调控已经成为现代市场经济的重要组成部分。比如，在金融危机期间，国家采取了调增商业银行信贷规模、连续下调存贷款基准利率和存款准备金率、新增扶持中小企业专项资金、实行单向征收印花税政策等，缓解中小企业融资困难，增强投资者信心。同时，国家还出台了暂免征收存款利息税、大幅提高粮食最低收购价和粮农补贴、降低住房交易税和住房贷款利率等宏观调控的措施，增强消费者信心，刺激居民消费需求。从而使我国能够成功地抵御金融危机的冲击，保持经济持续、健康、稳定的发展。

总之，国家进行的宏观经济调控，是在遵循自然规律和经济规律的前提下，运用各种手段，从系统、综合和全局的角度，对经济运行状况和发展趋势进行的总体指导和调节。调控目标的四个方面是相互联系、相互制约、相互促进的关系，统筹安排，以实现国民经济的协调发展。

综上可见，在社会主义市场经济条件下，要促进国民经济的协调发展，必须加强国家的宏观调控。国家的宏观调控已经成为现代市场经济的重要组成部分。那么，我国宏观调控的手段有哪些呢？

三、国家宏观调控的手段

请同学们阅读教材 P_{55} 的倒数第二自然段的内容，找出国家宏观调控的手段有哪些？它们各自的含义和方式是什么？

（一）经济手段

经济手段：是国家运用经济政策和计划，通过对经济利益的调整而影响和调节社会经济活动的措施。

经济政策：税收政策、信贷政策、利率政策、汇率政策、产品购销政策、价格政策、扶贫政策、产业政策等等。比如，为调动农民的生产积极性提高粮食的收购价格。

经济计划：国民经济和社会发展十年规划、五年计划、年度计划等。比如，国家制定的“十一五”规划等。

（二）法律手段

法律手段：是国家通过制定和运用经济法规来调节经济活动的手段。

提问：为什么国家可以运用法律手段来调节经济呢？

原因就在于市场经济四个特征之一，即法制性。

作用：法律手段可以有效地维护经济活动参加者的合法权利，规范生产经营者的活动的市场秩序，保证经济的正常运行。

（三）行政手段

行政手段：是国家通过行政机构，采取行政命令、指示、指标、规定等行政措施来调节和管理经济的手段。

特点：直接迅速。

教师讲解：在运用行政手段时要注意，行政手段必须反映客观经济规律的要求，不能片面强调和过多运用，否则将不利于发挥市场的调节作用。国家具体运用了哪些行政手段来调节经济呢？（具体见教材 P_{57} 第三自然段小字部分）

课堂小结

以上我们从三个方面分析了国家宏观调控的手段，总之，国家宏观调控的手段各有所长，各具特色，它们相互联系，相互补充，共同构成了宏观经济调控手段的体系。在市场经济条件下，应该以经济手段和法律手段为主，发挥宏观调控手段的总体功能。

个性化教学

对学有余力的学生，要求深入分析去年我国为应对金融危机所采取的一系列宏观调控的措施，每一项措施具体的目标所要达到的目标和完成的任务。此外结合今年11月底召开的中央经济工作会议，理解国家政府为什么要将2010年经济工作重点定位在“调结构、防通胀”上，政府采取保持积极财政政策、适度宽松货币政策和其他宏观调控政策的主要原因。

作业设计及检测

1.结合本课所学知识，请收集2008年年底以来我国政府出台的关于房地产或者房价方面的主要宏观调控政策。了解国家出台这些政策的背景。这些政策对房地产市场的调节发挥了什么作用？

2.引导思考，目前我国房地产市场存在的主要问题是：房地产投资规模过大，商品房价格上涨过快，商品房结构不合理，房地产市场秩序比较混乱。我国政府在这样的背景下，通过宏观调控出台了一系列政策引导房地产市场的健康发展，目的就是要实现经济社会的平稳发展。

教学反思与总结

《国家宏观调控》教学反思

去年一场金融风暴席卷全球，虽然我国的宏观调控政策基本使我国能成功抵御金融危机。但是最近一段时间以来，我市商品房、水电、气等价格都在不同程度上有了上涨的趋势，怎么样应对物价继续上涨的这一趋势，国家将如何对经济发展进行调控，这十分具有现实性，非常贴近我们的生活，会引起学生高度共鸣。然而在实际的备课过程中，发现这个话题学生知之甚少，学生对金融危机很有兴趣，但由于相关基础知识的缺乏，使根本就不能真正分析相关的问题，怎么上学生能够听得懂，能够让学生学以致用成为教师努力的方向。

一、本次课的成功之处

成功点一：两个贴近学生生活的情景导入新课，激发了学生的学习兴趣，学生能参与的程度更高。本框题的思路非常清晰。从市场调节的固有缺陷引出宏观调控的必要性（为什么），宏观调控的含义和目标（是什么），最后设疑引思，学习宏观调控的多种手段（怎么做）。因此，用两个情景引出市场调节的不足，再引出国家必须干预的结论，从让学生自我设计干预手段到与现实中的国家干预手段作对比，学生在了解国家宏观调控手段的同时，还收获了兴趣和信心。我觉得让学生感兴趣和有信心始终是教学追求的重要目标。

成功点二：课堂教学详略得当，重点、难点突出。一节课45分钟，要完成本课教学比较紧张，所以必须详略得当，在导入新课时，开门见山，直指要害。而且运用漫画“赶不上趟”分析市场调节的缺陷，这个设计非常成功，因为学生对漫画“赶不上趟”非常熟悉，所以理解起来非常容易。所以在教学重点的突破上做得比较好。而对于教学难点的突破，通过对知识点的归纳，让学生能掌握此问题，充分体现出以学生为本的课堂教学理念。

成功点三：教师对教学过程的掌控有力，师生互动好。学生活动突出实效，本节课有情景探究式的讨论，也有漫画分析讨论，更有新闻材料的阅读，如此安排既强调学生的集体讨论，也突出独立思考的重要性。学生最终能够形成初步辩证的观念：光有市场调节、光有宏观调控都不行，必须将两者结合起来，这对高一的学生而言是难能可贵的，而这一观念的形成，与教师的步步引导、层层深入是分不开的。

二、本次课的不足

1.课堂时间处理不恰当，国家宏观调控的必要性用时过多，宏观调控的含义和目标讲的不是很透彻，宏观调控的手段感觉有点仓促。

2.在教学延伸方面想法太多，事实上，教材本身的难度已经不小，再延伸很多时政热点对任何类型的学生都是很大负担，有些问题有点偏难，对学生的引导不够，对学生的启发不足。

3.虽然学生参与课堂的积极性很高，但是很多时候学生没有真正思考，没有掌握运用所学知识分析社会现象的能力。此外对于例如税收政策、价格政策、信贷政策等概念学生比较陌生，故听起课觉得有点累。

4.时政材料与教材知识点的衔接不是很好，有些生硬。

三、今后汲取的教训

通过这节课的设计，我不仅锻炼了自己的能力，也学到了不少的东西。在与其他老师的交流中，既学习了其他老师的优点，也看到了自己很多的不足。总的来说，要上好一堂高中政治课，必须要学会了解分析时政新闻，关注日常生活，丰富自己的教学内容，以此激发学生的学习积极性和主动性。让学生能够真正学会运用所学的知识分析社会现象，解决日常生活中的问题。

总之，在今后的教学工作中，我还要更深入地钻研教材，更加广泛地了解时政新闻和社会现象，采用新课程理念，利用多媒体，多向有经验的老师学习，取长补短。我会不断学习、不断实践、不断反思，以提高自己的教学水平，让学生真正学有所获。

专家点评及学生反馈

专家点评：

本课的教学设计贯彻新课程改革的理念，充分发挥学生的主体作用和教师的引导作用，营造了一个师生互动的快乐和谐的学习氛围。教师重视对每一位学生的关注，采用不同的方法激发学生的学习积极性。教学目标是整个教学设计的灵魂，本课的教学目标基本完成，但是有一点不足指出，就是在教学难点的处理上面感觉还有点仓促，处理得还不够好，只是简单的知识归纳，没有真正让学生理解清楚。而在教学内容的处理上，基本做到了重难点突出，但是在时间的分配上的确存在一些问题。其实本课的内容在平时教学中，也可以根据学生的不同情况分为两节课来讲。本课教学设计的教学方式方法多样，采用的背景和材料也比较贴近生活，但是今后要注意材料的经典性，有时候可以选取一个题材贯穿整个教学过程，这样可以避免教学材料的复杂多变。教师能较好的注重教学效果，学生也基本能掌握所讲内容，并且很大一部分学生能通过课堂讨论、材料分析等真正掌握分析社会现象的能力。

学生反馈：

首先，本堂课的知识体系非常清晰，特别是老师板书设计更让我们一目了然地了解本节课的知识点。其次，本课的开头贴近我们的生活，能激发我们的学习兴趣，学习起来不那么枯燥。再次，本节课老师给我们讲了大量的新闻材料，让我们了解到很多社会上的事情。最后，老师能分层次地关注每一位学生的学习，针对不同的同学有不同的要求，而且还通过集体讨论等形式让同学之间有更多的交流和合作，增强了集体凝聚力。但是，本节课内容有点多，有时候感觉对材料还没完全理解，做笔记的时间也有点紧，总之感觉刚开始听起来很简单，后面就有点复杂抽象了。

参考资料

1. 韦民主编. 与名师对话·高一政治(上册). 北京：大众文艺出版社，2010 年

2. 小学思想品德和中学思想政治教材编写委员会编著. 高一政治(上册)教师教学用书. 吉林：吉林教育出版社，2008 年

《农业是国民经济的基础》教学设计

重庆市永川中学　晏敏

教学内容分析

本课知识是社会主义市场经济常识实体部分的重要内容，本框题是国民经济部门分类、部门结构的基本知识，是未来建设者必备的经济常识。其基本内容包括：

1. 三大产业的划分及标准。

2. GDP 和 GNP 的含义、联系和区别。

3. 农业在国民经济中的地位和作用：(1)农业的含义；(2)农业的作用；(3)我国农业的现状。

4. 我国农业发展的根本出路。

5. 乡镇企业是我国农村经济的重要支柱。

学生情况分析

高一学生已经具备了学习抽象复杂知识的内在基础。思维具有更多的抽象性、概括性，辩证思维开始形成，思维的独立性和批判性更加鲜明，思维的片面性有所改善，比较注重理论依据；但由于受到初中开卷考试的影响，好多学生心理上仍然把政治当作一门副科，学习上还不够认真。在知识上，高一学生对产业已有了初步的感性认识，但需要在老师的引导下提升和深化。

教学方法选择

讲解法、观察法、归纳法、比较分析法

教学环境与教学媒体选择

多媒体教学设备和多媒体课件、相关视频资料

板书设计

农业是国民经济的基础

一、农业的含义

二、农业的地位和作用

三、农业发展的出路

教学目标

1. 知识目标：三大产业的划分、国民生产总值与国内生产总值的含义；农业的基本含义及地位；农业是国民经济的基础；农科教结合，发展高产、优质、高效、生态、安全农业。

2. 能力目标：培养学生自学能力；综合分析能力；辨别是非能力；正确观察问题的能力等。

3. 情感态度价值观目标：培养学生热爱农村，关心农业的思想感情，使学生珍惜粮食，尊重农民，树立大农业观念、科教兴农思想以及树立改变农村、奉献农村的志向。

重点与难点分析

重点：积极推进农村改革、积极发展农业生产。

难点：如何认识农业的地位和我国农业现状。

课堂教学过程结构设计

导入

【教师活动】教师开场白：前面我们学习了国民经济的细胞——企业，每一个企业都分属不同的产业，今天我们就从产业的角度认识我国国民经济。(PPT 展示课题)

【学生活动】学生聆听，看屏幕，翻书，进入新课学习状态。

【设计意图】简单衔接、直截了当、进入主题。

新课讲课

【教师活动】老师检查预习情况。(PPT 展示课前预习作业)

1. 大的国民经济体系划分为哪些产业？其划分的依据是什么？

2. GNP 和 GDP 的中文意思是什么？它们计算的范围是什么？计算这两个指标的经济意义是什么？

【学生活动】1. 学生展示预习成果并根据老师提示做好笔记；2. 学生判断米卢执教中国足球队取得的收入应算入我国的 GDP，还是 GNP？

【设计意图】(1)通过活动一初步了解国民经济部门分类知识，培养学生自学能力，阅读、精读能力；(2)通过活动二简单运用所学知识。

一、农业的含义

【教师活动】老师过渡：农业是第一产业，被称作是“母亲产业”，今天我们重点认识这一产业。

PPT 展示第一组图片，设问：是不是农业？判断的依据？揭示农业概念。

PPT 展示第二组图片，通过这组图片再拓展提问：是不是农业？判断依据？

结论：挖掘“农业”的两个层次。

【学生活动】1. 学生根据图片作判断；2. 学生找出判断依据；3. 学生在书上找到重要理论；4. 学生运用农业概念再判断。

【设计意图】1. 活动一：设问质疑；2. 活动二：导思深化；3. 活动三：引导读书；4. 活动四：实践升华。

二、农业的地位和作用

【教师活动】过渡设问，PPT 出示思考问题：1. 谈谈农业产品的作用；2. 理解超过劳动者个人需要的农业劳动生产率，是一切社会的基础。

PPT 展示结论：农业是国民经济中最基本的物质生产部门。

【学生活动】1. 学生分组展开讨论；2. 发言阐述小组观点。

【设计意图】在合作学习中建构对农业作用的认识。

【教师活动】进一步拓展设问，PPT 展示问题：谈谈我国农业发展现状。

学生活动后，从两个方面总结：成就：中国农村经济取得了巨大成绩，用 7%的土地养活了 22%的人口，创造了世界奇迹。问题：我国农业基础地位脆弱，农业发展速度滞后，农业仍然是国民经济的薄弱环节。

【学生活动】1. 阅读教材 100～101 页；2. 发言陈述对农业的认识。

【设计意图】培养学生辩证思维，引导学生全面分析问题。

【教师活动】过渡：“脆弱”、“滞后”和“薄弱”虽然表明了农业存在许多问题，但我们还无法了解农业存在的具体问题，下面让我们一起根据教材和老师提供的材料来找找农业存在的具体问题。

PPT 展示材料：

材料一：13 亿人口 9 亿多在农村。一个非农业人口要由 4 个农业人口来养活。而发达国家一个农业人口可以养 20～30 个非农业人口。

材料二：汉朝时农民的耕作工具——牛耕、铁锄，今天我们重庆的大部分农民仍然在使用。一种生产工具居然使用了 2000 年几乎没有改变。

材料三：农业生产的最大特点是依据生物的生长机能。

材料四：有人说，“有钱能有粮，无粮也不慌”；也有人说，“有钱可以到国外去解决粮食问题。”

材料五：中国的城市化、高速公路、铁路大量修建，占用了大量耕地，而中国每年人口增加 1000 万以上，资源与人口之间的矛盾越来越突出。

材料六：比较分析 P_{98} 页两个圆圈图的变化。

教师根据学生发言，归纳补充总结农业六个方面的问题：

(1)劳动生产率比较低；(分析材料一得出)

(2)技术装备水平比较低,基础设施薄弱;(分析材料二得出)

(3)抗灾能力差;(分析材料三得出)

(4)粮食供应偏紧;(分析材料四得出)

(5)农业资源短缺;(分析材料五和P_{101}漫画得出)

(6)农业比较优势丧失,农民经营方式单一,效益低。(分析材料六得出)

根据对农业的全面分析得出结论:

教师引导语:结合这些问题,请同学们评价我国农业这项经济活动。

农业基础地位的牢固,关系到人民的切身利益、社会的安定和整个国民经济的发展,关系到国家自立 。农业兴,各行兴;农民富,国家富;农村安,天下安。即"三农"问题。

【学生活动】学生充分讨论自由发言。

【设计意图】1. 让全面的材料、真实的生活和有效的设问点燃学生思维的火花;2. 培养学生观察生活的能力,透过现象抓本质的分析与综合能力;3. 培养学生热爱农村,关心农业的思想感情,培养学生对农业的忧患意识,使学生珍惜粮食,尊重农民。

三、农业发展的出路

【教师活动】过渡语:"天下兴亡,匹夫有责",请你为我国农业的发展出谋划策。

1. 教师巡回指导学生讨论;2. 激励性地评价学生讨论情况。

【学生活动】学生依据教材提示,针对刚才找到的农业问题为农业发展出谋划策。

1. 先分组讨论;2. 后各组展示讨论结果,看哪组想的办法多而妙。

【设计意图】巧设竞争活动,激发求知欲望,还学生学习的自主权,并在实践中体验成功。

【教师活动】

学生充分讨论之后归纳指导

走中国特色农业现代化道路,实现由传统农业(粗放型发展)向现代农业(集约型发展:高产、优质、高效、生态、安全农业)转变。

具体措施是:第一,政策。家庭联产承包责任制转变为规模经营:土地流转;税费改革,取消农业税,财政补贴。第二,科技。第三,投入。

设问:1. 有人说中国农业的发展要感谢"两平",想一想,什么意思?

2. 以上措施与第二课所学的哪些知识有联系?

【学生活动】1. 学生整理笔记,利用教材理论,建构发展农业的理论体系;2. 思考回答问题。

【设计意图】1. 培养学生综合分析能力;辨别是非能力;2. 温故知新。

【教师活动】第四,产业化经营。补充关于产业化的理解材料和视频。

PPT 展示材料:如果北方一位农民,卖 100 斤小麦能收入 50 元,但他如果加工成 80 斤面粉,就能卖到 60 元,麦麸与加工费相抵,还能增收 10 元;把 80 斤面粉再蒸成 112 斤馒头,能卖 100 元,扣除费用,又能增值 30 多元。从卖小麦到卖馒头,伴随着生产链条的延伸,不仅增加了就业,而且创造了价值,农民得了实惠,居民得了方便。

理解产业化经营的含义。

老师启迪设问:农民一方面埋头种地,另一方面又抬头看市场,这是在发挥什么的作用?

【学生活动】1.阅读材料思考“从卖小麦到卖馒头”为农业发展提供了思路;2.观看视频,具体感知产业化经营方式;3.回答老师提问。

【设计意图】1.材料分段呈现激趣诱思;2.材料和视频让抽象的产业化经营方式具体化,适应学生由抽象到具体的认知规律。树立大农业观念、科教兴农思想以及树立改变农村、奉献农村的志向;3.问题设置体现前后知识连贯,也引导学生运用已学知识。

【教师活动】第五,大力发展乡镇企业,走城镇化道路。讲明这是由于农业生产率的变化,农村必须面对的问题:转移剩余劳动力。

【学生活动】聆听领悟,阅读教材全面认识乡镇企业。

【设计意图】拓展思维。

个性化教学

一、不同经济时代经济结构之比较

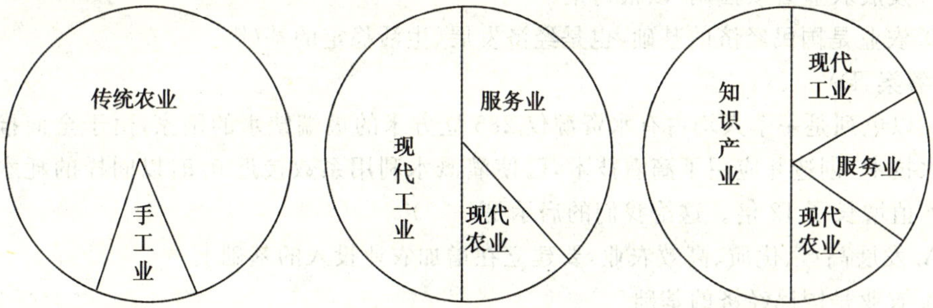

传统农业时代　　现代工业时代　　知识经济时代

二、思考当代农业发展趋势,农民的再次解放

在农村现有土地经营制度的框架内,强化农民对土地的经济所有权。以此为基础,在具备条件的地方,按照依法、自愿、有偿的原则,通过土地承包经营权的流转,发展农业的规模经营,使农业由落后的小生产转向现代化的大生产,实现农业生产的第二次革命和农民的第二次解放。

在现代经济中,农业作为一个产业,是一个越来越不占主要地位的行业,这是非常不幸的,但这是一个必然趋势,就像人们的吃饭、穿衣一样,生活水平越高,吃饭穿衣所占的比重会越来越轻。所以随着经济的发展,尽管实际的农产品消费量会增加,但是比重越来越小。农业要是占国民收入比重很大的话,就说明这个国家不发达,等到国家发达以后,农业肯定不是最主要的产业。而且还有这么一个趋势,一国的经济发展得越快,其农业的比较优势丧失得越快。因此,农业的发展除了面向市场之外,更需要国家给予更多的支持和关注。

作业设计及检测

一、选择题

1.国民生产总值和国内生产总值的区别是(　　)

A.前者计算的是最终产品价值,后者计算的是劳务价值

B. 前者以领土为计算范围，后者以本国居民为计算范围

C. 前者是物质生产部门所创造的，后者是非物质生产部门创造的

D. 前者以本国居民为计算范围，后者以领土为计算范围

（答案：D）

2. 2004 年至 2006 年连续三年中央一号文件都锁定“三农”问题，中央对“三农”问题高度重视的原因是（　）

A. 农村社会还处于封闭原始的发展水平　　B. 农业是国民经济的基础

C. 农民工大量进城务工阻碍了农业发展　　D. 农民增产就能增收

（答案：B）

3. “无农不稳，无粮则乱。”这句话表明（　）

A. 发展农业就是发展粮食生产

B. 要把劳动力、物质投入到粮食生产中去

C. 发展农业必须强调“以粮为纲”

D. 农业是国民经济的基础，也是经济发展、生活稳定的基础

（答案：D）

4. 以色列是一个人均占有水资源仅 285 立方米的极端缺水的国家，由于全面推进管道输水技术，创造并应用了滴灌技术，已使灌溉水利用系数接近 0.9，以同样的耗水量使农业产值增长了 12 倍。这给我们的启示是（　）

A. 发展高产、优质、高效农业，要建立在增加农业投入的基础上

B. 农业是国民经济的基础

C. 发展高产、优质、高效农业，关键是发展农业科学技术

D. 我国的农业科技贡献率低

（答案：C）

二、问卷调查

1. 你今天上政治课时听讲吗？

A. 听讲很专心　　B. 有时专心　　C. 经常做小动作

2. 你在这节课中认识到了？

A. 国民经济的构成　　B. 农业的含义、地位、出路　　C. 不知所云

3. 你在这节政治课中的表现

A. 能积极主动地和小组同学一起讨论　　B. 参与讨论，但是很少发言

C. 不发言，也不听大家发言

三、社会调查

请选择一个村的农户进行调查，了解该村的人均收入水平和收入渠道以及受教育情况，并结合本课知识为该村发展提一些建议。

教学反思与总结

我们学校的教研制度是每年每位教师都要准备一堂教学研讨课。《农业是国民经济的基础》是我本学期的教研课。作为一堂教学研讨课，这节课有以下两点值得提倡：

第一，通过多种设问方式启迪学生心智，最大限度地调动了学生课堂学习的积极性和主动性，是这节课的最大看点。

组织课堂教学的过程，是教师对教学内容进行调整和组合，优化教学内容结构的过程。在这个过程中，设问是教师经常采用的手段，通过有阶梯、有层次的导向式设问，发挥教师教学活动的“导演”作用；发挥教师深刻讲解的“导播”作用；发挥教师释疑解惑的“导航”作用。从而拨正学生思维航向，教给学生有效的思维方法，构建相应的文化背景。

我就这节课的几处设问谈谈本节课。首先，我运用了情境切入设问。依据加工处理的两组图片，随机应变，灵活自然地加以简要的概括、总结、点拨，设问：哪张图片属于农业？判断的依据？迅速地切入该节课的教学主题农业。使学生轻松地把握了农业含义的关键点。依据学生预习主动探究获得的知识，再设置情境：米卢执教中国足球队情境，后发问米卢执教中国足球队取得的收入应算入我国的GDP，还是GNP？顺利地帮助学生渡过运用知识的难关。其次，我运用温故启新式设问。思想政治课基本理论知识之间，特别是同一册教材内部的章、节、目之间，存在着紧密的内在逻辑联系。因此，在教学中我安排三处重要温故启新的设问，如：在分析农业发展存在的问题时，我设置了“结合这些问题，请同学们评价我国农业这项经济活动”。在总结农业发展出路时，我设置了“以上措施与第二课所学的哪些知识有联系？”。在讲解农业产业化时，设问“农民一方面埋头种地，另一方面又抬头看市场，这是在发挥什么的作用？”，这样就能使学生在学习农业这项新知识时，始终保持着与旧知识的联系，且不感到突然、陌生，新旧知识之间连接得自然、顺畅。再次，我运用了悬念诱思式设问。如在让学生认识和接纳产业化经营时，我把下面这段材料分段呈现，“如果北方一位农民，卖100斤小麦能收入50元，但他如果加工成80斤面粉，就能卖到60元，麦麸与加工费相抵，还能增收10元；把80斤面粉再蒸成112斤馒头，能卖100元，扣除费用，又能增值30多元。”再设问“从卖小麦到卖馒头”启迪我们怎样发展农业？通过列举实例，然后从中巧妙地设置一、二个悬念，来激发和诱导学生的学习欲望。使课堂教学处于一种“愤而启之”、“悱而发之”的状态。由于对学生的注意力吸引得及时、适度，因此，40分钟的课堂教学质量，得到了可靠的保障。

第二，本节课恰当运用了多媒体教学手段，提高教学效果。

多媒体手段最主要的作用，就是通过文字、图片、音像资料的引用帮助学生形象、直观地认识客观事物，帮助学生理解原理。为学生搭建发现问题、分析问题和解决问题的平台。我在教学过程中穿插有关产业和农业的图片，产业化经营的事例和视频，这些内容在帮助学生理解抽象的国民经济部门分类以及产业化经营知识，具体感知农科教结合的手段方面发挥了明显的作用，达到了扩大课堂容量，提升学生能力的目的。同时多媒体手段的运用还起到了代替手写板书的作用。不但节省时间，而且体系完整、表达清楚，在讲述知识的同时，有关知识要点、有关资料及时展现，加强了讲课的效果。最后，及时地给出课后练习，起到了巩固新课的作用。

这节教学研讨课还需要改进的两个方面：第一，虽然有启发学生思考的设计，但留给学生思考的时间太短，学生有了思的愿望，却没有思的时间。第二，课堂提供学生思考推理的文化背景太有限，导致学生思维的深度有限，对目前国家高度重视的“三农”问题理解不够充分。以上两点的解决都需要时间做保障，可惜作为单个的政治老师无力改变，也许这是我们政治课堂永远的遗憾，但愿这种遗憾能成为学生以后探究的起源。

专家点评及学生反馈

专家点评：

教师在教学中给学生创设宽松和谐的教学环境，教师不再是单纯的传道、授业和解惑者，而应是学生学习的组织者、引导者与伙伴。学生也不再是一味地听与接受，而是主动去探究、发现、体验与感悟，在获得知识的同时提升情感态度与价值观，加上多媒体的现代教育手段支撑整个教学过程，让高一学生在一个生动、有趣而又多姿多彩的政治课堂中真正做到愉悦地"享受"学习！

学生反馈：

整个课堂节奏很快，感觉收获很多，但有些认识还是很肤浅，需要进一步查阅资料，如我国农业落后的深层次原因，今后增加农民收入的有效途径等。

参考资料

1. 小学思想品德和中学思想政治教材编写委员会编著. 全日制普通高级中学思想政治（试用修订本・必修）一年级（上册）教师教学用书. 北京：人民教育出版社，2003 年

《农业是国民经济的基础》教学设计

重庆市外国语学校　肖志农

教学内容分析

从产业结构来看，农业作为基础产业，对第二、三产业的发展和整个国民经济产业结构的优化有着至关重要的作用，因此，这是第四课教学的逻辑起点。从现实层面来看，发展现代农业、解决“三农”问题、建设社会主义新农村近年来始终是社会关注的热点话题，是党和国家工作的“重中之重”，使本框题的教学具有重大的现实意义。

但是本框文本知识点多且杂，知识稍显陈旧。这就必须在吃透教材精神实质的前提下，对教材进行灵活恰当地再加工、再处理。该框文本按照三大产业的划分引出第一产业农业，并按农业的含义和分类、地位和作用、成就与问题、解决与出路的逻辑阐述农业问题。一眼看去似乎清楚明晰，但从具体内容来看，存在着以下几方面的不足：第一，没有与当前农业发展的国内、国际大背景联系起来；第二，不能体现本地农业的发展状况和特色；第三，没有与学生自身实践联系起来，有纸上谈兵的味道；第四，就农业谈农业，没有把农业与农民、农村构成的“三农”问题作为一个有机的整体进行分析研究等。

因此，我把“农业”问题扩展为“三农”问题，并把现代农业发展、新型农民培养、社会主义新农村建设作为一个相互联系的整体，来分析农业的基础地位问题，既突出该框重点和难点，又富有时代气息和现实意义。

同时，本课内容对于中学生又具有极为重要的教育价值。农业是安天下、稳民心的战略产业，没有农业的现代化就没有国家的现代化，没有农村的繁荣稳定就没有国家的繁荣稳定，没有农民全面小康就没有国家的人民全面小康。但中学生特别是城市的中学生对“三农”问题在知、情、意、行方面都存在很多不足。因此，通过课堂学习中的“聚焦三农”、“重视三农”、“发展三农”、“展望三农”内容中的情境感受、认识重构、问题探究、前景展望等，增强学生关注“三农”、情系“三农”、服务“三农”的责任意识和理想情操。

学生情况分析

“三农”问题尽管是党和国家工作的“重中之重”，但现代中学生，尤其是城市的中学生，他们生活在我国物质供应充足、城市发展迅速、价值观念多元化的时代，他们关注电玩、关注明星、关注时尚等远远超出对“三农”问题的注意，对此问题了解甚少，且较多的片面性和滞后性，以往的学习内容中没有对农业等问题的专门涉及。因此，对党和国家对“三农”问题解决的举措关注和兴趣不够，知识问题和情感态度问题都较为突出，上课初始时甚至带有几分“搞笑”心态等都会对教学带来一定的难度和影响。因此，需把“三农”问题与学生生活自然有机地联系，而极富情感冲击力的素材采集，教师虔诚真挚的对话引领，富有创新的教学环节设置，针对性强的问题呈现和方法选择等就显得非常重要了。

教学方法选择

教法：探究式教学法、情境教学法和演绎归纳法

学法：情感体验法、合作实践法、自主探究法

教学环境与教学媒体选择

搜集资料，整合教学资源，并要求学生多方面搜集有关“三农”问题资料；制作多媒体教学辅助课件；当地某种特色食品的图片或实物；角色分配提示牌等。（注：如该校教室无多媒体设备，则只需了解该地的特色食品即可。注意以下“教学过程”中无多媒体设备条件下的教学预案备注设计。）

板书设计

农业是国民经济的基础

一、我国农业发展中面临的问题

1.技术装备低下，基础设施薄弱，抗灾害能力差

2.我国的粮食供给始终处于基本平衡但偏紧的状态

3.我国面临可耕地少、人口多的具体国情

二、农业是国民经济的基础

1.农业是人类的衣食之源、生存之本

2.农业是其他产业发展的必要条件

3.农业是整个国民经济不断发展的重要保障

三、如何发展现代农业

1.稳定各项政策

2.发展农业科技

3.加大农业投入

4.发展产业化经营

教学目标

1.知识目标：能比较全面地认识我国农业发展中存在的问题、深刻理解农业的基础

性地位、明确我国现代农业发展的方向。

2.能力目标:培养观察分析理解问题的能力,合作探究解决问题的创新和实践能力。

3.情感态度价值观目标:认识"三农"在促进社会经济发展中的巨大作用,拉近学生特别是城市学生对"三农"问题的情感距离,增强学生关注"三农"问题的责任意识和忧患意识,培养学生树立科学发展观,统筹城乡发展,科教兴农,奉献社会的价值观念。

重点与难点分析

重点:农业是国民经济的基础。

难点:如何发展现代农业,统筹城乡经济发展。

课堂教学过程结构设计

初识"三农":含义与分类

生活导入,展示图片:早餐牛奶,牛奶生产线,奶牛销售。(备注:或展示当地某种特色食品,并提醒学生其原材料、加工、销售等环节。)处理三大产业的划分;农业的含义和分类;从农业问题扩展到"三农"问题。

提问:

1.什么是农业?

2.农业是如何划分的?

3.农业、农民、农村问题能分开吗?

回答:原材料——农业生产提供;成品——食品加工工业生产;销售——超市、商店等。

指导下阅读:明确三大产业、农业含义、分类和"三农"问题。

【设计意图】引出三大产业、农业含义、分类,并扩展为"三农"问题。(1)让学生从生活实际引起深思;(2)落实知识和扩展知识。

聚焦"三农":成就与问题

一、我眼中的"三农"

提出问题:根据你的观察,谈谈你眼中的农业、农村、农民?(为了让学生回答更加真实,了解学生对"三农"问题的关注程度,课前对学生可不作资料收集工作)

学生通过自己平时的观察进行回答。可不针对具体学生,但在学生不积极时可有意让农村同学或城市学生回答。(学生回答略。但学生发言中多有片面性、肤浅性,甚至会有不和谐的声音。)

【设计意图】1.通过学生活动,考查学生对"三农"的已有感知;2.从学生自己生活实际出发,让学生懂得知识来源于生活;3.培养学生的辩证思维能力。

二、成就

教材文本:我国农业发展取得的成就。对学生的发言适时适度进行引导归纳,展示农业发展取得的成就。

学生感知情境，引导理性分析：1. 设置情景：展示图片、视频；2. 理性分析：通过图片、视频让学生得出结论——农民贫困，农村落后，农业脆弱。

【设计意图】展示农业发展成就，树立自豪感和自信心。

发展“三农”：措施与方向

一、他山之石

典例引导，启发思考：教师在组织讨论解决“三农”问题措施之前，播放或讲述有关具有启发性的材料。

动画视频：1. 中国经验陕西篇——农业产业化经营；2. 中国经验重庆篇——剩余劳动力的有序转移。

（备注：如事先收集的当地在解决“三农”方面的具体举措，或学生谈谈所见所闻的改变家乡面貌的措施等。）

学生观看视频：借陕西和重庆这两个典型例子抛砖引玉，提供借鉴，学生在轻松愉快、形象生动的氛围中激活思维。

【设计意图】抛砖引玉，提供借鉴，打开学生思维，激发学生的创造为下一环节的小组讨论做好准备。

二、合作探究

模拟会议：“重庆市落实统筹城乡综合配套改革”研讨会。

重庆被正式批准成为全国统筹城乡综合配套改革试验区。作为重庆的一员，在针对“农民增收、农村建设、农业发展”问题上你将提出什么方案或建议？

教师将学生分组进行研讨：

分农民代表、政府代表、科技工作者代表、工业、教育、医卫界代表等模拟角色进行研讨。

（备注：研讨会还可以以某县、某乡或村为地点，内容还可以更为具体和细化，做到典型的个案化。）

学生分组合作探究：

学生课前观察、调查研究，并在受“他山之石”的启发下，展开对策探讨。

学生分工协作，并作好讨论记录，准备综合发言。

【设计意图】1. 通过角色模拟、合作探究，在教学过程中努力贯彻“新课改”的理念，充分调动和发挥学生这一学习的主体的主动性、积极性和创造性，让学生“自主、合作、探究、创新”地学习，体现新的学生观。2. 通过角色之间的对话交流，探索出解决“三农”问题的措施。

三、建言献策

组织各组代表中心发言。

将各组建议及有价值的发言予以整理、展示：一靠政策；二靠科学；三靠投入；四靠产业化；五靠结构调整；六靠非农产业……培养新型农民，建设社会主义新农村；发展高产优质高效生态安全农业；完成传统农业向现代农业的过渡，最终实现农业现代化。

（备注：教师在课堂总结和点评时应特别注意对当地的有益经验的推介。）

学生通过合作探究，运用教材知识，结合党和国家在解决“三农”问题的方针政策措施，生成性地对“三农”问题的发展措施与发展方向进行建言献策。

学生发言措施：1. 强化支农政策，调动农民积极性；2. 加快科教进步，提高农业科技含量，培养新型农民；3. 增加农业投入，改善农业发展环境；4. 调整农业结构，实现产业化经营；5. 拓宽增收渠道，发展特色农业；6. 深化农村改革，推进农村全面进步……

【设计意图】以建构主义学习理论为指导，在教师的指导下，以学生为中心，通过设置情境，激发学生进行思考，让其在对话和合作中学习，在反思与建构中成长：1. 结合教材与党和国家方针政策、广大人民的实践创造，把学生的探索结果加以整理，体现新教材的教育理念。2. 落实重点知识，建构新的知识，突出重点，突破难点。

展望“三农”：我心中的新农村

教师充满激情和希望的总结。

播放《在希望的田野》的 MV，让学生在欢快优美的音乐诗画中表达对发展现代农业、建设社会主义新农村的美好愿望。

（备注：教师可以领唱，学生合唱此歌，或让前面介绍“因病致贫”、“因灾致贫”、“偏远落后”等的学生憧憬五年后、十年后、二十年后的农村新貌，农民生活，农业前景等。）

学生通过学习，知识、情感等都得到一定的丰富和升华。会对未来“三农”有着美好的愿景。因此，采取学生接龙发言：

憧憬建设社会主义中国新农村，社会主义和谐社会。展望美好未来，激起美好情感，树立为国家为家乡奉献的信念。请学生说说我心中的新农村。（发言略）

【设计意图】结尾部分采用情感教学法对整堂课进行升华，通过教师的激情演讲和学生的真情告白，将整堂课推向高潮，充分体现政治课的时代特征，使课堂首尾呼应，具有整体感，又突出了思想政治课的育人功能，为教学画上一个圆满的句号，同时留给学生无尽的思考。

回应“三农”：呼声与回音

布置开放式课后作业：

3～5 人一组就新农村建设或农民增收或现代农业发展中的某一具体问题，以农民群众的呼声为问题呈现形式，用党和政府的方针、政策或有关方面专家或自己的精神和建议作回应，写一篇小论文。

学生利用多种渠道和方式，收集本组最感兴趣的问题，查阅相关资料，合作完成此文。对学生的论文进行开放式评价，并进行展评。

【设计意图】把课堂延伸到课外，扩大该课的学习时空，并将思想变成具体行动。

个性化教学

教学过程中努力贯彻了“新课改”的理念，充分调动和发挥学生这一学习主体和主人翁的主动性、积极性和创造性，让学生“自主、合作、探究、创新”地学习，体现了新的学生观。

教学过程中引导同学们观察现实生活、体验矛盾冲突、引发辩证思考、合作探究解决、生成构建知识、启发正确观念、反思践行提升，体现了新的学习观、知识观。

教学反思与总结

理念领先、突破超越、情感取胜、自主构建

2007年12月的一周，我对重庆外国语学校高一的五个教学班进行了该课的教学，以我对“三农”问题饱满而真挚的感情投入，先进的教学理念和教学设计，典型而富有感染力的教学素材，完善的现代教学技术手段等让远离农村、农民、农业的都市中学生感动不已！

2008年7月的一天，在国家级贫困县贵州务川仡佬族苗族自治县，我带着全新的教育理念，走进缺乏现代教育技术手段支撑的务川中学的教室，通过该课的教学，用一支朴素的粉笔引导大山深处的孩子描绘出自己和家乡五彩斑斓的未来，给正在进行政治课教学改革探索的同仁们深刻的启迪！

两种完全不同的教学环境条件，按照几乎相同的教学设计思路，达到了同样精彩的学习效果。

在贵州务川的课堂上，面对陌生而朴实的同学和老师，我真诚地请大家给推荐带回重庆的该地特产，同学和老师们争着为我介绍当地的“冰糖大蒜”、“仡乡婆豆腐乳”、“野百合粉”…… 一个自然而简短的对话过程，一下拉拢了我们的感情，也激活了他们对家乡的自豪之情。而话题从“冰糖大蒜”的原材料生产、加工、销售等环节“初识‘三农’”的“生活导入”自然地引入了我们的课题：三大产业的划分，农业的含义和分类等“三农”问题，顺理成章、水到渠成的“聚焦‘三农’：成就与问题”共同的新发现与认知，“重视‘三农’：地位与作用”共同的新认识与定位，“发展‘三农’：发展农业的措施”共同的新探索与建构，“展望‘三农’：发展现代农业，建设社会主义新农村”共同的新愿景与担承……智慧闪耀，精彩纷呈。老师们感叹学生少有的学习热情与创新，同学感受到政治课堂上少有的愉快与责任。这或许就是政治课应该追求的理想境界，和做政治课教师最幸福的体验。

反思其因，我认为有如下的收获：

一、理念领先

1. 教学过程中努力贯彻了“新课改”的理念，充分调动和发挥学生这一学习主体和主人的主动性、积极性和创造性，让学生“自主、合作、探究、创新”地学习，体现了新的学生观。

2. 教学过程中引导同学们观察现实生活、体验矛盾冲突、引发辩证思考、合作探究解决、生成构建知识、启发正确观念、反思践行提升，体现了新的学习观、知识观。

二、突破超越

1. 大胆突破教材编写的局限。教材仅仅是教学的基本依据而已，鲜活的社会现实才

是更好的教材。这就要求思想政治课教师在教学中必须吃透教材的精神实质，并且在尊重教材的前提下，灵活、恰当地对教材进行再加工、再处理。从层次上讲包括利(选)用教材、重组教材、超越教材：第一，利(选)用教材是应根据当时、当地、教师自身、所教学生的实际和特点选用教材，对教材进行必要的、合理的取舍增删。第二，重组教材主要是指对教材的内容进行重新组合，使之更有利于教学，更便于学生理解、把握和运用。重组教材的过程实际上就是教师根据自己的理解和具体教学实际重新设计教学思路的过程。第三，超越教材要求教师既尊重教材，又不拘泥于教材；先进入教材，然后又跳出教材，站得比教材更高，从而最大限度地克服教材的局限性，充分发挥教师的主动性和创造性。

2. 大胆突破教学技术手段的局限。多媒体的运用为教学提供了更多的信息和生动直观的表现形式，但也一定程度制约了教师的即兴发挥和学生资源的深度发掘。事实上，只要教师理念到位，积淀丰富，灵活多元，始终正确处理好“教师—学生”、“学生—学生”的主导、主体作用和“双向”、“多向”合作互动关系，不做“课霸”，耐心启发，潜心挖掘，诚心合作，虚心聆听，满心赞赏……一定能克服教学技术手段的局限，激发出学生的热情与智慧。

三、情感取胜

情感、态度、价值观目标的达成是三维目标中最重要的部分。课堂教学实践是发挥思想政治课育人功能的主阵地和主渠道。我们在认真研读《大纲》和《课标》的基础上，逐步形成对思想政治、思想品德课的课堂“四个维度”的定性要求，即“力求科学性以求真，浸透思想性以求善，追求艺术性以求美，讲究有用性以求实”。情感共鸣的关键要让课堂有美感。求美的课堂表现形式使其科学性、思想性和实效性有了粘合剂，把科学性、思想性、实用性、艺术性有机统一起来，让思想品德课、思政课闪烁着“求真、求善、求美、求实”的光彩。

四、自主构建

教学过程中积极创设情境，活动贯穿始终，调动同学们的生活经验，激发同学们的创造热情，通过“自主发现”、“合作探究”、“实践创新”、“生成构建”等，形成活化的开放的知识，逐步培养出学生运用、整合、生成知识的能力，培养同学们的思辨能力、实践能力和社会责任感。这也体现思想政治课新课程改革的方向和特点。这样使“知识、能力、觉悟”和“情感、态度、价值观”水乳交融，浑然一体，达到了艺术化的教学效果。

教学是门遗憾的艺术，但只要我们保持着“工夫在诗外”的生命状态，不断更新观念，充满激情，超越创新，就一定能让遗憾减少，而惊奇增多。

专家点评及学生反馈

专家点评：

在知识评价上，以一组有关“三农”的时政材料编制出选择题和综合题，侧重对农业的作用、地位进行考查；在学习表现评价上，以课堂上“合作与探究”为主，对学生的学习能力和态度等进行评价；在对学生的综合评价上，以课后的小论文为主，对学生运用知识，观察分析，收集信息，处理信息，合作探究，建构新知等综合能力进行培养与考查。总之，本堂课是符合“新课改”趋势的优质课。

学生反馈：

从肖老师的这堂课中，让我们全面认识到了“三农”问题，丰富了我们的知识视野。

参考资料

小学思想品德和中学思想政治教材编写委员会编著.全日制普通高级中学思想政治(试本修订本·必修)一年级(上册)教师教学用书.北京:人民教育出版社,2003年

《工业是国民经济的主导》教学设计

重庆市永川来苏中学　黄远明

教学内容分析

俗话说："无农不稳，无工不富"。这句话道出农业、工业在国民经济中的重要地位和作用。其中，工业是国民经济中一个十分重要的物质生产部门，没有工业的存在和发展，没有工业为其他部门提供的机器设备，就不会有国民经济其他部门的进一步发展；而且工业的现代化程度及其发展规模，最终决定着整个国民经济的面貌。可见，推动我国的工业化有着深远的意义。党的十六大高瞻远瞩，在科学地分析我国工业化进程的基础上，提出到2020年基本实现工业化的任务，并指出一条新型工业化道路。而实现工业化，推进信息化，建设现代化的出发点和归宿就是不断提高人民的生活水平和质量，实现小康，达到共同富裕。本框主要分析了工业在国民经济中的地位与作用，并针对我国工业的发展现状，指出要大力推进信息化与工业化融合，提升高新技术产业，走新型工业化道路。基于对工业化的以上理解，显然本节内容不仅是重点，而且是热点。

学生情况分析

高一学生的抽象逻辑思维，明显从"经验型"向"理论型"急剧转化，辩证思维和创造思维有了较大发展，认知活动的自觉性明显增强。观察力、有意想象能力迅速发展，思维的目的性、方向性更明确，他们的世界观、人生观已具雏形，对自然、对社会及人生有了自己的看法。他们这一时期对他们的学习和个性的发展将会产生深刻的影响。要帮助他们掌握好分析问题和解决问题的方法，无论在学习的深度上还是在学习的广度上都要远远超过初中阶段。因此，本节课结合时政材料，不拘泥于课本知识，运用合作探究的方法，让他们全方位感受中国工业的发展，并明确中国工业发展道路。

教学方法选择

合作探究与讲授相结合

教学环境与教学媒体选择

多媒体课件，视频材料：商务部向全球投放的中国制造的广告、在煤矿中运用信息化带动其发展、歌曲《中国创造》。

板书设计

工业是国民经济的主导

一、工业是什么

（一）工业的含义

（二）工业的分类

二、工业在国民经济中的地位和作用

三、我国工业化的发展之路

教学目标

1. 知识目标：能说出工业的含义及工业的不同类型，能一分为二地看目前我国工业的状况，知道工业在我国国民经济中的地位，能结合实例说明发展工业，实现工业化的重要现实意义。懂得我国新型工业化道路的主要特征和基本内涵。

2. 能力目标：从日常的生活体验和材料中通过合作探究培养学生提取、分析信息和合作学习的能力。

3. 情感态度价值观目标：在充分认识工业的重要作用和现状的基础上，树立对我国现行工业政策的正确态度，增强民族责任感。

重点与难点分析

重点：工业的地位和作用，新型工业化道路的内涵和重要特征。

难点：中国工业发展之路。

课堂教学过程结构设计

课前

播放廖昌永演唱的歌曲《中国创造》，视频内容为神舟飞船发射。学生陆续进入教室，观赏该视频歌曲，把学生按座位分为六个小组。

【设计意图】渲染气氛，激发学习兴趣，让学生感受中国航天工业的发展。

导课

多媒体视频播放商务部向全球投放的中国制造的广告和新闻，并出示问题：广告中中国制造了哪些产品？制造业属于三大产业中的第几产业？

学生带着问题观看视频，回答问题。

教师根据学生的回答简要小结，指出制造业属于工业，“中国制造”几乎成为了中国工业的代名词，中国政府为什么要向全球投放“中国制造”的广告？

今天我们就来了解工业的有关情况。

工业

【设计意图】以最新的时事视频，既让学生了解了时事，又激发学生的学习热情，还培养了学生从材料中获取信息的能力，并顺利导入了新课。

拓课

教师简介工业的产生，并指出现在的工业指机器大工业。在板书“工业”前加上“机器大”三个字。

【设计意图】工业的产生不是重难点，教师简要讲解。

合作探究一

工业是什么(多媒体显示材料)

中国制造
全世界每四双袜子，就有至少一双是中国生产的，全世界七成的玩具是中国制造的，全世界70%的牙刷也产自中国，全世界1/4的吸管是中国生产的.中国纺织品的生产量和出口量都位居世界首位，我国的摩托车出口数量已连续6年名列世界第一。目前海尔已成为营业额超千亿元的世界第四大白色家电制造商……中国船舶制造有望超过韩国和日本，当然中国在石油开采等领域还需要进一步加强(中国制造的广告中有运动鞋、果汁机、mp3播放器、模特的服饰、飞机)。

探讨：什么是工业？“中国制造”的广告中和上述材料中，哪些是重工业和轻工业；哪些是采掘业和加工业？

学生结合教材分小组讨论学习工业的含义和分类。

教师巡回观察参与各组的讨论。

最先举手的小组回答问题，小组内可以补充，其他小组也可以补充。

教师对学生的回答给予肯定和点评，多媒体显示工业的分类并强调重工业和轻工业划分应注意的问题。

工业的含义和工业的分类

【设计意图】工业的含义和分类不是重点，也不是本节课的难点，这段文字材料与刚才的视频“中国制造”相呼应，更进一步让学生了解了“中国制造”无处不在，通过阅读教材和合作讨论，也培养了学生自学和合作学习的能力，培养学生竞争的意识。

合作探究二

多媒体再次显示刚才“中国制造”的文字材料，并提出探究的问题：从广告、材料中以及你的了解中，你可以看到工业有哪些作用？结合实际，探讨工业在国民经济中的地位。

学生分小组讨论并回答工业的作用。

老师对学生的回答进行点评，并利用多媒体图片让学生直观感受工业的作用。由于材料中没有相关内容，学生可能回答不出“工业是国家积累的重要来源”和“巩固国防的重要条件”,可启发学生答出。

【设计意图】对材料的再次利用,使学生利用熟悉的材料感悟工业在生产和生活中的作用,培养学生提取信息的能力。

再用几幅图片让学生对比:在农业生产中,采用先进的各种机械进行翻耕播种、施肥、脱粒与传统的手工农业的对比;交通运输业中,高速列车与一般火车的对比。

展示工业为国民经济提供技术装备;

形象的讲解工业主导作用的主要表现;

工业、生产工具、生产力、国民经济。

工业的地位和作用

【设计意图】工业的地位和作用是重点,通过学生对材料的分析、讨论和图片,通过典型的事例首先让学生强烈地感受到先进的技术装备对国民经济各部门的重要性,让学生明白这些先进的技术装备是由工业提供的,从而使学生更好掌握这一重点。

教师展示多媒体图片讲述“中国制造”的成绩(相信中国制造),

教师再通过多媒体展示漫画《中国制造≠中国创造》,学生结合漫画和自己的了解谈谈中国制造的面临的困境,教师再用多媒体归纳。

教师:工业是国民经济的主导,但我国工业又存在很多问题,中国工业如何走?

引入合作探究三

多媒体显示材料和探究问题:重庆金凤丝绸(集团)有限公司是目前重庆市骨干丝绸企业。员工3000余名,其中:高中级工程技术管理人员598名,蚕桑专业人员50余名,具有较强的技术、产品研发能力。

集团科技研发中心成立后,公司积极与西南大学联合研制蚕桑系列新产品,取得了显著效果。目前,健康环保产品——“山凤”牌天然蚕丝被已投放市场,并深受消费者青睐;真丝服装的自主设计和开发正如火如荼,已多次亮相国际丝绸博览会;外加工服装频频走出国门,深受外商欢迎。把高新技术融入传统企业,开发丝绸初终端产品,提高产品科技含量,并稳步实施多元发展战略,确保企业在国际国内市场中的稳定地位,是公司不懈地追求。

根据“中国制造”的现状,结合材料,探讨我国工业发展之路。

我国工业发展之路

学生分小组从材料中进行探讨,并分小组回答。

教师根据学生回答归纳:

(1)做好做强中国制造(广告宣传中国制造,更要靠优质的质量和科技,拥有自己核心技术,搞好传统支柱产业)。

(2)提升高新技术产业,发展信息、生物、航空航天、海洋等新兴支柱产业

(3)新型工业化道路(为了让学生对信息化带动工业化的理解,让学生观看视频:在煤矿中运用信息化带动发展。再结合材料分析如何做好新型工业化道路其他方面)。

【设计意图】本部分是难点,运用了具体的实例,让学生从成功的工业企业中来提取中国工业发展之路。通过视频让学生更直观感受新兴高科技产业与传统产业结合,用信息化带动工业化。另外,教材中虽没有做好做强“中国制造”,但根据开始的新闻和当前

实际，很有必要提出这一点。

实践

参观访问永川的工业企业，调查了解永川的工业现状，为永川工业发展出谋划策，并写成调查报告。

【设计意图】课内知识向课外实践的延伸，使理论和实践的结合。

结课

再次播放视频歌曲《中国创造》，教师指出本段视频画面与课前视频画面不同，他从中国工业的各个方面展示了“中国创造”。

在歌声中，教师语：昨天，我们以四大发明为荣；今天，也应该以“中国制造”为荣；明天，我们必将以“中国创造”为荣，正如歌中所唱的那样，今天我们要精心去打造，中国品牌要镌刻下龙的记号，那要靠你靠我，靠大家，实现由“中国制造”到“中国创造”的转变。

【设计意图】既呼应了开始，也让学生更深刻领会了中国制造和中国创造的内涵，以及实现中国制造到中国创造的条件，无形中使学生形成了良好态度、情感、价值观，加深了对祖国的热爱。

个性化教学

运用探究合作式教学，在教学过程中充分发挥学生的主体作用，他们真正认识到工业的重要作用，从而树立对我国现行工业政策的正确态度，增强民族责任感和爱国意识，实现情感态度价值观的升华。

教学反思与总结

通过多媒体构建高中政治探究式课堂教学

——《工业是国民经济的主导》反思

新课程理念“倡导学生主动参与、乐于探究、勤于动手，培养学生收集和处理信息的能力、获取新知识的能力、分析和解决问题的能力以及交流与合作的能力”。作为一名中学政治教师，应该与时俱进，自觉主动运用多媒体技术，改变传统的政治课教学方式，采用视听结合的现代化的高效率的政治课教学方式，课堂教学中通过探究活动使学生学会方法、获取知识、体验情感。

我在教授《工业是国民经济的主导》这一内容时，采用了多媒体课堂教学与探究式相结合的教学方式，在课前，播放廖昌永演唱的视频歌曲《中国创造》，视频画面为神舟飞船发射，以此渲染气氛，激发学习兴趣，让学生感受中国航天工业的发展。导入新课时，多媒体视频播放商务部向全球投放的中国制造的广告和新闻，以最新的时事视频，既让学生了解了时事，又激发学生的学习热情，还培养了学生从材料中获取信息的能力，并顺利导入了新课。在讲授新课时，通过多媒体设计了三个合作探究活动，多媒体可以通过屏幕呈现教学内容、展示学习目标、提出思考与讨论的问题，学生有针对性地进行阅读、思考、讨论并做出回答，对学生的学习情况与回答及时迅速地做出判断，能最大限度地发挥学生的主体作用，促使学生积极主动地学习。学生通过开展探究活动，不仅可以加深对书本知识的理解，提高运用相关理论观点的能力，而且有利于提高学生对信息的提取、收集和处理能力，增强求真务实的科学精神和团队合作精神。

在课堂结尾，再次播放视频歌曲《中国创造》，教师指出本段视频画面与课前视频画面不同，他从中国工业的各个方面展示了“中国创造”。在歌声中，教师语：昨天，我们以四大发明为荣，今天，也应该以“中国制造”为荣，明天，我们必将以“中国创造”为荣，正如歌中所唱的那样，需要我们精心去打造，那要靠你靠我，靠大家，实现由“中国制造”到中国创造的转变。这样既呼应了开头，也让学生更深刻领会了中国制造和中国创造的内涵，以及实现中国制造到中国创造的条件，无形中使学生形成了良好态度、情感、价值观，加深了对祖国的热爱。结合教学的探索实践，我认为在政治教学中可从以下几方面来通过多媒体构建高中政治探究式课堂教学。

一、通过多媒体创设问题情境，激发探究兴趣

运用现代化的多媒体手段，全方位、多角度、立体式地刺激学生的多种感官所获取的信息量，比单一听老师讲强得多。而且它给人一种亲临其境的感受，能唤醒学生的注意和兴趣，诱发好奇心，提高学生学习的热情，调动学生的积极性主动性创造性，从而克服传统教学手段单一，课堂气氛沉闷的不足的不和谐局面，达到促进学生主动学习，有效提高教学效率的和谐局面。努力为学生创设启发性问题情境，以促使学生主动发现问题，引起学生探求知识的强烈欲望，使探究活动焕发出生命的活力。我在本课的教学中，播放廖昌永演唱的视频歌曲《中国创造》，视频画面为神舟飞船发射，以此渲染气氛，激发学习兴趣，让学生感受中国航天工业的发展，并在导入新课时，多媒体视频播放商务部向全球投放的中国制造的广告和新闻，并引导学生思考“中国制造”的有关问题，立即引起了学生探究性学习的兴趣，激发了学生进一步探究的动力，以最新的时事视频，既让学生了解了时事，又激发学生的学习热情，还培养了学生从材料中获取信息的能力，并顺利导入了新课。

二、利用多媒体展示材料，引导学生积极探究，主动参与

引导学生主动探究，让学生主动参与进来，对于深化教学内容，提高学生学习的积极性、创造性，活跃课堂气氛，具有重要的现实意义。

在本课的三个探究很多中，我的多媒体课件展示的材料，既有文字材料，又有视频材料，这些材料，充分调动了学生参与的热情。如我播放的“中国制造”的视频和“中国制造”的文字材料就作为学生两次探讨的材料，第一次作为工业分类的研讨材料，第二次作为工业的作用的探讨材料。第三个探讨活动，也充分利用了课件展示材料，并通过视频“信息化点亮山东工业发展的道路”，让学生直观感受新型工业化的主要特征一用信息化带动工业化，并由此探讨，在我们所了解的传统工业中，我们怎样用信息化带动工业化？在合作讨论中，学生们是各抒己见，互相启发，互相学习，取长补短，共同寻找答案，在学生充分发表意见后教师不失时机的进行引导归纳，并适时提出课后实践探讨的课题：参观访问永川的工业企业，调查了解永川的工业现状，为永川工业发展出谋划策，并写成调查报告。

当然，在运用多媒体引导学生探究时，不能只当讲究视听（图片、影视片段）冲击，而忽视了学生对文本的阅读。如一味以直观形象的画面代替文本阅读，必然会弱化学生的语言感受能力，阅读能力和想象力，甚至造成学生思维水平的停滞不前。一名头脑清醒的政治教师应该尽快走出只是用多媒体技术来哗众取宠制造表面热闹的误区，真正从提高学生综合素质的高度来用好多媒体技术，努力构建探究式政治课堂。

专家点评及学生反馈

专家点评：

教学重难点突出，运用多媒体教学和探究合作式教学相结合，体现新课改理念，学生在教学活动中充分发挥自己的能动性，把握了教学内容并运用到现实生活中，对学生的成长意义重大。

学生反馈：

学生主动探究、主动参与到教学中来，掌握了工业的相关知识；但是对于学生来说，没有真正去接触工业，感性上的认识比较多。

参考资料

小学思想品德和中学思想政治教材编写委员会编著. 全日制普通高级中学思想政治（试用修订本·必修）一年级（上册）教师教学用书. 北京：人民教育出版社，2008 年

《我国对外贸易的基本原则》教学设计

重庆市第三十七中学　姚丹

教学内容分析

本框题是旧人教版《经济常识》高一(下)第八课第六框即最后一框的内容,是继学习世界市场的有关知识及明确我国社会主义市场经济必须面向世界之后,在掌握对外贸易的基本含义与主要内容、我国对外贸易的方式作用的基础上,对我国对外贸易的基本原则进行分析,强调我国在发展对外经济关系时,必须坚持独立自主、自力更生和平等互利的原则。因此在讲授时要让学生明确本课在整个经济常识体系中的地位,同时对我们前面所学知识进行电影故事梗概式的回放,使学生在头脑中形成一个完整的知识框架体系。按照教材内容及《思想政治课课程标准》,本框题主要阐述三个方面的问题:一、独立自主、自力更生的原则;二、平等互利原则;三、发展对外贸易与保护民族工业的关系。

学生情况分析

学生是享受着改革开放所带来的丰富物质资源的90后,但是,2008年的金融危机却对我们如何在对外经贸活动中维护国家经济安全敲响了警钟。通过对前面几框内容的学习,学生已基本树立要"走出去",要"面向世界"的观点,但对于如何"走出去"?如何走得更好?学生还缺乏思考,所以本堂课我运用"猜——国名"、"想——谁来养活中国人"、"讲——经济学小故事"等活动让学生在思辨中感受总结我国发展对外贸易所必须坚持的原则。高一学生尚缺乏辩证思维能力,面对"洋货"、"国货"如何选择?如何处理好发展对外贸易与保护民族工业的关系?将是学生思辨的焦点,需加以引导。

教学方法选择

教学原则:启发式教学原则、理论联系实际的教学原则

主要教学方法：情景教学法、探究式教学法、辩论法等

教学环境与教学媒体选择

多媒体教室

板书设计

我国对外贸易的基本原则

(一)独立自主、自力更生

1. 含义

2. 坚持独立自主、自力更生的必要性

3. 独立自主、自力更生与发展对外经济的关系

(二)平等互利原则

1. 含义

2. 体现

(三)发展对外贸易与保护民族工业的关系

教学目标

1. 知识目标：理解独立自主、自力更生与发展对外经济的关系；发展对外贸易与保护民族工业的关系；运用独立自主、自力更生和平等互利原则分析国际经贸活动。

2. 能力目标：在自主、合作探究过程中培养学生和谐合作的能力，能辩证地看待对外开放。

3. 情感态度价值观目标：培养学生的爱国主义的精神，民族品牌意识，增强民族自豪感。

重点与难点分析

重点：独立自主、自力更生和平等互利的原则。

难点：发展对外贸易与保护民族工业的关系。

课堂教学过程结构设计

品牌调查·激趣引题

【方法】调查法

【活动】“你喜爱的品牌调查”

【过程】

1. 选出四位调查员，分别调查手机、相机、洗发水、碳酸饮料四类商品中学生喜爱的

品牌。

2. 调查员将同学所选品牌板书在黑板上，师引导学生观察这些品牌来自哪个国家。

3. 引导学生发现“缺少国货”，并展示各行业外资并购情况(PPT)：

中国每个已开放产业的前5名都由外资公司控制，在中国28个主要产业中，外资在21个产业中拥有多数资产控制权。

碳酸饮料：外资饮料已经占领我国饮料市场90%以上的份额。

化妆品：被150家外资企业控制。

洗涤品业：国内十大民用洗涤剂品牌几乎全军覆没，仅美国宝洁公司的飘柔、海飞丝、潘婷、沙宣四个品牌，就占有60%以上的国内市场。

家电行业：18家国家定点企业中11家是合资性质。

电梯行业：最大的5家均为外商控股，占全国产量的80%以上 。

汽车工业：外国品牌占销售额90%。

4. 教师总结，导入课题——试想，如果对各行业的这种无孔不入的外资并购，如此放任下去……所以，改革开放固然是我们的强国之路，但也要求我们在发展对外贸易的过程中必须坚持一定的原则。

【设计意图】通过学生生活中常使用的商品品牌调查入题，活跃课堂气氛，拉近课堂与生活的距离，激发学生学习兴趣。引导学生思考，发现“缺少国货”，培养学生的问题意识，唤起学生的民族品牌意识，激发学生爱国热情，导入课题。

释疑导拨·探究新知

一、独立自主、自力更生

【方法】讲授法、探究活动法、案例法

【过程】

1. 含义

简单地说，独立自主就是不受制于人(强调本国的事务由本国人民自己处理)，自力更生就是不依赖于人(强调依靠自己，发展自己)。

2. 坚持独立自主、自力更生的必要性

(1)只有坚持独立自主、自力更生，才能实现经济独立和政治独立。

【活动】“猜——国名”。

第一步：展示国家别称，请同学回答国家名称

“黄金之国”——南非、“铜矿之国”—— 赞比亚、“可可之乡”——加纳、

“花生之国” ——塞内加尔、“棉花之国”——埃及。

第二步：引导学生发现这些国家经济上的共同点——“单一经济国家”。

第三步：引导学生分析上述国家政治上的共同点——曾经都是殖民地国家。

第四步：引导学生分析殖民主义者在殖民地发展单一经济的原因——从经济上控制殖民地，使殖民地离不开宗主国，最终形成宗主国对附属国的全面控制。

第五步：总结——一个国家要在政治上能够始终保持独立，就必须先从经济上独立，

要真正取得经济上独立，建立完整的国民经济体系，决不能依附别国。

【设计意图】通过“猜——国名”活动，结合地理、历史学科知识，既贯彻了学科间知识渗透、整合的新课程理念，又能提高学生积极主动参与课堂的热情，让学生充分领悟到经济独立对政治独立的作用。

（过渡）其实，中国同刚才的那些国家也有相似之处，那就是我们都同为发展中国家，而且中国还是最大的发展中国家。

（2）只有坚持独立自主、自力更生，才能真正实现社会主义现代化。

【活动】“想——谁来养活中国人”。

第一步：展示材料

据国家有关部门统计，我国居民每日消费总额达 37.1 亿元。每天消费粮食 75 万吨；猪肉近 6 万吨；食油 1 万吨；卷烟 2.2 亿盒；酒 3.6 万吨；糖 1.6 万吨；鲜蛋 1.8 万吨……

第二步：设问——如果中国人自己不能养活自己，后果怎样？

第三步：设问——谁养活了中国人？

第四步：小结

【设计意图】学生通过对“谁来养活中国人”这一问题的思考，增强学生情感体验，深刻领悟中国的发展只能靠自己。

（3）只有坚持独立自主、自力更生，才能保护国家的经济安全。

【活动】“讲——经济学小故事”。

第一步：学生讲述故事（可由教师提供内容）。

在分析 1997 年东南亚金融风暴原因时，台湾经济学家温世仁讲了这样一个故事，一个经济条件不是很好的家庭，本来过着清贫安静的生活，有一天，一个有钱亲戚搬到家里，帮他们整修房子，铺上地毯，装上空调以及其他先进的家用电器，并购买轿车代步。这个家庭一下生活水准提高了。为了配合这种生活水平，他们举债购买高档时装和贵重物品。朋友看到他家豪华的装潢，大胆地把钱借给他，他们的开支越来越多，但实际收入并没有大幅度提高，债务却逐渐增加。有一天，这个有钱的亲戚突然搬走了，他们不但恢复到从前的贫穷，而且负债累累。那么这个家庭将面临怎样的命运呢？

第二步：教师引导——一个家庭如此，那么如果一个国家的发展也主要依赖外资，而未建立自主的发展战略，那结果又如何呢？

第三步：结合现实——今天的世界金融危机又给我们上了生动的一课，如果一个国家的经济主要靠外需（出口）来拉动，那么别国的经济波动会对本国经济产生较大影响，所以我国始终强调：我国经济的发展主要应当靠拉动内需！

【设计意图】通过学生讲述故事，锻炼学生语言表达能力的同时培养其他学生尊重他人话语权的习惯。结合现实，立足国情，增强课程实施的实践性。

（过渡）我们坚持独立自主、自力更生这个原则，并不意味着排斥同其他国家进行经济贸易合作。

3. 独立自主、自力更生与发展对外经济的关系

（1）独立自主、自力更生是发展对外经济关系的前提和基础。

(2)发展对外经济关系是增强自力更生能力的重要途径。

二、平等互利

【方法】合作探究法

【活动】“中美贸易谈判”

【过程】

第一步:展示“727”条款(节选自“美 2009 年综合拨款法案”)。

“根据本法所提供的任何拨款,不得用于制定或执行任何允许美国进口中国禽肉产品的规则”。

第二步:分析这一条款的制定将带来的影响。

第三步:将学生分为两组,扮演中、美两国官员就“727”条款展开磋商。

第四步:对学生磋商过程给予肯定和表扬,进行总结,在发展对外贸易的过程中还应该坚持平等互利的原则。

1. 含义

是指国家不分大小,不分贫富与强弱,无论社会制度及意识形态有何差异,都应在国际经济交往中平等相待,互相尊重对方的主权和选择自己发展道路的意愿,使双方都能获得各自的利益。

2. 体现

①贸易双方的地位平等和权利相同

②贸易双方权利义务要符合对等原则,不允许不等价交换的发生。

【设计意图】设置情景,引发争议,全方位调动学生思、言、听、辩等能力,让学生动脑、动口、动手,真正成为课堂的主人,变被动学习为主动参与。

三、发展对外贸易与保护民族工业的关系

【方法】合作探究法

【活动】“辩——洋货 VS 国货”

【过程】

第一步:(铺垫,设置辩题)有人说,保护民族工业就是要买国货;也有人说,面对国货,想说爱你不容易,还是买洋货称心如意。现在大家要为自己挑一台数码相机,你是买国货还是买洋货呢?

第二步:分组讨论。教师对学生进行指导。正方:买国货;反方:买洋货

第三步:学生辩论。

第四步:教师总结。(对学生表现作出积极评价)

其实,我们不能说买洋货的同学就不爱国,也不能讲买国货就一定能促进民族企业的发展。

正如正方同学所讲,支持国货,在一定程度上可以促进民族企业的发展。而当前,我国部分行业的发展还处于较低水平,需要给予一定的保护;但又如反方同学所讲,一味地溺爱国货,而不提高民族企业自身的竞争力,最终必将被市场所淘汰。

【设计意图】设置辩论,让学生在激烈辩论中思考、合作、解决疑难,引导学生在范例分析中展示观点,在价值冲突中识别观点,在探究活动中提炼观点。提高学生自主理解、

认同、确信正确价值标准的能力。

升华情感·结束新课

PPT展示张瑞敏演讲视频：

中国加入WTO以后，外国公司的进攻将更加猛烈……今天，世界名牌的多寡已经成为一个国家强弱的重要标志。一个没有自己品牌的国家在未来的国际竞争中是不可能取胜的。所以，中国必须要有自己的世界名牌，而且，不能光靠一两个企业，搞一两个品牌，那不够！我们必须建立起一支强大的民族工业联合舰队，打造出一大批中国的世界名牌，到那时候，看谁还敢对中国说不。我知道，实现这个梦想，也许需要几代人的努力，但我相信，只要找到了路，就不怕路远。

结束语：那么这个路是什么呢？独立自主、自力更生，在对外开放中打造中国的民族工业舰队。

【设计意图】顺承学生的辩论，以著名民族企业家张瑞敏激情演讲结课，使整堂课首尾呼应。同时，引起学生情感的共鸣，激发学生的爱国热情，以期实现思想政治课的课程价值。

个性化教学

在理解我国对外贸易的基本原则的基础上，引导学生了解倾销与反倾销的相关知识，并可以组织学生分析欧洲各国为什么对我国频频发起反倾销调查，以及探究我国将如何应对这些调查。

作业设计及检测

1. 经验告诉我们，战略技术、核心技术是引进不来的，只能下决心自主创新。这启示我们（　）

A. 自力更生与发展对外经济关系是相互对立的

B. 中国发展经济必须完全依靠中国人民自己的智慧和力量

C. 我国发展对外经济关系，必须坚持独立自主、自力更生的原则

D. 我国发展对外经济关系，要始终坚持平等互利的原则

(答案：C)

日本对产自我国的大葱、鲜香菇、蔺草席等产品采取进口限制措施。作为应对，中国决定对原产日本的汽车、手持和车载无线电话机等开始加征税率为100%的特别关税。据此回答2～3题。

2. 日本政府挑起贸易争端（　）

A. 符合日本人民的根本利益　　B. 不利于双方在平等互利基础上发展经贸关系

C. 顺应了经济全球化的大潮　　D. 是一种必要的反倾销措施

(答案：B)

3. 中国政府之所以采取应对措施是因为（　）

A. 只有坚持独立自主、自力更生，才能维护国家的根本利益

B. 发展对外经济关系是增强自力更生能力的重要途径

C. 平等互利是我国对外贸易的基本原则

D. 征收关税有利于资源的优化配置

(答案:C)

4.“微笑曲线”(如图)表明:在产品的国际分工链条中,从研究开发、设计、零部件制造,到加工组装、营销等不同的环节,所获得的利润率不同。在广东省2005年贸易出口总额中,约70%属于为国外企业“贴牌”生产的加工贸易。为爬上“微笑曲线”的右边,广东省在对外贸易方面应该(　　)

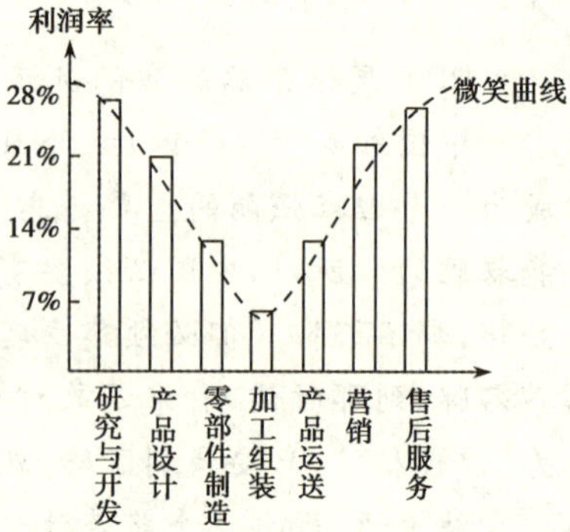

A. 大力发展自主品牌　　B. 放弃商品贸易,发展劳务技术贸易

C. 提高加工组装产品的出口价格　　D. 加大研究与开发力度

(答案:D)

教学反思与总结

对“新课改”下课程资源观的反思

新课改注重培养学生的学习能力和创新意识,要实现这一目标,积极开发和利用课程资源是很重要的。在本堂课的课程资源开发利用过程中引发了我对高中思想政治课程资源问题的思考。长期以来,人们普遍认为教材是唯一的课程资源,但是我认为,课程资源的概念是非常丰富的。从高中思想政治课的角度看,我认为凡是能促进课程内容与社会发展、科技进步和生活实际相联系,能培养学生增长知识、开发智力、陶冶情操、健全人格,能引导学生树立正确的人生观、世界观、价值观的一切可用的教育资源,都应是高中政治课的课程资源。

在此理念指导下,我广泛挖掘各种课程资源,灵活运用教科书,充分发挥课堂作为学生自主学习乐园的作用,让学生在情景体验、自主探究、协作谈判、合作辩论中分享生活经验,构建新知,升华情感。本堂课在实践过程中,学生热情度极高,课堂气氛活跃,学生主体地位和教师主导作用都得到充分体现,教学目标得以达成,受到了听课老师的一致好评。总结这堂课的成功之处,我认为很重要的原因就在于课程资源的充分挖掘与利用。借此,我对新课改下的课程资源开发与利用作出了以下探索:

一、拓展思想政治课的教材资源

结合生活实际,摒弃“教教材”的旧课程理念,灵活而有创造性地使用教材,对教材的内容、编排顺序等方面进行适当的补充、删减或调整。比如在本堂课教学设计过程中就删减了“如何对待资本主义”这一问题,引入地理、历史学科知识以及2008年金融危机等时政资料运用于教学,促使教学更好地贴近学生的实际生活,从而达到弥补教材资源不足和激发学生兴趣的双重目的,真正发挥起课程资源的促进作用。

二、连接思想政治课的信息资源

信息社会的教育的成败很大程度上取决于我们信息拥有量的大小。所以我们要最大限度地利用校内外的课程资源。我着重从现实生活中挖掘信息，选择材料并适时与教材的相关内容结合起来，有选择地纳入课堂，既激发了学生学习思想政治课的兴趣，又达到了开阔学生的视野，拓展其思维的目的。比如，本堂课导入所展示的“各行业外资并购情况”材料，探讨坚持独立自主、自力更生必要性时的“中国居民日消费量统计”材料，分析独立自主、自力更生与发展对外经济关系时的“中国高铁发展历程”等信息，引起了学生的关注与思考，提高了他们主动参与课堂的热情，不仅丰富了课堂内容，达到了开发课程资源的目的，而且又达到完成教学目标的目的，体现了思想政治课的实效性特征。

三、创造思想政治课的实践资源

传统的政治课教学是以教师讲授为主，学生在学习过程被动地接受知识。整个过程是单一的、直线型的静态过程。“新课改”要求我们改进教育方式，在动态的教学过程中开发和利用课程资源。在本课堂教学中，我始终坚持以活动贯穿课堂，教师“导方向”、“导思路”，放手让学生在情景体验中主动求知、快乐求知；在自主与合作探究活动中思考、合作、发现问题、解决疑难、提炼观点，从而提高学生自主理解、认同、确信正确价值标准的能力，达到思想政治课的实践性要求。

四、建立思想政治课的人力资源

新教育理念认为，教师、学生乃至家长在课程资源中都处于重要地位。在整个教育教学过程中，虽然教师是很重要的人力资源。但学生这一人力资源的作用也不可小觑。尤其是在信息开放化的今天，高一的学生们已经能够通过媒体、报纸、书籍、网络等渠道接触多元化的信息，也有自己独到的见解，他们所涉猎的知识面甚至比老师更多更广。所以我认为教师在“导”的同时更需要“听”，全身心地真情投入、倾听、关注每一位学生，关注学生的情绪生活和情感体验，关注学生的道德生活和人格养成。所以，本堂课我设计了“找”、“猜”、“想”、“讲”、“谈”、“辩”活动，让学生在范例分析中展示观点，在价值冲突中识别观点，在探究活动中提炼观点，变被动学习为主动探究。另外，人力资源的开发和利用还应该包括学生家长、学科专家、社区工作者等一系列人员。但是由于条件的限制，在本次课程中未能发挥出这些资源的作用，还需进一步改进。

我在此次教学活动过程中就“新课改”下课程资源观的转变作出了一定的探索，抛砖引玉，是本堂课真正意义所在。新课程理念在实践的过程当中必然会遇到各式各样的困难，课程资源的开发与利用也不是一朝一夕能够完成的，这需要我们广大教育工作者在长期的教学实践中不断地积累、整理、创新……路漫漫其修远兮，吾将上下而求索！

专家点评及学生反馈

这节课构思新颖别致，教学过程教师均采用多样化的呈现方式，为学生搭建参与探究的平台，有意识地为学生创设了良好的交流环境；注意学生的情感与态度，知识与技能的形成和发展，使所有学生都有表现的机会和获得成功的体验；充分体现了“新课改”的学生主体理念。同时把政治知识和生活实际密切联系，通过教学引导学生分析现实生活中的热点问题，更为学生自主研究性学习提供了一片沃土。我认为，这节课突出体现了“三有”：

一、有情

通过学生生活中常使用商品品牌的调查，让学生意识到中国品牌的稀缺，激发学生的爱国热情。通过中国“高铁”发展的视频激发学生的民族自豪感。通过中美的模拟磋商，买洋货国货的辩论进一步加深学生的爱国情怀，激发起了学生的学习兴趣，充分调动了学生的积极性，学生在教师有意创设的来源于生活又富有活动性的学习情境中，学得积极主动。并且教者努力把自己放在与学生平等对话的位置上，以自己的热情去感染学生，绝不吝啬对学生的赞扬与激励，教师的一颗爱心使评价焕发出艺术的魅力，使学生在学习中获得积极的情感体验，在每个环节都能体验成功的快乐，始终保持愉悦的学习情绪和强烈的求知欲望，从而有效促进学生知、情、意、行的协调和谐发展。

二、有趣

这节课的教学内容教多，知识性教强，学生在四十分钟的教学中容易疲劳，注意力容易分散。该堂课始终坚持以活动贯穿课堂，如“调查”、“竞猜”、“磋商”、“辩论”等等，让学生在自主合作探究中兴趣盎然地学习政治。

三、有效

教师能活用教材内容，给学生提供主动参与的空间，调动学生思维的积极性，坚持以学生发展为本。以前很多人都有一个认识误区，认为公开课设计得很精致，面面俱到，然后非要在这40分钟里完成，没有完成似乎那口气就咽不下去，这样的结果是课堂只看老师表演，而不管学生学习。而今天这节课，教者能以学生能力发展为重点，把学生学会和促进学生终身发展放在首位，让学生在自主探究中深刻感受、自主获得知识，充分体现了“学生主体，教师主导”的新课程理念。

当然，在设计研讨过程中，我们发现也存在着一些不足，想和大家一起商榷：

一是在大力提倡合作学习、自主学习的今天，如何有意识培养学生的自主、合作学习能力，如何引导学生进行讨论和有效学习，而不让课堂讨论流于形式，变成追求热闹的“花架子”。

二是如何进一步转变教师的教育观念，克服一部分教师在教学过程中“见物不见人”的功利主义影响，在注重知识传授的同时，构建自然和谐、人文的课堂，重视学生身心健康的发展。

三是作为一名教师，应如何锻炼自己的教学语言，提高自身的教学感染力，以自身良好的情绪状态去影响学生，改变传统教学中过度依赖师生单向交往方式的状况，积极实施师生双向交往、生生多向交往的方式，形成良性循环，营造和谐融洽的教学环境，从而提高教学质量。

参考资料

小学思想品德和中学思想政治教材编写委员会编著. 全日制普通高级中学思想政治(试用本·必修)一年级(下册)教师教学用书. 吉林：吉林教育出版社，2008年

《文化创新的途径》教学设计

重庆市外国语学校　肖志农　李静

教学内容分析

在前面学习探索的过程中，同学们基本明确了文化的交流、传播和发展，也明白了文化的继承和发展需要创新。文化的交流、传播和发展，不仅仅只是说需要继承和创新，怎么去创新更是我们应该关注的。那么，怎样进行文化创新便是本课探讨的内容，也是本单元的重点、难点和落脚点。因此，本框的教学内容起着一个总结性的作用。

学生情况分析

文化的多样性、传承性对于学生并不难理解，但如何对待传统文化和外来文化，如何进行文化的创新，则是较为难以把握的问题。它不仅需要辩证唯物主义和历史唯物主义的基本理论支撑，还需要有正确的文化态度和心理。而学生在学习《文化与生活》之前，还没有系统接触哲学的知识，这给运用哲学观点去分析文化问题带来了困难。因此，选择典型而富有辩证性的且与学生关注度较高的文化现象进行思辨，从中得出正确的态度与方法就是本堂课成功的关键。

教学方法选择

教法：情景教学法、实践探索法
学法：合作学习法、自主探究法

教学环境与教学媒体选择

多媒体辅助教学；搜集资料，整合教学资源，并多方面搜集有关传统文化、民族文化、外国文化等资料；制作多媒体教学辅助课件等。

板书设计

文化创新的途径

一、文化创新的根本途径:立足于社会实践

二、文化创新的基本途径

(一)“取其精华、去其糟粕”、“推陈出新、革故鼎新”

(二)不同民族文化之间的交流、借鉴与融合

三、坚持正确方向,克服错误倾向

教学目标

1. 知识目标:(1)明确文化创新的根本途径:立足于社会实践;(2)理解文化创新过程中要认识、处理好的两对基本关系:传统文化与现代文化的关系;民族文化与外来文化的关系。

2. 能力目标:(1)分析判断能力:结合具体实例,初步具备分析判断文化现象中的正确与错误、先进与落后、高雅与庸俗等的能力;(2)实践探究能力:在合作、探究中体验生活、生成认识、构建知识的能力;(3)思辨创新能力:结合具体实例初步具备正确认识和处理传统文化与现代文化、民族文化与外来文化关系,提出富有创意方案的能力。

3. 情感态度价值观目标:(1)激发学生热爱祖国优秀传统文化的热情,关注世界文化发展;(2)积极参加文化学习、创作活动,使学生具有积极学习借鉴各民族文化优点,特别是对中华文化发展创新的态度;(3)要坚持辩证的观点对待传统文化与外来文化,坚持先进文化的发展方向,反对文化生活中的“守旧主义”、“历史虚无主义” 和“封闭主义”、“民族虚无主义”等错误倾向。

重点与难点分析

重点:文化创新过程中要处理好的两对关系;文化创新过程中要坚持的正确方向。

难点:如何正确处理传统文化与现代文化、民族文化与外来文化的关系;文化创新的根本途径。

课堂教学过程结构设计

课前视频:《茉莉花——文化南京》

观看视频,感受南京独特的文化内涵,拉近与学生的情感距离,提出探讨课题:文化创新的途径。

视频内容:雅典奥运会闭幕式上中国文艺表演

观看视频,在极其富有争议的视频欣赏、玩味中,积累复杂的情感体验,等待表达。

组织自由辩论:

正方:惊喜多过遗憾

反方：遗憾多过惊喜。

参与即兴辩论，在民主与开放的自由辩论中，让学生初步领会到文艺表演无论是惊喜多过遗憾，还是遗憾多过惊喜，都需要在传统文化与现代文化、民族文化与外来文化中找到平衡点，坚持先进文化的发展方向。

探究文化创新

体验与践行

现场调查：

(1)您最想在北京奥运会开幕式看到什么？

(2)您最不想在北京奥运会开幕式看到什么？

(3)你希望北京奥运会开幕式有什么突破？现场调查，为模拟设计“2008 北京奥运会开幕式”收集素材。

理论储备：教材及温馨提示，自主学习，阅读教材和相关资料，整合文本，生成知识，为创意做好理论储备。

感悟经典：观看视频《他山之石——开幕式精彩瞬间》，借助极富视觉冲击力、情感震撼力的视频，激发学生激情创意的灵感。

创新设计：设计点火仪式和开幕式片段合作探究，结合实践调查、理论准备以及《他山之石》的启发，写出具体创意片断。

创新与竞争，创意展示，分组展示，分组展示创意片断，说明元素取舍和使用。

创意比拼，分组对决，自评，陈述本组构思中精妙之处；互评，修缮别组构思中的瑕疵。通过自评互评让学生发现文化创新应该继承传统、推陈出新；面向世界、博采众长，坚持正确方向，克服错误倾向。文化创新的根本源泉是社会实践。

构建体系：在学生自评与互评基础上的点评总结生成文本的体系创建

知识小结：在教师的点评性总结中完成知识生存与构建。见下知识结构图(即板书设计)

践行文化创新：记录、整理下来，通过 E-mail 等多种途径发送到北京奥组委。

背景音乐：《茉莉花》课外作业深化运用课堂生成的知识，首尾呼应，留下课堂余味。

另：设计课后以小组为单位，收集《茉莉花》的不同版本，流行地区，表现形式等，并以《中国〈茉莉花〉的国际传播》为题，运用“文化创新”的基本观点和方法，撰写一篇小论文进行交流。

资料链接

温馨提示一：2008 年北京奥运会

开幕时间：2008 年 8 月 8 日 20 点(考虑时代风貌、现代气息)

主会场：中国北京，国家体育场“鸟巢”(注意主办方传统文化、民族文化的展示)

观众：几十亿中、外观众(考虑中外观众的需求)

主题口号：同一个世界，同一个梦想

(“同一个世界、同一个梦想”集中体现了奥林匹克精神的实质和普遍价值观——团结、友谊、进步、和谐、参与和梦想，表达了全世界在奥林匹克精神的感召下，追求人类美好未来的共同愿望。)

三大理念：绿色奥运、科技奥运、人文奥运

（绿色奥运强调人与自然的和谐；科技奥运体现科技进步和社会发展的和谐；人文奥运则体现人与人、人与社会甚至国与国之间和谐等）

温馨提示二："北京奥组委"开幕式创意方案征集要求：

(1)主题突出，特色鲜明，内涵丰富，充分体现中国风格、人文风采和时代风貌；

(2)蕴含"绿色奥运、科技奥运、人文奥运"三大理念；

(3)传播奥林匹克精神，营造欢乐友好的奥运庆典氛围，为与会者创造出四海一家的感受；

(4)促进世界对中国的了解，增进中国人民和世界人民的友谊；

(5)创意方案的艺术表现形式要创新，并充分运用高科技手段展示奇思妙想，令人耳目一新。

个性化教学

1. 跟紧时代步伐，选材都是近几年发生的重大事情，学生在参与的过程中感悟、体验祖国优秀文化的精髓，不断去学习和汲取世界各族人民先进文化。

2. 教学过程中体现了"新课改"的精神，以学生为本，教学中以学生为主体，教师作为主导，学生积极参与到课堂中获取关于优秀文化的知识，内化为自己的知识，运用在社会实践中。

教学反思与总结

四维要求、五位一体、多重参与、有机整合

本节课代表重庆市参加了"全国第四届思想品德、思想政治优质课评选活动"的高中组现场授课，受到专家评审组和现场听课老师的一致好评，荣获全国一等奖。全国著名特级政治教师、本届优质课高中评审组主任沙福敏教师在总结大会上对本堂课的创新设计和教学方式作了全面的介绍和高度的评价。她总结到："从教学方式的选择与教学实效性的关系来看，教学方式的多样化正是课堂改革中出现的可喜的现象，它已经改变了教师一人讲、满堂灌的教学方式。多种多样的教学方式可以说是异彩纷呈，但是教学方式的选择必须把握好教师教学的核心主旨，离开了教学主题，教学的任何形式都是不可取的。要真正记住有实效性是课堂教学的核心，一定要防止偏离主题的形式化。这次大赛我们看到了启发讲授式，合作探究式，情景体验式，信息技术与学科教学整合式等多种教学方法，各有所长，也都发挥了各自不同的教学作用。重庆的李静老师在讲《文化创新的途径》这课中，从一个大家都非常关注的有些争议的张艺谋导演的雅典奥运会闭幕式上 8 分钟的表演的品评与思辨入手，学生非常兴奋，又到 2008 年北京奥运会开幕式的点火和文艺演出的创新设计，教学过程中既有学生的现场调查，又有充分发挥学生想象力的小组合作探究，还有小组间彼此的评价。在教学方式的设计上既有体验式，又有合作探究式，还有教师的启发讲授，多种教学方式的整合提高了课堂教学的整体效果。最后还要求学生把他们的设计通过 E-mail 等方式发给北京奥运会组委会，让学生非常兴奋。"

思想品德、思想政治课堂教学实践是发挥其育人功能的主阵地和主渠道。在认真研读《大纲》和《课标》的基础上，深入解读课题文本，我们逐步形成了对思想品德、思想政治课的课堂"四个维度"的定性要求，即"力求科学性以求真，浸透思想性以求善，追求艺术性以求美，讲究有用性以求实"。本堂课传播的知识是准确无误，传播的观点是全面而不是片面的；学生的知识得到丰富和更新，能力得到提高与扩展，情感、态度、价值观得到巩固与提升，是一堂不存在科学性问题的高效率的课。本堂课教师把自己的角色定位为学生学习的组织者、学生学习引导者、学生学习合作者，学生闪光点的发现者和向学生学习的学习者的"五位一体"；学生的知识参与，思维参与，情感参与，行为参与的积极性得到充分调动，是一堂教师的角色定位准确，学生参与的积极性得到充分调动的课。本堂课是预设与生成融为一体，既重视学习过程又重视学习结果的课；是合理使用音像资源，信息技术与学科教学有机整合的课；也是师生互动交流，促进双方完整生命成长的课。因此，在本次优质课现场授课中引起广泛而热烈的反响，一定程度地给正在思想政治新课程改革的道路上艰难探索的同仁们起到了实验性、示范性和抛砖引玉的作用。

专家点评及学生反馈

知识评价：

以一组有关"对传统文化、民族文化、外来文化、现代文化正确态度"和"文化创新的途径"的是非判断题、选择题和综合题来对本框的重点知识进行考查。

学习表现评价：

以课堂上"合作与探究"为主，对学生的学习能力和态度等进行评价。

对学生的综合评价：

课后设计撰写以《中国的〈茉莉花〉的国际传播》为题的小论文，对学生运用知识，观察分析，收集信息，处理信息，合作探究，建构新知等综合能力进行培养与考查。

参考资料

小学思想和中学思想政治教材编写委员会编著. 全日制普通高级中学思想政治教科书(试用修订本 · 必修 3)教师教学用书. 吉林：吉林教育出版社，2008 年

《事物的矛盾具有各自的特点》教学设计

重庆市城口县中学 陈友勇

教学内容分析

本节是前一节内容的继续和深化，是学生学习和坚持矛盾分析法的关键环节。而本框题内容是本节的基础，主要要求学生从原理、世界观的角度去把握。其主要内容包括：矛盾特殊性的含义，矛盾特殊性的表现（不同事物的矛盾各有不同的特点、同一事物的矛盾在不同发展阶段各有不同的特点、事物矛盾的双方也各有其特点），矛盾特殊性的作用。

学生情况分析

高二学生通过近一学期哲学常识的学习，掌握了一定的唯物论和辩证法知识。特别是通过本课第一节"事物都是一分为二的"的学习，培养了一定的辩证思维能力，具备了学习本框题的知识基础，但由于高二学生缺乏社会生活经验，对于事物的分析、判断能力还没有达到成熟的阶段，而本身矛盾的知识比较抽象，难于理解，所以仍然需要采取多种教学方式，利用多媒体辅助教学，形象生动地进行教学才能达到预期的效果。

教学方法选择

读、议、讲、练相结合的教学方法

教学环境与教学媒体选择

多媒体教室

板书设计

一、事物的矛盾具有各自的特点

1. 矛盾特殊性的含义:矛盾着的事物及其每一个侧面各有其特点

2. 矛盾特殊性的表现:

(1)不同事物的矛盾各有不同的特点

(2)同一事物的矛盾在不同发展阶段各有不同的特点

(3)事物矛盾的双方也各有其特点

3. 矛盾特殊性是世界上诸种事物之所以千差万别的内在原因,构成这个事物区别于其他事物的特殊本质

教学目标

1. 知识目标:识记矛盾特殊性的含义,理解和掌握矛盾特殊性的表现。

2. 能力目标:进一步培养学生分析与综合的能力;培养学生从特殊到一般的探究能力和掌握比较的方法。

3. 情感态度价值观目标:正确认识和把握社会主义初级阶段矛盾的特殊性,以及高中阶段青年学生生理、心理特点的分析,有针对性地教育学生增强坚持建设和发展中国特色社会主义道路的信念;引导学生克服在思想上、行动上的盲目性,增强自觉性。

重点与难点分析

重点:同一事物的矛盾在不同发展阶段各有不同的特点。

难点:正确认识我国现阶段的特殊矛盾,正确理解社会主义初级阶段的理论问题。

课堂教学过程结构设计

教学设想

精设问,激发学生思维;巧安排,烘托课堂情景;设讨论,调动学生主体;重引导,课堂张弛有度。利用多媒体,拓展学生视野。通过文学、音乐、视频等艺术形式,将抽象的哲学原理形象化,让学生享受一餐美的盛宴。

教学过程

【情境开启】课前播放多媒体音乐《春天的故事》。

【情境质疑】教师拿出事先准备的带树叶的树枝,摘下两片极相似的树叶,让教室最后排的一位学生观察后回答:是否完全一样?有哪些不同?(教室最前排的学生不准看回答问题的学生),让教室最前排的一位学生猜是谁在回答?(猜不准时可让另一学生对回答问题的学生进行描述)为什么是他(她)?通过今天的学习大家就能明白这其中的道

理，这就是矛盾具有特殊性，即事物的矛盾具有各自不同的特点。

【情境感悟】（留足时间让学生迅速浏览教材）请同学们看书后回答，本节课我们将学习哪些知识？

学生回答后教师点拨，让学生明确学习目标。

（师）什么是矛盾的特殊性？它有几层意思？怎样理解？

（生）矛盾特殊性，是指矛盾着的事物及其每一个侧面各有其特点。

它有两层意思，一是矛盾着的事物各有其特点；二是矛盾事物的每个侧面各有其特点。

矛盾特殊性表现在哪些方面？

（利用多媒体展示）

播放三小段学生较为熟悉的乐曲《二泉映月》、《梁祝》、《黄河大合唱》。同学们能说出这三首乐曲的曲名吗？每首乐曲有什么不同？各自使用了什么样的乐器？

（学生答问，教师整理）《二泉映月》使用的乐器是二胡，整首乐曲忧伤哀怨、如泣如诉，充分表达对家乡的深深思念之情；《梁祝》使用的乐器是小提琴，整首曲调委婉缠绵，表达了一对恋人对爱情坚贞不渝、不离不弃；《黄河大合唱》是钢琴协奏曲，气势恢弘磅礴，曲调激昂高亢，充分表达了中华民族誓死保家卫国的英雄气概。不同的乐曲，使用不同的乐器演奏，表达不同的情感。就是说不同事物有各自有不同的特点。

这便是我们所学矛盾特殊性表现的第一方面，即不同事物的矛盾各有不同的特点。这里需强调前提是不同事物。可以看出，世界上的任何事物都包含着矛盾，任何矛盾都有自己的特点，这个特点不是外表的，而是内在的，它是一事物的内在本质，也是一事物与其他事物区别开来的内在原因或根据。（指导学生勾画）

（师）"写景状物要抓住景物特点"、"人物描写要抓住外貌特征、语言特征和行动特点"。如果写文章不抓特点、个性，而只是描写普遍性、共性的东西，千人一面、千篇一律，那就搞不清楚写的是谁、是什么。有哪位同学能用最简短的文字说出政治老师的个性吗？

（生）……

（师）你能指出中学各门功课所研究的矛盾各有什么特点吗？（P_{95}"想一想"）

（点拨）培根有句话能最好的说明，"读史使人明智，读诗使人智慧，数学使人精密，伦理学使人有修养，逻辑学使人善辩，哲学使人深刻"（多媒体展示）。

中学所开设的各学科，对我们健康发展都有很大用处，同学们必须都学好。当然对各学科的学习，也不能平均用力，要考虑学科特点。自然界、人类社会还有人的思维所包含的矛盾都各不相同。同学们从教材上找一找，他们各有什么特点？

（生）……

（师）一个人在不同年龄段所表现的特点一样吗，有哪些特点？组织学生讨论 P_{95}"议一议"。

不同学生有不同观点，教师对有代表性的观点进行归纳，一句话来说明："童年是一场梦，少年是一幅画，青年是一首诗，壮年是一部小说，中年是一篇散文，老年是一部哲学。"（多媒体展示）

（点拨）同学们如今正值青春年少，“自古英雄出少年”，同学们一定要好好把握时光，多学知识，增长才干，提高能力，为将来建设我们美丽的家乡和伟大的祖国出力。

从刚才的讨论中，我们知道，每个不同阶段的同学都有自己学习的特点，那么这正好也体现了我们哲学上的什么原理呢？

这就是矛盾特殊性表现的第二方面：同一事物的矛盾在不同发展阶段具有不同的特点。这一表现的前提是同一事物的不同阶段。

（师）我们通过前面的学习已经明白，从动态上看，一切事物都处于运动变化发展中，一个比较复杂的事物，其发展总要经历若干阶段，在各个阶段其特点都不相同。我国著名文化评论人余秋雨先生在其文章《莫高窟》中，对我国不同历史时期留于莫高窟洞内壁画的不同特点有几段精彩描述。（多媒体展示）

组织学生讨论：结合有关历史知识谈谈，这些文字反映出不同朝代各什么样的特点？

学生兴趣被激发，前后左右相互讨论。

（点拨）北魏，彪悍民族建立民族政权，但国家经常被战争的阴霾所笼罩，人民生活多艰；隋朝再次统一，不同民族融合，带来经济发展、文化繁荣、科技进步，但统治者血腥残暴、人民怨声四起；唐朝，政治上较开明，重人才，纳良策，统治者的励精图治促进经济发展，科技文化兼收并蓄，社会繁荣，进入封建时代的鼎盛时期；五代，国家分裂，民族政权并立，战事频发。南宋，统治者偏安江南，昏庸无能，国家衰败，科技文化的发展被理学的层云束缚；元朝，战争连年，硝烟弥漫，有辽阔疆域，生灵却遭涂炭。古人在壁画里把朝代的兴衰表现得淋漓尽致。余秋雨先生用他的妙笔从另一个角度记录着历史。

历史就是这样，它可以用不同的方式来诉说自己。

（师）科学发展观的学习实践活动分为几个阶段？各阶段有何不同？

教师在学生回答之后向学生介绍相关情况，以理解不同阶段的不同特点。

（师）目前在国际金融危机的影响下，我国采取了什么宏观经济政策？与过去的宏观经济政策有什么不同？

（点拨）可从财政政策和货币政策的调整上进行分析说明。

（师）请同学们回忆，我国当前的主要矛盾、根本任务、中心工作分别是什么？

（多媒体展示）

主要矛盾：人民群众日益增长的物质和文化生活需要同落后的社会生产之间的矛盾。

根本任务：解放生产力、发展生产力。

中心工作：以经济建设为中心。

在今年的政府工作报告中，温总理为什么说2008年是极不平凡的一年？请大家谈谈你的感想？

（播放视频片断）

视频一：2008年初的冰冻雨雪灾害及灾后重建。

视频二：“5·12”的汶川大地震及抗震救灾。

视频三：北京奥运会、上海世博会的成功举办。

（学生讨论后发言）……

我们为伟大的祖国取得如此成就而自豪。但必须看到，与发达国家相比我们仍有较大差距，我们还需要加倍努力，祖国的明天靠我们。

（师）什么叫矛盾？学校教学的矛盾双方是什么？请同学们说一说人们常常是怎样描写教师和学生的？

（点拨）在教学这对矛盾中，教与学就是矛盾双方。教师就是献身三尺讲台，像蜡烛照亮世人，似春蚕吐丝方尽的那位长者；教师就是在危险降临时展开双翅庇护弱小的雄鹰；教师就是在昏暗的灯下批阅作业的不夜人；教师就是在知识的海洋中的摆渡人；教师就是学生犯了错误而始终不言放弃的知心人。学生是吸吮甘露的小羊羔，半夜还点着蜡烛在教室赶作业，早该休息却还在办公室与老师讨论，上课铃声响了还寄希望投进最后一次篮，喜欢在精美的笔记本上贴上明星的头像，有时在课堂上偷看武侠小说。可见教和学作为矛盾双方、其特点也不一样，这就是矛盾特殊性的第三个表现：事物矛盾的双方也各有特点。

（多媒体展示）教学双方的特点比较：不同侧面不同特点。

“教”方：挥动教鞭、指点迷津、和蔼慈祥、谆谆教诲、呕心沥血，知识渊博，以三尺讲台演绎一生事业。

“学”方：吸吮甘露，孜孜以求，学而不倦，年轻气盛，指点江山，激扬文字，以满腔热血谱写青春乐章。

大家都去商店里买过东西，学生表演买卖双方讨价还价场景。

买卖双方的特点比较：

卖方：花言巧语、王婆卖瓜、软磨硬缠、迫不及待，目的是以较高的价格尽快地把商品卖出去。

买方：半信半疑、货比三家、挑三拣四、不慌不忙，目的是以较低的价格买回称心如意的商品。

在这里，买卖双方同属于一对矛盾，构成了矛盾的两个方面。体现了什么哲学道理？事物矛盾的双方各有其特点。

【情境述评】（学生回答，教师启发补充）以上就是我们今天要学习的矛盾特殊性原理，它有三方面的具体表现：其一，不同事物的矛盾具有不同的特点；其二，同一事物的矛盾在不同发展阶段有不同特点；第三，事物矛盾的双方各有其特点。矛盾的特殊性是世界上诸种事物之所以千差万别的内在原因，是构成这个事物区别于其他事物的特殊本质。掌握矛盾的特殊性原理，对于我们想问题、办事情具有十分重要的意义。它告诉我们分析事物、解决问题从事物的特性出发，反对不顾事物特点而生搬硬套，搞“一刀切”，“照葫芦画瓢”。即要坚持具体问题具体分析，这便是我们下节课要学习的内容。请同学们下来作好预习。

【情境再现】完成分组作业。

个性化教学

一、对学有余力的学生安排作业

1. 请联系学习中的实际，根据事物的矛盾具有自己的特点，分别对班里成绩优秀、中等、较差的同学学习的特点及改进措施进行分析。

2. 怎样正确理解“世界上没有两片完全相同的树叶”？

二、对需要帮助的学生安排作业

1. 梳理本节课的知识点，用框架结构图表示出来。

2. 农业结构调整必须坚持因地制宜，体现的辩证法原理是（　　）

A. 物质决定意识　　B. 矛盾具有普遍性

C. 矛盾具有特殊性　　D. 物质运动是有规律的

（答案：C）

3. 据专家分析，人类基因用于医学之后，病人到医院就诊，同样的病情医生根据个人不同的基因可以采用不同的药物和治疗方法。这是因为（　　）

A. 事物矛盾的双方各有特点　　B. 同一事物在不同的发展阶段各有特点

C. 不同事物的矛盾具有不同的特点　　D. 不同事物的矛盾没有共同之处

（答案：C）

作业设计及检测

一、单项选择

1. 中国人民抗日战争经历了战略防御阶段，相持阶段，反攻阶段。划分这三个阶段的哲学依据是（　　）

A. 不同事物矛盾不同特点　　B. 中日矛盾在不同时期的不同特点

C. 不同时期矛盾各不相同　　D. 不同的矛盾有不同的发展阶段

（答案：C）

2. 邓小平理论是当代中国的马克思主义，是马克思主义在中国发展的新阶段。这说明（　　）

A. 不同事物的矛盾具有不同特点　　B. 同一事物在不同发展阶段具有不同特点

C. 矛盾双方具有各自的特点　　D. 共性与个性是相互区别

（答案：B）

3. 世界上的事物是千差万别、纷繁复杂、丰富多彩的，其原因在于（　　）

A. 一切事物都包含着矛盾　　B. 事物的矛盾各有其特点

C. 矛盾具有普遍性和客观性　　D. 任何事物都是运动变化发展

（答案：B）

4. 江泽民主席在哈佛大学演讲时说：“阳光包含七色，世界也是色彩纷呈。每个国家，每个民族都有自身的历史文化传统，都有自己的长处和优势。应当相互尊重、相互学习、取长补短、共同进步。”这段话体现了（　　）

A. 任何事物之间都存在着联系

B. 物质既有客观性，又有多样性

C. 矛盾着的事物及其每个侧面各有其特点

D. 任何事物矛盾的两个方面各有特点

（答案：C。可能错选B或D，题干中“世界也是色彩纷呈”和“都有自己的长处和优势”可能会误导，处理方法是引导学生对整段话的理解，对各题进行对比分析；对分析为什么回答不全，由于学生缺少辩证法思维，往往分析比较片面，所以，提醒学生打开思路，运用所学知识从多方面多角度进行思考。）

5.“依葫芦画瓢”、“照猫画虎”错在（　）

(1)违背了一切从实际出发，实事求是的原则

(2)否认了矛盾的特殊性原理

(3)违背了矛盾普遍性原理

(4)否认了矛盾双方在一定条件下可以相互转化的哲学原理

A. (1)(2)(3)(4)　B. (1)(2)　C. (1)(3)(4)　D. (2)(3)(4)

（答案：B）

二、分析题

有人说现代工业生产的产品如：硬币、螺帽、印刷品等是“一模一样”的。这说明“事物的矛盾具有各自不同的特点”这一论断不完全正确。

请问这种说法正确吗？为什么？

（答案：略）

教学反思与总结

创设情境　收获精彩

一、创设情境，在生活中学习

在导入中，我着力为学生创设真实的生活情境，激发学生主动参与的热情，在情境中理解，在合作中交流。学生通过对生活的回顾，也感觉到哲学来源于生活，扎根于生活，并且应用于生活。这样既拉近了哲学与生活的距离，又培养了哲学的亲和力，让学生触手可及哲学，感觉到哲学无处不在，无时不有。

创设这种宽松的学习氛围，最主要的目的是培养学生的胆量和自信心。这也使课堂气氛变静为动，让学生乐于参与，抓住学生的好奇心，调动了主动性，为学生提供了说话的机会，让学生张开想象的翅膀。每个人都有机会说，每个人都能说，在动中学，学中玩，玩中学，使学生的思维得到飞跃性发展。

二、联系实际，学习即生活

教学的过程应该成为学生一种愉悦的情绪生活和积极的情感体验。我觉得在课堂教学中，教师要把学习内容有效地与社会生活实际及多种教学资源结合起来，创设现实生活中的情境，实现教学内容的直观化、形象化，从而激发和维持了学生对所学学科的兴趣，也只有这样，才能最大的发挥学生的潜能。

因此我给学生提供了贴近生活的素材，如在讲解矛盾双方都具有各自的特点时，就举了买卖双方的例子，买卖作为一对矛盾的双方就具有各自不同的心理特点。让学生从平时亲身经历的事情中得出哲学原理，以主人翁的姿态不断尝试解决各种问题，从而很好地掌握知识。作为教师，我认为平时要注意捕捉教育信息，对课程进行大胆补充。捕

捉教育信息，简言之，就是要立足课内，联系生活。一方面深入学生的生活，密切联系学生的实际，多了解学生的兴趣、行为和困惑；另一方面留意把社会上的一些现象，把与教学有关的、有意义的现象引入课堂，让学生去判断，去讨论。我想只有对学生补充进这样的资源，课程才会焕发出更强的生命力。

三、平等对话，自我感悟

教学应该是一种平等对话，师生交流应该是"情感化"的。在课堂教学当中，我努力实现师生关系的民主与平等，使自己成为教学沟通的智者，"千方百计地使学生成为学习的主人"，让他们做一个"发现者"和"创造者"。创造性不是教出来的，而是鼓励出来的，它需要生长环境，因此我以一个朋友的身份参与到学生群体中去，改变单纯的教师讲、学生听的"注入式"教学模式，从"演员"转向"导演"，让学生敢说、敢问、敢辩、敢写，使他们在无拘无束无压力的课堂上自由地学习。

纵观整个教学过程，我精讲少讲，腾出更多的时间用于学生自己讨论感悟。在鼓励学生问的基础上，也不乏教师的问，教师的问不在于多，而在于精，在于有思考的价值。努力做到学生能思考的，教师决不暗示；学生能说出的，教师决不讲解；学生能解决的，教师决不插手。例如，学生讨论结束后我提出这样的问题："从刚才的讨论中，我们知道，每个不同阶段的同学都有自己学习的特点，那这正好也体现了我们哲学上的什么原理呢？"这个问题看似简单，却起到了画龙点睛的作用。为学生创设施展才华的舞台，使他们真正成为科学知识的探索者与发现者，而不是简单、被动地接受知识的容器。

四、设问讨论，在交流中收获

问题是打开思维、唤起想象的钥匙。理想的课堂教学应该是教师的问和学生的问相互融汇。问题应由学生自己来解决，最好的方式是展开讨论，并且设计的问题要具有开放性，还要找准知识切入点创设问题情境进行讨论。在讨论的过程中，鼓励学生发表各自的看法和见解，不追求答案的完美统一，力求做到百花齐放、百家争鸣。突破"老师这么说的、书上这么写的"、"答案只有一个"的思维定式，教师要尽力为学生创造环境，使他们从讨论中对新知识进行总结和运用。

在教学中，让学生以小组为单位对这堂课的知识点结合学习实际进行讨论，这些问题内容由于是学生自己的体验和感悟，学生都觉得有话可说。因此，课堂上学生讨论起来精彩纷呈，甚至不乏真知灼见，如"成绩优异的同学应该多帮助成绩差的同学，而不要歧视差生"、"成绩差的同学现在看上去很快乐，但是很快他们就会不快乐"、"成绩中等的同学自信心普遍不足，并且缺乏毅力"等等。在整个讨论的过程中，学生之间大胆交流，提高了交往能力；大家集思广益，形成了小组意见；也感受到合作的力量，培养了群体意识；并且在创作中提高表达能力，也从别人对自己的评价中不断地找出学习中的盲点和误区，留给学生充裕的学习时间与广阔的学习空间自主参与观察、操作、思考、发现、合作和交流，这样做能获得良好的教学效果，真正使自己的学习有所提高。

教学不足：1. 课件展示与讲解不同步，声音、图片、动画有待进一步完善，没有很好地辅助教学；2. 理论联系实际不够，列举发生在学生周围的人和事偏少；3. 教学语言缺少抑扬顿挫和幽默感。最大的感触就是：成功与遗憾是每一堂课必经的两道风景，如果我们每一位教师都能冷静审视每一堂课，化遗憾为精彩，变精彩为精妙，我们的课堂就能经常达到“柳暗花明又一村”的境界。

专家点评及学生反馈

专家点评：

“事物的矛盾具有各自的特点”这节课是一堂科研成果推广应用的示范课，较好地将教学科研成果运用到高中政治教学中，体现了政治教学的特点，生动形象，是一堂较好的示范课。

教学的三维目标明确，符合学生的身心特点，做到了知识的学习与能力的提高有机结合，注重理论和实际的结合，达到了教学的目的。教学的重、难点确立合理，具有针对性，使学生既学习了知识又提高了学生的能力。从教学方法上采用了读、议、讲、练相结合的教学方法，真正做到注重学生的主体地位，教师的主导，充分尊重学生，注重学生参与学习交流体会原理在具体生活中的运用。教学手段采用了多媒体教学形象直观，贴近学生的实际，切实做到了多媒体的辅助作用。从教学程序来说各环节处理得较为得体，连贯自然，体现出教学设计的科学、合理性。

学生反馈：

在轻松愉快中学到了知识，感觉哲学离我们并不远，就在生活中，只是需要我们善于思考和总结。

参考资料

1. 小学思想品德和中学思想政治教材编写委员会编著. 全日制普通高级中学思想政治(试用本·必修)二年级(上册)教师教学用书. 教育出版社，2008 年

2. 刘云，陈友勇. 思想品德“情境感悟”教学模式初探、思想政治课教学. 2009，09(308)

《量变和质变》教学设计

重庆市沙坪坝实验中学　雷霞

教学内容分析

本框题是在上一节回答了“事物为什么会变化、发展”的基础上，进一步回答“事物是怎样变化、发展的”，并从学生的实际出发，论述了量变、质变相互关系原理。在分析中渗透了量变、质变的内容——事物内部矛盾双方力量对比的变化，从而反映了这一原理与矛盾主次方面相互转化原理及内因是事物变化发展的根本原因之间的联系。重点在于使学生理解任何事物的变化都是量变和质变的统一。本框题是唯物辩证法基本内容之一，占有非常重要的地位；同时，准确掌握运用这一原理，对做好各项工作也有重大意义。

学生情况分析

学生在前面学习发展观和矛盾观的基础上，通过对第一节内外因关系的学习和练习，有了一定的基础和学习方法，按照一定的原理对应一定的方法论要求，结合实际分析问题的能力有一定提高，但由于所教学生的总体基础比较差，特别是自学习惯和理论联系实际分析问题方面存在较大问题，因此对本框题学习继续坚持自学和启发式为主，举出若干实例，加强思维方法的训练，以提升能力。在教学中要照顾不同层次的学生，做到因材施教，使学生都能学到相应的知识，学有所获。

教学方法选择

情境创设法、探究性学习法

教学环境与教学媒体选择

多媒体课件，玉树地震文字、图片，嘉陵江水污染图片与资料

板书设计

量变和质变

1. 量变和质变的含义

量变：事物在数量和程度上逐渐的、不显著的变化

质变：事物显著的、根本性质的变化

2. 量变和质变的辩证关系

(1)量变是质变的前提和必要准备

(2)质变是量变的必然结果

3. 事物由“量变→质变→新的量变→新的质变”循环往复，永不停息地向前发展

教学目标

1. 知识目标：识记量变和质变的含义；量变和质变的辩证关系；理解量变是质变的前提和必要准备；质变是量变的必然结果。

2. 能力目标：通过量变和质变辩证关系的学习，提高辩证思考问题的能力。

3. 情感态度价值观目标：通过量变和质变关系原理的学习，指导学生的生活和学习，让其知道量变质变之间的转换，从而树立他们正确看待事物的观念。

重点与难点分析

重点：任何事物的变化都是量变和质变的统一。

难点：构成事物的成分在结构和排列次序上发生了变化，也会引起质变。

课堂教学过程结构设计

课前准备

教师课前三分钟先检查学生的预习情况，看学生《与名师对话》上的填空题完成没有，为新课学习做好准备。

导入新课

背景：播放音乐《爱的奉献》。

幻灯片展示：中宣部、国家广电总局、民政部、中国红十字会主办，中央电视台承办的《情系玉树，大爱无疆——抗震救灾大型募捐活动特别节目》视频片段或图片。

教师：4 月 14 日发生在青海省玉树藏族自治州玉树县的地震灾情，给当地和周边民众的生命财产造成巨大的伤害和损失，同时也开启了一场举国驰援抗震救灾的艰苦战役。上到地方政府，下到企业个人，每个人都尽自己的努力，用各种形式捐款捐物，表达对灾区的慰问之情，尽快帮助灾区同胞摆脱困境，重建家园。“情系玉树，大爱无疆”系列

晚会共收到社会为玉树捐款21.75亿元。而加多宝集团相关负责人在接受采访时表示，加多宝集团作为中国民族企业的一份子，旗下品牌王老吉、昆仑山的迅速发展，离不开广大人民的支持。对于灾区人民的苦难感同身受，此次捐款，只是尽了自己的一份责任而已。同时他也表示，能力不分大小，捐款不分多少，善举不分先后，再小的力量对灾区来说也是一种支持，希望社会各界共同行动起来，关注灾情、奉献爱心，帮助灾区群众尽快渡过难关，重建家园。

请同学们思考：我们为玉树捐款体现了哪些哲学道理？

（学生讨论：体现了事物是普遍联系的，一方有难，八方支援；整体和部分的关系等等。）

启发：刚才同学们谈的都有道理，表明同学们思考问题比较全面，思维很开阔。今天我们就换一个角度看看，当我们人人都捐出哪怕是1毛钱，13亿中国人的力量汇聚起来就可以重建一个全新的玉树，帮助他们渡过难关。这说明事物细小的变化积累到一定程度就可以引起根本性质的变化。这就是我们今天要一起来学习的量变与质变。那什么是量变与质变？二者之间有怎样的辩证关系呢？

（此处要求简洁明快，切入主题。鼓励学生思考并给予表扬，吸引兴趣）

讲授新课

一、量变与质变的含义（4分钟）

多媒体展示：《劝学》中的名句——“不积跬步，无以至千里；不积小流，无以成江海。骐骥一跃，不能十步；驽马十驾，功在不舍。”

学生齐读并思考：这里的“跬步”、“小流”与“千里”、“江海”相比有什么不同？其中蕴涵了什么哲学道理？（学生讨论）

总结：“跬步”、“小流”的积累在先，才有“千里”、“江海”的巨变，没有“跬步”、“小流”的积累，就没有“千里”、“江海”的巨变。这种巨变是事物性质的根本变化。在这变化过程中，前者是准备，后者是结果，是前者引起了后者。荀子的这句名言告诉我们：任何事物的运动、变化，总是先从微小的、不显著的变化开始，经过逐步积累而达到显著的、根本性质的变化。

课件展示：

材料一	材料二
积小步	达千里
积小流	成江海
小树一天天长高	大树成林
一砖一瓦	高楼大厦
河堤有了蚁穴鼠洞	河堤崩溃
量变	质变

定义：

量变：指事物在数量和程度上的逐渐的、不显著的变化 质变：指事物显著的、根本性质的变化

比较理解：

	变化指向	变化状态	变化结果
量变	数量、程度	逐渐、不显著	性质没变，一事物还是该事物
质变	根本性质	剧烈、显著	性质改变，一事物变为他事物

根本区别：是否有性质的变化。

共性：都是由事物的内部矛盾引起的，都是事物发展的两种状态。

问题探究：事物为什么会发生量变和质变？(2分钟)

多媒体展示：嘉陵江被污染的图片。

矛盾双方的斗争在力量上的变化达到了一定程度，使双方的主次地位发生了根本变化，事物的性质也就变了。(随着污染物不断增多，水就会失去自洁能力，污染物使水发生根本性的质变而上升为矛盾的主要方面，原矛盾的统一体破裂了，因此河水就不能再滋养生命，质变就发生了。)

通过对河水污染的分析，我们可以看出事物的内部矛盾推动着事物的运动、变化和发展，引起量变与质变，量变与质变是有区别的，但二者还存在怎样的辩证统一关系呢？

二、量变和质变的辩证关系(18分钟)

教师让两个学生上前吹气球，让学生尝试吹大吹爆。

其余学生双手掌心相对使劲搓，速度越快手掌越热，然后去热敷双眼。(体验活动)

1. 量变是质变的前提和必要准备

量变引起质变有哪些形式？(学生看书，并回答)

总结：量变引起质变有两种形式：

(1)事物在数量上的增减引起质变。(课件显示板书)

学生分别谈吹气球的体会和搓手敷眼后的体会。

教师简单点评并告诉学生，如果每天早上边走路的时候坚持搓手并热敷眼睛，手累了再搓搓大拇指边的手腕处的列阙穴，可以调节心肺功能，治好近视眼等眼病。但是关键是要坚持，至少一个月。这就是量变会引起质变的道理。那同学们还知道其他的例子吗？

甲：积少成多、聚沙成塔；

乙：不怕慢，就怕站；

丙：绳锯木断、水滴石穿。

……

师：同学们举例很好，大家善于动脑筋，现在请同学们看一幅图片并思考问题：

(多媒体呈现瀑布并配有声音)

同学们，这宏伟的壮丽景色，有谁能用诗句来描绘一下这宏伟的气势？(图片略)

一学生朗诵道:“飞流直下三千尺,疑是银河落九天。”

另一同学朗诵道:“七十二溪成一瀑,河流飞落玉渊长。”

教师进一步设问:“诗中由溪到瀑的变化说明了什么?”

经过讨论,代表发言:“由溪到瀑,事物经过了量变到质变两个阶段,由此,我们可以得出:一切事物的变化发展都是首先从量变开始的,没有量变做准备就不会有质变的发生。”

教师设问:“由溪到瀑是通过什么方式实现的?”

同学回答到:“是小溪数量的增加引起的。”

由此,我们可以得出:事物在数量上的增减引起质变。

师:“你还能想到哪些现象是符合这一原理的?”

学生:“每天记三个英语单词,两年突破 2000 个,英语就不是什么大问题了。”

学生:“我们现在学习美术,每天训练几个小时,到高三就可以向大学发起冲刺。”

学生:“建设节约型社会,就要自觉增强资源意识和节约意识,从身边的小事做起,譬如:节约一滴水、节约一度电、节约一张纸、节约一粒米……如果 13 亿人汇集起来将是一个多么巨大的数字。”

同学们答得很不错。有人认为:“质变都是由事物在数量上的增减引起的,你怎么认为?”

【思考】事物在数量上如果不变,能否发生质变呢?

教师展示课件——有趣的英语单词:act—cat　on—no　god—dog

学生回答:“字母的数量、质量未变,但由于先后顺序发生了变化,引起质变。这说明事物在总体上数量不变,由于构成事物的成分在结构和排列次序上发生了变化,也能引起质变。”

教师归纳:“对！这是量变引起质变的第二种情形。”

(2)构成事物的成分在结构和排列次序上发生了变化也能引起质变。(屏幕显示)

教师提问:“这种情形在体育比赛中很有用,在现实生活中还有哪些领域可以使用?请大家一起讨论解决。”

教师引导:“你能用你所喜欢的方式,表达出你所观察到的自然界和社会生活中量变与质变的事例吗?”

【学生活动】独立思考后再讨论,最后小组代表发言。

第一组:从两首节奏截然不同的歌曲中各唱两句。理由:同样是七个音乐符号,由于排列组合的不同,可以形成不同节奏的乐曲。

第二组:两个同学下五子棋,由于排列组合的不同,既可以组成凌厉的攻势,又可成为漏洞百出的败局。

第三组:10 个阿拉伯数字可以组成不同的电话号码、车牌号码、QQ 号等。

第四组:同学们用调色板调出不同的颜色,使画面协调色彩丰富。

第五组:26 个英文字母由于排列组合的不同,形成了不同含义的单词。

第六组:句子结构不同情况,如下雨天留客不留。下雨天,留客不？留。/下雨天,留客？不留。

另外，这一原理也可以广泛地应用到我国的改革事业中去。例如：农村的家庭联产承包责任制、产业结构调整、股份制等，就是在现有生产要素、现有资源的条件下，通过改变资源组织形式、具体分配方式和经营管理方式，实现了生产要素和资源的最优化结合，大大地促进了经济的发展。

过渡：一切事物的变化发展都是首先从量变开始的，那么事物的发展是否永远停留在量变水平上？如果不是，量变的必然结果是什么？（学生讨论，老师总结）

2. 质变是量变的必然结果

如何理解？注意两点：

(1)量变达到一定程度时必然引起质变，事物的发展最终是通过质变实现的

学生讨论：什么是发展？怎样才会引起发展？什么是变化？变化就是发展吗？

注意引导学生分析事物前进、上升的变化才是发展。发展是质变，因为新事物代替了旧事物，但质变不一定是发展，比如说面包发霉变质了等等。同学们一定要理解清楚。

(2)量的变化只有达到一定的程度才会发生质变

学生讨论，师总结：所谓度，就是一定事物保持自己质的量的限度，是和事物的质相统一的限量。任何度的两端都存在着极限或界限，叫做关节点或临界点。度就是关节点范围内的幅度。

为了进一步理解“度”，再举一例：

多媒体展示：宇宙速度示意图

总结：总之，量变是质变的前提和必要准备，质变是量变的必然结果。世界上任何事物的变化发展都是先从量变开始的。当量的积累达到一定程度，必然会引起质变。

事物一次量变到质变的过程是不是事物变化发展的终结？（学生讨论）

展示图片：从神舟一号到神舟四号——神舟五号载人飞船发射——神舟七号实现出舱活动。

思考：我国航天事业的发展说明了什么？

（学生在充分思考总结的基础上，教师点评，并自然过渡到第3问题。说明量变——质变——新的量变——新的质变的过程使神舟工程不断向前发展。）

三、事物是不断地经过“量变—质变—新的量变—新的质变”两种状态的循环往复，永不停息地向前发展的(14分钟)

注意三点：

1. “循环往复”并非简单地重复；

2. 这种变化永不停止，是一种无限的过程；

3. 这种变化呈现出发展的趋势，是一个由低级到高级、由简单到复杂的过程。

刚才同学们学习了量变与质变的辩证关系，这对于我们在求知和为人等方面有什么启示？这就涉及我们下节课要探讨的方法论问题。请同学们下去做预习准备。现在我们一起来为本节课的内容进行小结。

四、课堂小结(3分钟)

……

个性化教学

要求学有余力的学生深入分析今年中央经济工作会议提出的“调结构、惠民生”体现了哪些哲学道理，引导他们从唯物论和辩证法的角度进行分析，特别是整体和局部的关系、量变和质变的关系原理的应用，提高分析能力，增强学习的趣味性、深刻性和挑战性。

对需要帮助的学生让他们重点巩固基础知识，在总结全课这个环节，让他们来总结，做练习时，让他们来分析答案，体会思考的乐趣和成就感。

作业设计及检测

2009 年 12 月 5～7 日，中央经济工作会议召开，会议指出，要搞好主要农产品市场调控，深入推进农业结构调整，加强对农民创业的金融和财税支持，培育农民收入新的增长点。

探究：

1. 农业和农村的经济结构是什么？

（答案：农业是农、林、牧、副、渔；农村是农业经济、农村基础设施、农村社会事业的发展等；目标是生产发展、生活宽裕、村容整洁、乡风文明、管理民主。）

2. 结合以下材料，运用量变和质变的关系原理，探讨怎样来调整农村经济结构，促使农村经济能持续健康发展。

地区	特色与优势
黔江区	小南海地震遗迹景观；畅销重庆的“双绿”牌珍珠兰花茶
石柱县	黄水国家森林公园；全国黄连优质产品生产基地；中国农业银行重庆分行授信贷款 15 亿元
彭水县	阿依河景区；百万亩草食畜牧基地
酉阳县	龚滩古镇；中国摆手舞之乡；生产技术成熟的青蒿素制药企业
秀山县	石堤古镇；花灯歌舞之乡；锰、钒矿深加工基地

（答案：略）

教学反思与总结

在哲学常识中有些哲学道理（如量变与质变的辩证关系原理）比较抽象，理解起来难度较大，教师费了很大的力气讲解，学生也不一定理解得很透彻，即使懂得了，也不一定能灵活运用。怎么才能使学生能理解、掌握这些哲学道理呢？在讲《量变与质变》这一课时，我围绕量变与质变的关系，精选了玉树地震捐赠、看瀑布、经典名句、英语字母组合等材料，精心设计一些问题引导学生对这些有趣的材料展开讨论，通过对材料进行步步深入的分析，获得了抽象的哲学道理，课堂上学生积极探讨，气氛很热烈，反映较好，通过练习检查，证明学生确实掌握了量变与质变的关系原理，达到了教学目标。我深切地感受到:与其对学生进行灌输,不如让老师引导学生围绕学习任务开动脑筋,积极探讨,通过自己的努力获取有关知识。自己对通过努力获得的知识理解最深刻,在学习知识的同时又有效地培养了自己分析问题的能力,养成了积极主动探究知识的好习惯。

在这节课的教学中,最大的亮点在于我始终做到提高课堂的有效性,培养学生多元智能,信任学生,对学生进行积极引导和激励。比如学生在学到"事物的结构变化会引起质变"的内容时,有学生问到这个和前面学的整体和局部的关系有什么不同呢?我没有马上回答这个问题,而是请这个同学自己先举一个例子来分析。她举到下围棋的事例,如"一着不慎,满盘皆输",认为这句话从整体和局部关系来看,是强调关键部分的性能状态对整体产生决定性影响;而从量变和质量关系来看,又说明了事物的局部量变会引起质变。"一石激起千层浪",其他同学也积极踊跃发言。其中一男生用摄像从不同角度取景来打比方,分析这是一个研究角度的问题,一个是用联系的观点,一个是用发展的观点,所有并不矛盾。讨论到这里我因势利导,问"这句话还可以体现矛盾观中的哪一个原理呢"?学生更加积极思考,很快有同学答出主要矛盾对事物发展起着决定性的作用。最后我对同学们的表现给予肯定和赞扬。而在备课的时候我并没有想到这一点,这说明在课堂上一定要注意调整教学内容和节奏,在遇到新问题的时候要充分信任学生,给他们时间和空间去探索学习中遇到的新问题,积极思考和解决,并最终掌握方法。在民主的氛围中发展自己的多元智能水平。

在以下方面还要多加努力改进:

1.问题设置要更切合实际

问题设置的类型直接关系到学生参与活动的热情,决定着问题解决和呈现结果的方式单一还是多元,决定着思维是收敛的还是发散的。例如讲完量变和质变的含义,要加强学生对它的理解时,如果像传统教学那样把问题设置为:老师举例让学生判断哪些属于量变,哪些属于质变,学生一判断马上就解决了,运用的只是收敛思维。本节课我把这个问题设置为:"你能用你所喜欢的方式,表达出你所观察到的自然界和社会生活中量变与质变的事例吗?"学生就可以运用自己的智能强项来多元、多维、多感官参与地解决问题,并派代表进行展演,思维训练就由收敛思维发展为发散思维和具有一定创造性的思维的训练过程,所以从这个意义上来说,"问题"的设置就决定了解决和呈现结果的方式、思维的发展程度。

2.时间与内容安排要更合理

以"多元智能"为理论支撑的教学,有利于学生主体地位的发挥,有利于开发不同学生的不同智能;但是面临着如何在大纲规定的时间里完成大纲规定的教学内容的矛盾。主要在概念教授方面还需要再精简,以更突出后面的讨论展演与课堂训练。

3.教学媒体的设计要更精炼

随着教学过程的深入,教学内容由浅入深、由具体到抽象,为了能使学生更好地掌握教材的重点、难点,在运用电教媒体引起学生注意的同时,还必须促使其思考,由无意注意转入有意注意,经过生疑、质疑、释疑一系列过程,提高学生观察问题、理解问题和解决问题的能力,把握好课堂教学的节奏,适当适时选用,创设情景、给予刺激,引起注意,激发兴趣,加快课堂教学的节奏,培养学生能力,提高教学的效果。

专家点评及学生反馈

专家点评:

"有效教学"是20世纪80年代形成的一种教育理念。所谓"有效",主要是指通过教师在一段时间的教学之后,学生所获得的具体的进步或发展。也就是说,学生有无进步或发展是教学有没有效益的唯一指标。课改专家、华东师大崔允郭博士说:"教学有没有效率,并不是指教师有没有教完内容或教得认真不认真,而是指学生有没有学到什么或学生学得好不好。如果学生不想学或者学习没有收获,即使教师教得很辛苦也是无效教学。同样,如果学生学得很辛苦,但没有得到应有的发展,也是无效或低效教学。"本课教学设计体现出"新课改"的要求,贯彻素质教育思想,符合学生学情,课堂教学中始终坚持以学生为中心,做到自学与合作学习相结合,综合启发、讨论、展演、探究等教学方式,教学坡度小、节奏快,在讲解深刻又抽象的哲学原理中善于应用具体生动的事例,使教学深入浅出,有实有据,增强了学习的趣味性和理论性,大面积调动学生学习积极性,学生参与热情高。在处理灵活性问题时教师能随机应变,善于引导,关注学生的智力发展和探究精神。在练习环节中注意了不同层次学生的训练和要求,使每位学生都有收获,效果好。但在教学时间安排上还须进一步研究,比如概念环节还可以再精简一些,讨论和展演"结构变化引起质变的环节"还可以再充分一点,最好可以让学生预习时有个准备,因为这是一个比较难的问题,而且在强调它同整体与局部的关系方面可以加强一下。

学生反馈:

老师讲课生动有趣,很关注我们听课的表情,如有不懂会及时调整,这节课我们学起来感觉难度并不是想象中的那么大,主要是老师引导举了许多实例来分析,降低了理解的困难。在学习中很善于引导我们思考一些新的问题,还通过展演等方式训练了综合能力,学会了思考方法。课堂练习的方式也很好,学习的东西在课堂上消化了,课外的作业少了,负担减轻。所以希望一直坚持。如果让我们有更多一点的时间看书和思考问题就更好了,感觉有点快,做笔记的时间很紧,有些记不过来。

参考资料

1. 吴兆基编绎. 寓言故事. 北京:时代文艺出版社,2001年

2. 刘治寓. 发展多元智能:有效课堂的理想追求. 基础教育课标杂志,2008年

《量变和质变》教学设计

重庆市江津聚奎中学 杨飞

教学内容分析

1. 量变与质变的概念

2. 任何事物的变化都是量变与质变的统一

(1)量变是质变的前提和基础:①一切事物的变化发展都是首先从量变开始的。没有量变作准备就不会有质变的发生;②由于构成事物的成分在结构和排列秩序上发生变化引起质变。

(2)质变是量变的必然结果:①量变达到一定的程度必然会引起质变,事物的发展最终是要通过质变来实现的;②量变达到一定的程度才会引起质变。

3. 事物的发展是由"量变—质变—新的量变—新的质变"循环往复,不停的向前发展。

学生情况分析

高二(6)班全班74人,其中男生20人,女生54人。大部分都是来自农村,总体成绩处于中游,学生的特点是活泼好动,善于协作。对老师提出的问题有独到的见解,有些时候会提出一些精辟的问题,作业能够独立及时的完成。两极分化较大,有十几个学生处在年级下游,这部分学生也是教师今后关注的重点对象。

教学方法选择

情境体验法、归纳法、综合探究法、案例论证法

教学环境与教学媒体选择

多媒体教室

板书设计

事物发展的状态

一、量变和质变

1. 量变和质变的含义

量变：事物在数量和程度上逐渐的、不显著的变化

质变：事物显著的、根本性质的变化

2. 量变和质变的辩证关系

(1)量变是质变的前提和必要准备

(2)质变是量变的必然结果

(3)事物是由“量变→质变→新的量变→新的质变”循环往复，永不停息地向前发展

教学目标

1. 知识目标：通过教学，要使学生能够识记量变、质变的含义，理解量变与质变的辩证关系，并能用正反两方面事例，说明为什么必须坚持适度原则，要不失时机地促成飞跃，重视量的积累。

2. 能力目标：通过教学培养和提高学生的理解、分析和运用理论的能力，培养学生理论联系实际的能力，能够举一反三，善于联系、联想的思考能力。

3. 情感态度价值观目标：通过教学使学生明确任何成功的取得都需要锲而不舍地艰苦努力，从而培养学生的恒心、毅力和坚持不懈的品质。

重点与难点分析

重点：任何事物的变化都是量变和质变的统一。

难点：事物的成分在结构和排列次序上发生变化，也能引起质变。

课堂教学过程结构设计

激情导入·预设情境

(视频)哥本哈根气候会议(多媒体播放)

(讨论)联系同学们在上课之前收集的材料和本段视频，使你想到了哪些哲学道理？

(学生活动)先分组讨论，最后每组推出一名代表发言。

有的组认为：矛盾双方在一定条件下相互转化。

有的组认为：事物是普遍联系的。

有的组认为：这个故事生动地说明了量的积累达到一定的程度，必然引起质变的道理。

有的组认为：办事情要从客观实际出发。

（教师总结）同学们能从矛盾的角度分析，从联系的角度分析，从事物发展的状态角度分析，还从唯物论的角度分析，结论都是正确的。这说明同学们学会了用发散性思维思考问题，并从不同的角度得出不同的结论，很好。今天主要是从事物发展的状态来论述材料中发生的一切。

生成问题·综合探讨

（思考）在上述材料中有几种不同状态的变化？请用词语来概括它们的特点。

（学生回答）气候开始是一点一点在变化，这种变化的特点是逐渐的、不显著的。随着时间的推移，气候的变化超过一定的程度，整个地球环境出现了颠覆性的变化，这种变化的特点是显著的、根本性质的改变。

（教师点评）同学们用了“逐渐的、不显著的、显著的、根本性质”的词语来概括量变和质变的特点，非常好。

屏幕显示：

1.量变和质变的含义和两者的根本区别

量变：事物在数量和程度上逐渐的、不显著的变化。

质变：事物显著的、根本性质的变化。

根本区别：是否有性质的变化。

（讨论）你能列举出你所观察到的自然界和社会生活中的量变与质变的事例吗？

例1：斗转星移，沧海桑田。

例2：一趾之疾，丧七尺之躯；千里之堤，溃于蚁穴。

例3：小时偷针，长大偷金。

例4：对联“学习如春起之苗，不见其增，日有所长；辍学似磨刀之石，不见其损，年有所亏”。

例5：冰冻三尺非一日之寒。

例6：西南地区干旱，如果我们每天能节约一度水，节约一毛钱，将会对灾区有很大的贡献。

例7：再小的问题乘以13亿都是大问题；再大的问题除以13亿都是小问题。

（教师总结）很好，大家有很强的观察、思维和表达能力，能把时事与我们课堂结合起来。量变和质变是事物变化发展的两种状态。无论在自然界、人类社会、还是人们的日常生活，都普遍存在。

教师进一步提问：在事物发展过程中为什么会发生量变与质变呢？有人认为：事物的量变是由外因（外部矛盾）引起的；事物的质变是由内因（内部矛盾）引起的，你认为对吗？为什么呢？在水的三态变化中你得到哪些启示？（多媒体呈现）

设问：请同学们自主阅读教材127页小字部分，回答事物发生量变和质变的原因。

学生讨论、回答：在水分子内部存在着扩散趋势与凝聚趋势的斗争，在大气压强为101.325kPa的情况下，水温升到100℃之前，水分子的扩散趋势在逐步加大，但还没有超过水分子的凝聚趋势，因而，水还是液态，这种变化就是量变。当水温达到100℃，继续加热，扩散趋势就超过了凝聚趋势，上升为矛盾的主要方面，原来的统一体破裂，液态的水变成了气态的水蒸气，这时的变化就是质变。当水温降到0℃以下，凝聚趋势就超过扩散趋势，上升为矛盾的主要方面，原来的统一体破裂，液态的水变成了固态的冰，这时的变化也是质变。

教师归纳、小结：经过讨论，同学们已经明白了发生量变与质变的原因，就是事物内部矛盾双方斗争引起的。实际上，在世界上任何事物的变化中，量变与质变两种状态不仅对立，而且也是统一的，那么，这两种变化的统一关系又是怎样的呢？

屏幕显示：

2.量变和质变的辩证关系

(教师设问)在事物发展过程中，量变是怎样引起质变的呢？(多媒体呈现瀑布并配有声音)同学们，这宏伟的壮丽景色，有谁能用诗句来描绘一下这宏伟的气势？

一学生朗诵道：飞流直下三千尺，疑是银河落九天。

另一同学朗诵道：七十二溪成一瀑，河流飞落玉渊长。

教师进一步设问：诗中由溪到瀑的变化说明了什么？

经过讨论，代表发言：由溪到瀑，事物经过了量变到质变两个阶段，由此，我们可以得出一切事物的变化发展都是首先从量变开始的，没有量变作准备就不会有质变发生。

所以，量变是质变的前提和必要准备(这是量变和质变的辩证关系的第一个方面)。

教师设问：由溪到瀑是通过什么方式实现的？

同学回答到：是小溪数量的增加引起的。

由此，我们可以得出：事物在数量上的增减引起质变。

(讨论)这一哲理使你想到了什么？

(学生活动)学生先独立思考，然后组内讨论研究，派一人代表本组发言。

(结论)学生的联想多种多样，但通过讨论达成了共识：要重视量的积累：做人要“勿以善小而不为，勿以恶小而为之”；做事要“从点滴做起，努力做好每一件事，做好每天的事”；学习要“重视知识积累，日积月累，最后才会取得好成绩”。

屏幕显示：

量变	质变
冻三尺	非一日之寒
积跬步	至千里
环境已点点变化	我们的生存受到威胁
水温逐渐升到到100℃	水蒸气
水逐渐降温到0℃以下	冰

请问：上述材料中质变是如何引起的？

(学生回答)都是由于事物在数量上的增减，即事物在大小、速度、程度和规模等方面的变化引起的。

(教师点评)对，这是量变引起质变的第一种情形。

屏幕显示：

A. 数量的增减达到一定程度，引起质变。

有人认为："质变都是由事物在数量上的增减引起的"你怎么认为？

情境一：多媒体展示

请填空：

田忌赛马					
第一场		第二场		第三场	
齐威王		齐威王		齐威王	
田忌		田忌		田忌	
结果：		结果：		结果：	

（学生概括）田忌参赛的马数量、质量未变（还是原来的三匹马），但由于马出场比赛的顺序发生了变化，引起质变（转败为胜）。这说明事物在总体上数量不变，由于构成事物的成分在结构和排列次序上发生了变化，也能引起质变。这是量变引起质变的第二种情形。

屏幕显示：

B. 构成事物的成分在结构和排列次序上发生了变化也能引起质变。

（教师设问）这种原理在体育比赛中很有用，在现实生活中还有哪些领域可以应用？请大家一起讨论解决。

（教师引导）你们可选取若干个自己熟悉的领域，用自己喜欢的方式表现出来，并作适当的分析。

（学生活动）独立思考后再讨论，最后小组代表发言。

第一组：从两首节奏截然不同的歌曲中各唱了两句。理由：同样是七个音乐符号，由于排列组合的不同，可以形成不同节奏的乐曲。

第二组：下围棋时，同样多的棋子，由于排列组合的不同，既可以组成凌厉的攻势，又可成为破落百出的败局。

第三组：化学上学的金刚石与石墨构成成分相同，因排列次序不同，导致性质不同。

第四组：26 个英文字母由于排列组合的不同，形成了不同含义的单词。

第五组：在学习上也要运用这一原理，科学的、合理的运筹时间，德、智、体各个方面要全面发展。在学校广为流传的"4+4<8"和"8－1>8"的"公式"，说的就是每天埋头苦读 8 小时效果并不好；每天学习 7 小时，抽出 1 小时锻炼身体，参加课外活动，学习效率反而会比原来更高。希望同学们能合理地安排时间，做到省时省力。

（教师参与）看到上面三个英文字母你想到什么？

同学们很快就想到了英文单词 Dog（小狗）；接着又有同学想到了英文单词 God（上帝），另外，这一原理也可以广泛地应用到我国的改革事业中去。例如：农村的家庭联产承包责任制、产业结构调整、股份制等，就是在现有生产要素、现有资源的条件下，通过改变资源组织形式、具体分配方式和经营管理方式，实现了生产要素和资源的最优化结合，大大地促进了经济的发展。再如:目前的人事制度改革,在人员没有增加的情况下,由于进行了优化组合,大大提高了工作效率。所以,我们要想促成事物的质变,就应当有意识地研究事物的结构,优化事物的结构。

除以上列举的这些之外,还有很多领域在使用这一原理达到了理想的结果,有兴趣的同学可利用业余时间,再探究暂时还未知的领域。

(过渡)通过以上分析,我们知道:一切事物的变化发展都是从量变开始的。那么事物的变化能不能永远停留在量变的水平上呢?

情境二:看故事《谷堆论证》

欧布利德是古希腊麦加拉派哲学家,他提出了著名的诡辩论“谷堆论证”:有一天,快下雨了,大公吩咐欧布利德带人把晒在谷场上的谷子收回粮仓。欧布利德口头上答应了,却没有按照吩咐去做,结果谷子全部淋湿了。大公气坏了,将欧布利德叫来问罪。欧布利德辩解道:一粒谷子不能叫谷堆吧?再加一粒呢?也不是谷堆,再加一粒仍然不是。这样每加一粒谷子,每次都不能形成谷堆。因此谷堆根本就不存在,让我搬什么呢?大公听后气坏了。

(设问)故事中欧布利德犯了一个什么样的错误?

(学生讨论回答)事物的变化不能总是停留在量变的水平上,故事中欧布利德的错误就是只看到量变,忽视量变达到一定程度时必然引起质变,从而陷入诡辩论。质变是量变发展的必然结果。常言道“一趾之疾,丧七尺之躯,蝼蚁之穴,溃千里之堤”这句话蕴含的就是这个哲理。

屏幕显示:质变是量变的必然结果(这是量变和质变的辩证关系的第二个方面)。

A. 量变达到一定程度时必然引起质变。

(教师进一步设问)事物从量的变化进入质的变化,关键是什么?

(学生回答)关键是量变要达到一定的“度”,故事中的欧布里德就忽视了麦粒增加到一定的度就会形成谷堆。

(教师点拨)“度”就是一定事物保持自己质的量的限度,是和事物的质相统一的限量。任何度的两端都存在着极限或者界限,叫做“关节点”或“临界点”,度就是“关节点”范围内的幅度。

B. 量的变化只有达到一定程度才会发生质变。

(教师设问)事物的发展是通过质变来实现的,但能不能认为只要发生了质变就是发展呢?

(生甲)质变是事物的性质发生了变化,因而是发展。

(生乙)质变有好的质变也有坏的质变,只有那些好的质变才能叫发展。

(生丙)发展是向上的、前进的上升的运动和变化,因此发展是一种质变,但质变不一定是发展。

(教师归纳)质变有前进的和倒退的两种情况,只有前进的、上升的质变才是发展。总之,量变是质变的前提和必要准备,质变是量变的必然结果。世界上任何事物的变化发展,都是首先从量变开始的。当量的积累达到一定的程度,必然会引起质变。

(思考)事物的变化发展从量变开始,一次量变到质变的过程,是否表明事物发展变化的终结？为什么？

情境三：请看视频《兔子战争》

学生通过欣赏讨论，一起回答——不是。这是因为：虽然世界上任何事物的变化发展，都是首先从量变开始的；当量的积累达到一定程度，必然会引起质变。但是，一次量变到质变的过程，并不等于事物发展变化的终结，新的事物又开始了新的量变，量变到一定程度时，又会引起新的质变。

（老师小结）视频中开始游人带进的16只兔子，并没有对澳大利亚草原造成什么重大影响，然而随着兔子数量的增加，出现了兔子和羊争食的局面，整个环境也遭到了破坏，出现了质的变化。澳大利亚政府不得不采取措施限制兔子的增长，然而在采取的措施中，用病毒来抑制兔子的增长，虽然开始有点作用，兔子的数量减少了，但随后兔子本体产生抗药性，数量又开始直线上升，新的量变又开始了，又将会产生新的质变。所以，事物就是不断的经过“量变→质变→新的量变→新的质变”循环往复，永不停息地向前发展。

（师生共同总结本节内容）量变就是事物在数量和程度上逐渐的、不显著的变化，质变是事物显著的、根本性质的变化。世界上任何事物都是量变和质变的统一。一切事物的变化发展，都是首先从量变开始的。量变是质变的前提和必要准备，当量变达到一定程度时，又必然会引起质变，质变是量变的必然结果。事物是由“量变→质变→新的量变→新的质变”循环往复，永不停息地向前发展的。

警醒促进·总结升华

最后请同学们朗读：

《今日歌》：今日复今日，今日何其多！今日又不为，此事何时了？人生百年几今日，今日不为真可惜！若言姑待明朝至，明朝又有明朝事。为君聊赋《今日诗》，努力请从今日始！

《明日歌》：明日复明日，明日何其多！日日待明日，万事成磋跎！世人皆被明日累，明日无穷老将至。晨昏滚滚水东流，今古悠悠日西坠。百年明日能几何？请君听我《明日歌》。

教师结束语：昨日已过去，今日刚开始，请同学们把握今日，一步一步地积累知识，才能有美好的明天。

个性化教学

1. 上课之前让学生收集哥本哈根会议的图片、影像和发言材料，以便学生互相交流，产生思想的碰撞，让学生在潜移默化中体会环保的重要性。

2. 有意识地让一些急功近利的学生举出他们自己身边发生的事情，使他们知道学习、工作和生活不是一蹴而就的，而是量变到质变的过程。

作业设计及检测

一、选择题

1.“橘生淮南则为橘，枯生淮北则为枳。”这句话体现的哲学寓意是（　）

(1)事物是普遍联系的

(2)矛盾的主次方面在一定条件下相互转化

(3)事物的外因是事物变化的条件

(4)事物的联系是具体的客观的

A.(1)(3)(4)　　B.(1)(3)

C.(1)(2)(3)　　D.(1)(2)(3)(4)

(答案:D。桔与它生活的环境是紧密相连的。甜和苦在一定环境下可以相互转化。环境对桔产生影响,从而有甜和苦之分。事物的联系是客观的,不是主观的。)

2.“物必先腐也,而后虫之;人必先疑也,而后谗之。”从哲学上看,这句话是说（　）

A.内因是事物变化发展的根本原因

B.外因是事物发展的动力

C.外因是事物变化发展的决定因素

D.矛盾是事物发展的动力

(答案:A。“先腐”“先疑”是内因。)

3.一幅对联写到:“学习如春起之苗,不见其增,日有所长;辍学似磨石之后,不见其损,年有所亏。”这对联告诫人们（　）

A.要坚持适度原则　　B.要不失时机地促成飞跃

C.要重视量的积累　　D.要充分重视内因

(答案:C。“日有所长”“年有所亏”反映的是量变,说明要重视量的积累。)

二、阐述题

1.事物的量变必然会引起质变。

(提示:事物的发展首先由量变开始,没有量变就不会有质变。但并不是任何量变都会引起质变,量变只有达到一定的程度才会引起质变。)

2.质变就是发展。

(提示:发展是新事物的产生,旧事物的灭亡。发展确实是一种质变。但质变有好的质变,也会有坏的质变,所以质变不一定是发展。)

教学反思与总结

本节课的教学在设计上,尽量让学生自己来完成对知识的回顾和巩固。为了能够体现学生的主体性,通过哥本哈根气候会议导入,复习提问,先让学生来说,而后教师就学生的回答情况进行点评。通过这样的形式来完成复习内容,为本节课的教学奠定理论基础。

一、激情导入

通过最近在哥本哈根举行的气候会议入手，提起学生的兴趣,然后引申到中国的上海，旨在提醒同学们环保是事关每个人的事情，并不是与自己无关，借此机会对学生进行情感教育，说服他们环保要从身边的小事做起，从每个人做起。

二、师生互动

通过学生活动"参与平台"，提出问题：在你的日常学习、生活中是怎样体现量变与质变的？组织学生列举具体事例，让学生积极发言阐述自己的论点。以及设置"议一议"栏目，组织学生讨论问题，培养学生自主学习能力和归纳总结的能力。

三、图片欣赏

通过知识网络结构、生动具体的实物形象，提高学生发现问题、分析问题和解决问题的能力，提高学生行为的自觉性。引导学生分析，得出书上的相关结论，加深学生的印象。

四、巩固基础

在这一阶段，设置"本课小结"，让学生一起归纳所学内容，然后设置"学以致用"，把课堂练习及时巩固。最后是"警世言语"，联系所学内容，拓宽学生的视野，培养创新能力。

本节课总体来讲比较成功地完成了教学目标，但从中也反映出一些问题。

在课堂上对不同层次的学生未能引起足够的关注。自问：教学是否给学生留足时间？结论固然重要，但是，如果不经过不同层次学生一系列的质疑、判断、比较、选择，以及相应的分析、综合、概括等认知过程，没有多种观点的碰撞争论和比较，结论就难以被真正理解和巩固，学生的创新精神和创新思维就不可能培养起来。所以不仅要重结论，更要重过程。现代教育心理学研究指出，学生的学习过程不仅是一个接受知识的过程，而且也是一个发现问题、分析问题和解决问题的过程，这个过程一方面是暴露学生产生各种疑问、困难、障碍和矛盾的过程，另一方面是展示学生发展聪明才智、形成个性与创新成果的过程。正因为如此，新课程强调过程，强调学生探索新知的经历和获得新知的体验。

课堂的练习设计还需要更多的新意。练习的目的在于及时巩固所学的内容，加深学生对基础知识的理解。但是在设计中缺乏联系现实生活和热点问题，对于提高学生分析和解决实际问题能力的培养不利。

专家点评及学生反馈

专家点评：

1. 以"电影"导入引发学生兴趣，营造轻松的课堂氛围。教师所设计的问题符合学生实际，具有层次性，让他们有话可说，有感可发，这样的设计贴近学生实际生活。教师作为课堂教学的组织者和参与者，营造了良好的学习氛围、探究氛围、竞争氛围、合作氛围，学生能长时间保持饱满的热情参与教学活动。教师为学生营造"自我感悟、自我教育"的情境，创设一个宽松和谐、无拘无束的心理自由和安全的环境，让他们积极思考、大胆发言，产生思维碰撞，提高教学的实效性。

2. 整个教学以"环保"这一热点为载体，通过发现问题、分析问题、解决问题，环环相扣，贯穿始终，师生互动、生生互动在教学中得到了实现，并追求效益最大化。师生在40分钟的合作与交流中实现了课堂资源和课程资源的共享，实现了“知识与技能、过程与方法、情感态度价值观”的统一。而在这个三维目标实现的过程中，情感态度价值观目标得到了最大关注和优先满足。

3. 本节课不仅仅是教学设计新颖，教学过程流畅，更关注了教育对象的种种细节。例如，对学生的回答给予适时引导，恰当肯定，对教学中转瞬即逝的教育契机的把握驾驭……细节是教师教育理念的一种流露、教育风格的一种表达、教育能力的一种诠释，课堂不仅是知识传递的学堂，更是人性养育的殿堂。这里，教师所营造的也许只是一种淡淡的情，是转瞬即逝的一幕场景，而对学生，可能就是一种人生态度、人生道路的选择。

学生反馈：

通过这一节课的学习，我们能够掌握量变与质变的基本含义和辩证关系，重难点拿捏得当，松弛有度。我们不仅掌握了最基本的理论知识，而且了解到生活和学习当中的某些事情是量变到质变的渐进过程，同时还能了解一些时政要闻，把我们与国家、与世界结合在一起。总之，在这一节课中，我们收获的不仅仅是知识，更重要的是我们掌握了一些解决实际问题的方法。

但也存在着不足的地方，如回答问题基本是一些成绩较好的同学，而大多数同学都很沉默，没有考虑到学生的整体情况。学生自主学习的时间还应再多一些。

希望老师在以后的教学过程中做得更好！

参考资料

1. 李书恒主编. 高考调研·二年级(上册). 河北：河北教育出版社，2009年

2. 贾凤山主编. 成才之路·二年级(上册). 北京：人民日报出版社，2007年

3. 薛金星主编. 中学教材全解·二年级(上册). 陕西：陕西人民教育出版社，2009年

《办事情要善于抓住重点》教学设计

重庆市第一中学　高剑

教学内容分析

1. 主要矛盾、次要矛盾的定义。
2. 主要矛盾和次要矛盾的辩证统一关系。
3. 主要矛盾、次要矛盾关系原理的方法论。

学生情况分析

本框内容是高二上学期后半期的知识内容，学生通过半个学期的哲学常识学习后，初步具备了辩证思维的能力，也具备了大量的哲学知识和观点，但是学生的理解能力和抽象逻辑思维的能力还有限。加上矛盾本身就是抽象辩证的，因此，学生对本框的学习将会很难。另外，学生处于青少年阶段，对一些事物和现象的认识片面，很难做到全面看待身边的事物和发生在周围的事情，这在一定程度上增加了教学的难度和学生对知识的理解程度。

教学方法选择

讨论法、归纳总结法、辩论法、理论联系实际法、对比法

教学环境与教学媒体选择

多媒体教室

板书设计

办事情要善于抓住重点

一、主次矛盾的定义

二、主次矛盾的辩证关系

1. 对立

2. 统一

三、主次矛盾辩证关系原理的方法论

1. 抓住重点

2. 统筹兼顾

教学目标

1. 知识目标:通过教学使学生能够识记主要矛盾和次要矛盾的含义;理解主要矛盾和次要矛盾关系原理,尤其是能结合实例分析主要矛盾和次要矛盾相互转化的道理;能根据主次矛盾关系原理把握主次矛盾的方法论,并能结合现实生活中的具体矛盾、冲突作出正确的行为方式选择,尤其是能分析当代中国社会主义现代化建设中的主次矛盾。

2. 能力目标:通过本框教学,要继续在培养学生的辩证思维能力、比较分析能力和运用哲学基本原理去分析和解决实际问题的能力上作出努力。

3. 情感态度价值观目标:通过教学,引导学生坚定国家建设中经济建设重要性的信念。引导学生明确中学阶段的主要任务是学习,正确处理学习和情感矛盾的方法。

重点与难点分析

重点:主、次矛盾的关系原理。

难点:如何正确处理主次矛盾的关系原理,即看问题、办事情既要善于抓重点,又要学会统筹兼顾。

课堂教学过程结构设计

导入:(呈现出网球明星阿加西的三张不同的照片,尤其是有金发的照片)

(师)图上这名体坛明星是谁呢?他就是阿加西,男子网坛天王级人物,1986年~2007年共获得60个冠军头衔,其中8次夺得大满贯赛单打冠军,是网球历史上五位四大满贯赛均问鼎过的男子单打选手之一。

阿加西不仅因为精湛的球技而出名,更因为他俊朗的外表,尤其是那一头飘逸的长发而获得众多球迷的追捧。但是在最近他出版的《自传》中,他曾自曝正是由于这一头金发,使得他在第一次法网决赛中与冠军错失交臂。有哪位同学知道其中缘由吗?

(生)……

(师)实际上,阿加西的这头金发是假发,他在决赛中的所有注意力不是放在球技的发挥或心态的稳定上，他唯一关注的就是假发千万不要掉下来。正因为如此，从而使他丢掉了冠军头衔。可以说，阿加西这种因为假发而丢掉冠军的失败是不值得的，是捡了芝麻丢了西瓜，是一种因小失大的失败。

(师)从他的这次失败中我们可以得到怎样的教训呢？

(生)打比赛不要戴假发。

(师)对，如果我们要想获得比赛的胜利，我们就不能被一些无关紧要的因素影响。我们必须把注意集中在能决定比赛胜负的关键因素上。也就是说，我们办事情要善于抓住重点。这就是本节课我们要学习的内容。

(师)重点决定着我们办事情是否能够成功。(过渡)但是什么是重点呢？我们该如何去找这个重点呢？下面我们就以辽沈战役为例，看看重点究竟是什么？

一、主次矛盾的定义

(师)在辽沈战役中主要存在三对矛盾。一是我军与锦州之敌的矛盾，二是我军与沈阳之敌的矛盾，三是我军与长春之敌的矛盾。如果你们是辽沈战役的指挥官，认为如果要取得胜利，关键要解决哪个矛盾？

(生)……

(师)如果我首攻长春，敌人会收缩防守，这样必将延长东北解放时间。如果我们攻下沈阳，就会受到腹背夹击之苦。而拿下锦州则有利于沈阳、长春的解放，进而加快辽沈战役的胜利。为什么呢？

这是因为锦州地处关内外的咽喉之地，也是陆地与海上的总枢纽。所以，如果我们攻下锦州，无异于切断了敌人的退路，使敌军失去了补给，封闭敌军于东北，形成“关门打狗”之势，这时的沈阳、长春就成了孤城、死城，拿下他们就如囊中取物般容易了。事实也证明了这一点，锦州胜利不久，我军仅用了 18 天就解放了长春和沈阳，整个辽沈战役的胜利共用了 52 天的时间。由此我们可以认为辽沈战役中锦州之战是重点、关键，它的解放不仅对沈阳、长春其他矛盾产生影响，甚至决定着整个辽沈战役的进程和发展。而这个重点我们也叫做主要矛盾，相对的沈阳、长春则是次要矛盾。

所谓主要矛盾就是在事物发展过程中处于支配地位，对事物发展起决定作用的矛盾。次要矛盾就是在事物发展过程中处于被支配地位，对事物发展不起决定作用的矛盾。

二、主次矛盾的辩证关系

(师)一场战役存在着多对矛盾，其中必将有主次之分。一个城市的发展也同样如此。那么，你们认为重庆发展过程中会有哪些矛盾呢？在这些矛盾中哪个才是主要矛盾呢？

(生)环境矛盾、社会安定矛盾、健康矛盾、经济发展矛盾……其中经济发展是主要矛盾。

(师)的确，在重庆发展中我们主要面临的矛盾有：环境、交通、居住、经济发展等矛盾。其中主要矛盾就是经济发展，因为只有它发展了、解决了，其他所谓的居住、环境、交通矛盾才会得以解决，也才能最终决定重庆的发展。而事实也证明了，正是因为经济的发展今天的重庆已今非昔比了。曾经最高的建筑物标志——解放碑，如今已成为了最矮的建筑物。曾经吊脚楼林立的破落的临江门，而今已成为了繁华大都市。曾经落后的交通设施和工具，如今已是立交桥耸立，不仅有了轻轨还有地铁，如今的重庆已不仅仅是“雾都”更是“桥都”，据统计目前重庆一共有一千多座大桥。这一切的改变、发展之所以能够实现都来源于经济的发展，因为只有经济发展了，创造出更多的财富，我们才有更多财力、物力和人力搞建设，改变我们的居住环境、交通设施，最终让重庆越来越好。甚至正是因为经济的发展，人们才能吃饱穿暖，才有更多的时间、精力和条件去追求更高层次的精神享受。比如，周末的晚上我们可以到三峡广场上去听广场故事会的故事，可以跳跳我们中国独有的风景线——坝子舞，这不仅能放松精神，而且能够强身健体。总而言之，今天的幸福生活，今天更现代化的重庆都是因为经济发展才实现的，所以还是邓小平说的好：发展才是硬道理。发展的关键就是以经济建设为中心。由此我们可以得出重庆的发展存在很多矛盾，但是经济发展是其主要矛盾。

(师)于是有人就说了，既然经济发展决定重庆的发展，那么我们就只需要集中精力搞经济建设就行了，还搞什么“打黑除恶”呢！你赞同这个观点吗？为什么？

(生)……

(师)打黑除恶能够为经济的发展创造更安定、清明的社会环境，进一步促进经济的发展。重庆1～8月GDP数字也说明了这一点，1～8月重庆GDP比1～6月高1.2%左右，再次证明了，虽然打黑除恶是解决关于社会安定的次要矛盾，但它同时也能影响主要矛盾。

(师)假如重庆不打黑除恶，任其黑恶势力做大、无限膨胀。你们认为最后会是一个怎样的局面？

(生)……

(师)可能到时候受影响的就不仅仅只是经济发展了，当黑恶势力不断发展，必将对重庆大部分市民的利益造成威胁，而这必将带来社会的动荡不安，使得人心惶惶，最终影响到政府的统治，成为重庆发展的最大阻碍。那个时候的社会安定就不再是重庆发展的次要矛盾，而是一个主要矛盾了。由此，我们可以看到次要矛盾不仅会影响到主要矛盾，甚至在一定条件下次要矛盾也会上升为主要矛盾，左右事物的发展。

(师)从重庆的发展和打黑除恶的分析，我们看到主次矛盾虽然在地位、力量上有区别。但同时它们也是统一的，两者相互影响、相互依赖，并在一定条件下会相互转化。总而言之，主次矛盾之间是既对立又统一的辩证关系。

三、主次矛盾辩证关系原理的方法论

(师)一场战役、一个城市发展有矛盾，而且有主次之分。甚至在我们生活中也是处处充满矛盾，比如我们的高中阶段会有哪些矛盾呢？(过渡)

(生)学习的矛盾、生活的矛盾、感情的矛盾等等。

(师)的确，在高中阶段我们主要面临着几个矛盾，尤其是学习矛盾与生活矛盾常常发生冲突。比如前段时间，我在办公室就看到一场争执，一个男生有早恋倾向，于是老师把他叫到办公室里给他说：“你的主要任务是学习，谈恋爱会分散你的精力，影响成绩。”而学生则说：“喜欢是个人情感的自然需求，我有权利去追求我自己的爱情！”于是两人发生了争执，在没有结果的情况下，他们就分别找了其他人为自己辩护。假如现在他们找到了你们，如果你们就是他们的辩护人，你如何为对方辩护？现在我们就来分为两组，分别代表学生和老师，给你们三分钟讨论，然后起来为你们的辩护人陈述你们的看法。

(生)……

(师)究竟两者谁对谁错？高中生是一个思想、思维、知识极速成长的黄金期，我们应牢牢抓住这一个黄金期充分吸收广博、丰富的知识，进行系统、严密的思维训练，只有这样我们才能形成良好的基本素养，而这是未来人生的关键因素。许多成功人士之所以能成功，难道仅仅就是因为他们的命好，因为他们的机遇好吗？我们说，机遇总是给有准备的人，他们能够有好的机遇，也是因为他们能够抓住机遇。而为什么他们能够抓住机遇呢？比如史玉柱，中国最早的富豪，一夜之间由于负债2.5亿而瞬间破产，但是他又一次东山再起，黄金搭档、巨人网络都是他创造的妙笔，他为什么能东山再起？凭的是他优秀的素质、精准的判断力和分析力，他能够从纷繁复杂的市场信息中抓住商机，而这一切都得益于他十几年的求学生涯，作为1989年深圳大学研究生，十几年的求学生涯给他的不仅仅是知识的丰富还有能力的培养，所以他能为自己的人生创造一个又一个辉煌。李开复，为什么能够在微软、谷歌身兼要职，凭的是什么？也是他扎实的理论能力，作为美国卡耐基梅隆大学计算机博士，李开复对电脑的了解可以说是透彻的，所以他能带领他的团队不断地进行技术创新，获得这些大型国际企业的青睐。而邓亚萍，按理说她已经很成功了，为什么她还要去清华、剑桥深造呢？因为她知道如果要想让自己的人生更上一层楼，她必须有出色的知识素养和优秀的能力素养。总而言之，这些人的成功向我们证明了一点，辉煌人生的开创必须有优秀的素质，而优秀素质的培养则在知识的学习，尤其是高中阶段的知识学习对我们基本素养的形成起着决定性作用。因此，我们可以说决定我们未来人生的，决定我们人生目标是否能实现的矛盾是学习的矛盾，它才是我们的主要矛盾。所以，当学习矛盾和感情矛盾发生冲突时，我们该怎么办呢？

(生)抓住主要矛盾，集中注意力解决主要矛盾。

(师)的确，当两者发生了冲突，就像刚刚我们说的那个男生那样，我们应该抓住主要矛盾，集中精力抓紧学习，因为学习这个主要矛盾决定着我们未来的发展。但是有人则认为，老师我可以既学好又要谈恋爱！你们认为这可行吗？

(生)……

(师)我们不否认成功的案例还是有的。但是我们也必须看到成功的比例是非常非常小的，对绝大多数高中生而言，是无法实现的。因为你们现在的情感、思想都还不成熟，在面对感情问题时总不能冷静、理性的处理，常常为情所困，感情发生了问题就会影响到自己的情绪，进而影响到我们的学习。而人的精力、时间都是有限的，谈恋爱必将会占去我们的时间、精力，进而影响到我们的学习效果。所以就高中生来看，是不适合谈恋爱的。但是我们也必须承认，喜欢某个人是每个人自然情感的需求，当我们有了早恋倾向的时候，我们该怎么办呢？是把它转化为行为，还是深埋于心？

(生)……

(师)当有这情感需求时，我们应该把它埋在心中珍藏，当条件成熟时再来发展它。但就目前来看，我们不能让其发展，变为现实，否则这个次要矛盾就会影响主要矛盾，甚至上升为主要矛盾，成为我们未来发展的失败原因。所以，我们除了要抓住重点，还需要恰当地处理次要矛盾，学会统筹兼顾。

（背景音乐响起——秋日）

（师）正如毛泽东说的：弹钢琴要十个指头都有动作，不能有的动，有的不动。但是，十个指头同时都按下去，那也不成调子。要产生好的音乐，十个指头的动作要有节奏，要相互配合。人生也如一首钢琴曲般，怎样才能演奏出和谐而优美的乐章呢？同样需要动与不动的结合，恰当地处理好主次矛盾，只有这样我们才能做出一番事业，只有这样我们的人生才是充实而美满的，只有这样我们的高中生活才是无悔的。希望大家学习了这节课后能对自己的未来有所启示，希望在座的每一位同学能够走得更好更远！谢谢！

个性化教学

研究性学习，让学生通过对本堂课的理论学习后，结合自身的学习情况，设计出一份合理的学科成绩比例组合。

作业设计及检测

1.“射人先射马，擒贼先擒王”包含什么哲理？请具体分析说明。

2.中国与其他国家交往中，应该怎么处理与其他国家的国际关系？

（答案：略）

教学反思与总结

本堂课的教学思路主要基于从学生的实际生活出发，通过调动学生的积极性和主动性来把握知识，进而增强学生的分析力和判断力。因此上课之初就用了一个运动员的案例进行导入，引起学生的兴趣。在讲解主次矛盾关系中时，主要是从学生身边的问题出发，以“重庆发展中的矛盾”为问题，启发学生对现实社会问题的思考，一方面引起学生的关注，最重要的是以此为契机让学生形成社会主人翁的意识，作为一名社会成员来思考我们社会的发展问题。最后又以学生感情生活与学习生活的矛盾为冲突点，引发学生通过对主次矛盾的把握来思考人生问题，这样整堂课就形成了一个比较完整的课堂，既考虑到了学生的微观生活层面的问题，又考虑到了学生宏观生活层面的问题，并不断通过现实问题的提出激发学生的深刻思考。总而言之，整堂课的课堂氛围是比较活跃的，实现了新教学理念中把课堂归还学生的要求。

但在理论讲解过程中仍存在一定的问题，知识与知识之间的逻辑联系性还有待进一步的完善，对学生的各种回答没有做到完全的、充分的回应。

专家点评及学生反馈

专家点评：

优点：

1.案例比较全面、及时，能够贴近生活。

2.讲解过程清楚明白，重点、难点得以突破。

3. 上课仪态比较好。

缺点：

1. 课堂讲解细节没有处理得好，尤其是学生的一些回答。

2. 没有处理好现代教学板书(多媒体)与传统板书(黑板)的关系。

学生反馈：

1. 学生的学习氛围很浓，对所学内容很感兴趣。

2. 学生在本堂课的学习中，对自己的辩证思维能力、比较分析能力等都有很大程度的提高。

3. 有部分同学重知识的把握，没有重视自己思维能力的培养(如抄老师的板书和PPT的内容)，以后加强引导。

参考资料

1. 任志鸿主编. 高中新教材优秀教案·高二政治(下). 南方出版社，2003年

2. 小学思想品德和中学思想政治教材编写委员会编著. 教师教学用书·高二政治(下). 吉林：吉林教育出版社，2008年

《矛盾在事物发展中的作用》教学设计

重庆市第三十七中学　杨群芳

教学内容分析

1.矛盾是事物发展的动力

2.内外因的辩证关系:既对立又统一

(1)内外因的含义;

(2)内因是事物变化发展的根据,决定事物发展的方向;

(3)外因是事物变化发展的条件,对事物的发展起着加速或延缓的作用;

(4)外因必须通过内因起作用。

学生情况分析

随着社会竞争激烈加剧,教育也面临着一些新的问题,90后的高二学生在面对社会发展、学习竞争压力、家庭变化时,心理承受能力比较弱,通过本框题的学习,引导学生正确对待成长中的顺境和逆境。

教学方法选择

探究法、讨论法、引导法、讲授法等

教学环境与教学媒体选择

在本班教室,把自制的课件用幻灯片投影展示,由于图片和视频容量不大,音频和视频效果不作特殊要求。

板书设计

1. 矛盾是事物发展的动力
2. 内外因的辩证关系:既对立又统一
(1)内外因的含义
(2)内因是事物变化发展的根据、根本动力、源泉,决定事物发展的方向
(3)外因是事物变化发展的条件,对事物的发展起着加速或延缓的作用
(4)外因必须通过内因起作用

教学目标

1. 知识目标:通过教学,使学生了解内外因的含义;理解内因和外因在事物发展中的地位作用;并能运用内外因相结合的观点分析有关现实问题。

2. 能力目标:培养学生归纳和概括的能力,通过运用事例说明原理,培养学生的逻辑思维能力和综合分析、理论联系实际的能力。

3. 情感态度价值观目标:培养学生的爱国主义情感,引导学生正确对待个人成长和社会主义现代化建设中遇到的问题和困难,如主观努力与外部环境的问题,包括顺境与逆境、机遇问题。

重点与难点分析

重点:内外因在事物发展中的地位及其作用。

难点:外因通过内因起作用。

课堂教学过程结构设计

导入新课

(师)展示鸡蛋到小鸡的孵化过程的动画,提出问题:(1)鸡蛋变成小鸡的过程是不是发展?(2)要实现这一过程,必须具备哪些条件?这些条件在这一过程中的作用是不是相同的?若不相同,它们各自起了什么作用?哪个条件最为根本?为什么?

(生)是,适宜温度,种蛋,可能不同。种蛋是根本的……

教师总结得出矛盾是事物发展的动力,并分析内因和外因的含义。

新课教学

一、内外因的地位和作用

(教师展示)中华人民共和国建国60周年国庆大典的图片

(学生探究)我们建国60年来所取得了哪些成就,取得这些成就的原因有哪些?(分

组讨论,展示成就及原因分析)

(教师分析)结合学生讨论的结果,展示改革开放30年来所取得的伟大成就的图片,引导学生得出取得伟大成就的原因主要是坚持独立自主、自力更生,发展生产力(内因)和对外开放(外因)。

(师)在进行社会主义现代化建设中,改革和开放分别起了什么作用?(在学生回答的过程中,进行口头评价,给予充分的肯定和表扬。)

(生)结合改革开放的事例,分别说明内外因的作用。

(教师总结)内因是事物变化发展的根据,决定着事物发展的方向;外因是事物发展的条件,外因对事物的发展起加速或延缓的作用。

二、外因通过内因起作用

(师)对外开放一方面给我们带来了机遇,另一方面也给我们带来了挑战。展示美国的次贷危机对全球的影响(图片),中国面对金融危机所采取的措施(视频),以及中国在全球特别是亚欧共同应对金融危机中所起的作用(视频)。思考:美国的次贷危机对我们产生了哪些影响?面对金融危机,各国经济的发展呈现不同的情况,说明了什么问题?

(生)边看视频资料边听解说对比思考问题。

(师)这正是说明了外因通过内因起作用。

课堂探究

(师)在中学生的成长中,面临各种各样的环境,在这些环境中,有自身的,也有外在家庭的、学校的、社会的,有顺境也有逆境,面对这些环境,我们应该如何对待这些呢?

学生分成四组:

第一组:探究我们面对的顺境有哪些?

第二组:探究我们面对的逆境有哪些?

第三组:面对顺境我们应该怎么做?

第四组:遇到逆境,我们应该从哪些方面努力?

学生讨论探究。

(师)通过我们的学习和理解,事物变化发展是内外因共同起作用的结果,面对顺境,我们要学会利用有利条件,促成自身发展;面对逆境,我们要看到内因才是根据,努力培养自己的意志品质,战胜各种困难,使自己健康成长。

课堂总结

本节课主要学习了内外因的含义以及内外因的关系,我们需要重点把握内外因的关系:内因是事物变化发展的根据,外因是事物变化发展的条件,外因通过内因起作用。我们需要结合内外因的辩证关系来分析我国的改革开放和社会主义现代化建设,同时也要学会辩证地对待我们成长中的各种因素。

个性化教学

本案的设计考虑了班级中不同层次学生的不同需求。

比如:对“内外因的含义”采用教材中通俗易懂的鸡蛋变小鸡的例子,启发学生进行思考,能使需要帮助的学生从浅显的事例中分析得出哲学知识,使他们具有一定的成就感。

对“外因通过内因起作用”的分析理解,需要用到已经学过的联系等相关知识,并要求结合时政知识综合运用分析能力来进行教学,让学有余力的学生感觉到课堂的充实。

作业设计及检测

1. 经过近10年艰苦实验,我国科学家应用基因技术,利用水稻亚种间遗传基因的杂交优势,培育出高产稳产的超级稻新品种。这说明(　　)

①外因和内因一起构成事物变化发展的根据

②在特定条件下外因构成事物发展变化的根据

③外因使事物的变化发展呈现出不同的特点

④外因通过改变内部矛盾双方的地位推动事物发展

A. ①②　　B. ③④　　C. ①④　　D. ②③

(答案:B)

2. “人生的阴影,是自己遮挡阳光造成的。”这句话意在说明(　　)

A. 消除人生的阴影是违反客观规律的　　B. 人与周围的事物处于普遍联系之中

C. 要从内因寻找摆脱困境的有效方法　　D. 外因无助于解决人生所面临的难题

(答案:C)

3. 结合课堂探究的内容,试用内因和外因辩证关系原理分析自己的成长过程,字数要求在400字左右。

(预期错误:混淆内外因的地位作用,认为外因有时也能起决定作用,或夸大内因的决定作用,或忽略外因的影响。处理方法:多举实例分析“内因是事物变化发展的根据”与“外因是事物变化发展的条件”的区别。)

教学反思与总结

让学生在课堂上真正“动”起来

本节课在我校高二(15)班教学后,学生普遍反映良好,和以前的课堂相比,这节课,师生之间、学生之间的互动明显比以前多,也真切体会到了“在活动中学知识,在活动中求发展”的教学乐趣,也意识到了我们再也不能搞“一言堂”,唱“独角戏”,具体说来就是要把学习的权利交还给学生,让学生真正成为学习的主人。在本节课的教学中,也努力做了各方面的尝试,总结出要让学生真正动起来必须做到:

一、让学生“眼动”——教材的阅读活动

以往的课堂中,教师常常把教材读得太多,读得太透,其结果是学生“眼动”机会太少,听教师的讲解反而感到索然无味。现代教育在强调知识的同时更倡导素质和能力。因此,教师在传授书本知识的同时,还应当不断地培养和提高学生的各种素质和能力,其中培养学生阅读能力首当其冲。俗话说:书读百遍,其意自现。因此,政治课上首先要让学生们的眼睛真正地动起来。在课堂中教师应有意识地给学生创设阅读的机会,这就要求教师的读要大大减少，学生的读要明显增加。当然给学生更多的阅读机会并不意味着教师的轻松。在此过程中教师必须起到一个指导阅读的作用，这样才能提高阅读的效率，达到让学生“眼动”的最佳效果。比如在本节课的教学中，对内外因含义的讲解，结合动漫，指导学生看书的过程中提出了思考的问题，让学生在阅读中思考、理解含义。总之，阅读是政治课必不可少的一环，通过教师的引，学生的动，学生的阅读活动才能真正地落实，其能力才能得到真正地提高。

二、让学生“心动”——课堂的讨论活动

在课堂教学工作中，不光要考虑如何去教，还要考虑学生应该如何学。要变传统的“对不对?”、“是不是?”等提问方式为“谁还有不同的想法请大胆说出来?”、“谁想发表自己的看法?”之类的问题。这样，教师心中有了学生，关注每一位学生的全面发展，给每一个学生营造一个施展才华的机会。创设一种和谐融洽的师生关系，让学生在宽松愉快的气氛中学习，让他们敢于表现，敢于质疑，敢于争论。

首先，从课堂讨论题的设计入手。问题的设计要立足于学生的“最近发展区”，主题要适度超越学生独自解决问题的水平，但又能够通过学生个人的思考，学生之间的讨论、交流，加之教师营造的良好讨论氛围，适当点拨，层层引导，最后得出科学的结论。在问题的解决过程中，转化并提高学生个人意识与能力，从而起到辨是非、明真伪、练能力、提觉悟的效果。

其次，在课堂讨论中教师应尝试角色移位。可以让学生自己当老师，自己教育自己，体会教师的艰辛；也可以教师当学生，积极参与学生的讨论活动，拉近师生距离、融洽师生关系。通过角色移位，学生可以体会到自己才是课堂活动的主人。

最后，在课堂讨论活动的形式上，用丰富多样的形式吸引学生全身心投入。可以进行主题式讨论，可以进行质疑式讨论，也可以进行归纳式讨论等等。通过主题鲜明、内容丰富、形式多样的课堂讨论，师生在双边互动的环境中更易领悟知识，增强能力。

三、让学生“手动”——学生的实践活动

古人云：“纸上得来终觉浅，绝知此事要躬行。”脱离了实际的政治课教学是空洞的、枯燥的，更是缺乏生命力的。课改要求下的政治课应当是学用结合，知行统一，理论联系实际的政治课。如何才能做到学用结合，知行统一呢？这就需要学生在“眼动”、“心动”的基础上，手也“动”起来，而教师为学生创设各种“手动”的机会，即实践的机会是很有必要的。

受传统观念的影响，很多教师认为实践活动只能开展在课外，其实学生的实践活动完全可以开展在课堂。受到一定条件的限制，课堂上的实践活动可以以模拟现实、体验生活为主。在内容上，教师可以结合教学内容选取一些学生普遍关注的问题，或与生活联系紧密，或紧跟时代步伐，有选择地组织开展活动。在形式上可以通过知识竞赛、小论文竞赛、演讲比赛、辩论比赛、专题对话、小品表演等展开。例如，在学习了内外因知识的基础上，可以让学生根据各自情况，分析影响自己成长的因素。这就无需走出课堂，在课堂上学生们根据自己已有的知识，“动心”、“动手”相结合，同样达到了体验生活的实践效果。当然学生的实践活动更需要拓展在课外，教师根据教学内容的需要组织学生深入社会各领域，对实际存在的某些重要社会现象或人们思想认识问题，进行实地观察、调查访问。例如，在学习这堂课后，教材主要给学生介绍了内外因等知识，而这几年社会环境对我们的影响也越来越大，学生对这一问题也较为感兴趣。于是围绕这一主题，我们可以就这一问题组织一次调查研究活动。这次实践活动，不仅让学生们开阔了视野，加深了对课堂知识的理解，而且拓展了教材内容，学到了书本上没有的知识。事实表明，实践活动更能激发学生的学习兴趣，培养、提高学生的语言表达能力，让学生树立参与社会活动的意识，增强了其社会责任感。

当然，在这堂课中也存在一些不足，比如对改革开放的分析中，结合教育学生的实际事例比较少，学生虽然能把握内外因，但缺乏直观印象；学生讨论过程中参与也不太充分，有一部分比较内向的学生未能充分调动，在实际教学中还要不断地探索，期待更好的效果。

专家点评及学生反馈

专家点评：

1. 体现互动生成，尊重学生主体

通过教师提供资源，创设情境，由学生结合生活实际体会到事物变化发展是内外因共同起作用的观点，并通过共同分析新中国成立60周年所取得的巨大成就，中国面对金融危机所采取的措施等具体事例，进一步认识到事物的变化发展是内外因共同起作用的结果，尽可能让学生自己感悟知识的生成过程。

2. 开发课程资源，启迪哲学思维

在教学过程中注意把生活与哲学、课外资源与教材资源结合起来，并充分开发和利用多媒体教学资源，通过剪切和组合视频，让学生在情境中展开对成长的环境的思考讨论，走出对内外因作用的认识误区。

3. 发挥德育功能，培养高尚情操

紧密结合新中国成立60周年所取得的巨大成就，进而上升到哲学角度来思考；通过学生对金融危机的影响和应对措施的感性认识以及理性分析，培养学生的爱国主义情感，引导学生树立主人翁意识。不足之处在于：本课教学对于教学重难点突破还有较大的提升空间，还可选择更有针对性、更具趣味性的案例和情景等教学资源，进一步提高课堂的吸引力和亲和力，更加水到渠成地突破重点和难点。

学生反馈：

这节课老师的例子用得很好，不仅让我们了解到国家在政治、经济各方面所取得的成就，增强了我们的爱国热情，同时启迪思维，真正懂得事物发展是内外因共同起作用的结果；通过课堂讨论活动，让我们真正参与课堂，辩证地分析了我们所处的环境，有利于正确对待成长中所遇到的困难和问题。

参考资料

1. 小学思想品德和中学思想政治教材编写委员会编著. 全日制普通高级中学教科书(试用修订本·必修)二年级(上册)思想政治教师教学用书. 北京：人民教育出版社，2008年

2. 任志鸿主编. 高中新教材优秀教案高二政治上册. 海口：南方出版社，2003年

《看问题要分清主流和支流》教学设计

重庆市彭水县中学　徐麒麟

教学内容分析

本课的主要教学内容有：

1. 矛盾主次方面的含义。

2. 矛盾主次方面的关系原理。

3. 矛盾主次方面关系原理的方法论。

这些知识既是矛盾分析法的重要内容，是对本课第一框题“一分为二”观点的深化，又是理解第四课中“量变和质变关系”原理的基础。学习这些内容，有利于我们更深刻地理解矛盾分析的方法，更自觉地利用矛盾分析法来指导我们的人生，指导我们对自然、社会的认识和改造活动。

学生情况分析

通过对本课第一框的学习，学生已经知道“一分为二”的观点；本框题在此基础上，让学生进一步明确对事物“一分为二”之后，矛盾的两个方面的“地位和作用”并不平衡，对事物“性质”的影响也各不相同。学生有了一定的知识基础，但由于“矛盾主次方面”的含义容易与“主次矛盾”的含义相混淆，“事物的性质主要是由取得支配地位的矛盾的主要方面规定的”这一原理的内容也比较抽象。因此，本课教学有一定难度。

教学方法选择

谈话法、图示法、举例法

教学环境与教学媒体选择

粉笔、黑板、图文资料（每人 1 份）

板书设计

看问题要分清主流和支流

一、矛盾主要方面和次要方面的含义

（一）矛盾主要方面的含义

（二）矛盾次要方面的含义

二、矛盾主要方面的次要方面的辩证关系

三、我们看问题既要全面，又要善于分清主流和支流

（一）分清矛盾的主要方面和次要方面，着重把握矛盾的主要方面

（二）不能忽视矛盾的次要方面

教学目标

1.知识目标：识记矛盾主次方面的含义，理解矛盾主次方面关系原理及其方法论要求。运用看问题既要全面，又要分清主流和支流的原理。

2.能力目标：通过教学，提高学生对“概念”的对比辨别能力，培养学生对“原理”的辩证分析能力，强化学生对“方法论”的实际运用能力；同时，在教学过程中，培养学生“自主探究问题、与人合作、积极进行自我反思”的能力，对图形的观察能力和用语言描述图形的能力。

3.情感态度价值观目标：通过教学，引导学生正确对待自己和同学的优点和缺点，改进自己的不足，帮助同学进步，热爱班级，与同学和谐相处；引导学生“正确看待我国社会的性质”。

重点与难点分析

重点：看问题既要全面，又要分清主流和支流。

难点：“矛盾主次方面”的含义和“矛盾主次方面”的关系原理。

课堂教学过程结构设计

诗歌激趣

（师）我给同学们朗诵一段诗歌，请同学们一边欣赏诗歌，一边思考其中蕴含的哲理。“蔷薇花总有刺/我相信天上可爱的天使，她们也绝不会没有瑕疵/天幕上最光洁的星辰，要是伤了风也会坠入凡尘/最好的苹果酒常常带着木桶的味道/太阳里也会有黑点看到”。

（生）听完朗诵后得出结论：事物都是“一分为二”的。

【设计意图】(1)以诗激趣，集中学生注意力。通过诗歌中的哲理，承前启后，引出新课；(2)这段诗歌摘自新教材《生活与哲学》，教师利用新教材中的资源，对学生进行人文

素养的熏陶。

导入新课

(师)事物“一分二”之后,矛盾的两个方面的地位和作用是不是一样的?有没有主次方面之分?

(生)思考,在自己内心作答。

【设计意图】设疑,激发学生思维。

【板书目标】

(师)本节课我们主要学习三个问题

1. 矛盾主次方面的含义;

2. 矛盾主次方面的辩证关系;

3. 看问题既要全面,又要分清主流和支流。

(生)了解教材的“知识结构”和本堂课的“学习目标”,并做好笔记。

【设计意图】让学生从整体上感知教材,使后面的教学“有的放矢”。

新课教学

一、矛盾主要方面和次要方面的含义

(师)请同学们阅读教材 P_{110} 第 2 自然段,找出“矛盾的主要方面和次要方面”的含义,并做好记号。(教师把资料分发给同学)

(生)阅读教材,找出含义,进行感知。

(师)请同学们对资料上的图一、图二、图三进行观察,看它们说明了什么?(图略)。

(生)读图,结合自己的理解进行描述,也可讨论。

(师)进行个别提问,并对学生回答情况进行评价。(正确描述见图后文字)

(师)请学生在图三上用笔把“主要矛盾的主要方面”涂成阴影。

(生)生 1、生 2、生 3。

(师)教师巡查,个别指导。效果图见图四。

(生)在图三上进行练习。

对三幅图的文字描述:

图一说明“复杂事物”内部有“多个矛盾”,“多个矛盾”中有“主要矛盾和次要矛盾”之分。

图二说明“每一矛盾”都包含“两个方面”,这“两个方面”有“主要方面和次要方面”之分。

图三说明复杂事物既包含主要矛盾,又包含次要矛盾;无论主要矛盾还是次要矛盾,都包含着矛盾的主要方面和次要方面。

【设计意图】(1)利用图形,形象地展示“主次矛盾”和矛盾的“主次方面”的区别,突破难点;(2)通过练习,对学生的知识掌握情况进行“快速诊断”,并根据诊断结果进行有针对性的教学。

二、矛盾主要方面和次要方面的关系

(师)矛盾双方有主次之分,那么,“矛盾主次方面的关系”是怎样的呢?请同学们在书上把相关内容找出来,并做上记号。

(生)“矛盾主次方面”是“对立统一”的关系。它们相互排斥,又相互依赖,在一定条件下相互转化。

(师)这样的描述,我们是否有点“似曾相识”?请大家回忆。

(生)在第一框,我们学习“矛盾的斗争性和同一性”时,教材是这样阐述的。

(师)那么,“这里”的阐述和“前面”第一框中阐述是不是一致的呢?谈谈你的理由。

(生)是一致的。前面讲的是“矛盾双方”的关系,这里讲的仍然是“矛盾双方”的关系,只不过这里把矛盾双方分成了“主要方面和次要方面”而已,这里的阐述是对前面知识的拓展和深化。

(师)下面我们具体来看看二者的关系:(过渡)

1.矛盾的主要方面

(师)下面我读教材,请大家在“关键字、词、句”下标上着重符号。

由于矛盾的主要方面在力量上超过次要方面,在地位上占支配地位,在作用上起主导作用。因此,事物的性质主要地是由取得支配地位的矛盾的主要方面所决定的。

(生)听、看、做记号。

在“力量、地位、作用”,“事物的性质主要地是由取得支配地位的矛盾的主要方面所决定的”等下面标上着重符号。

(师)事物的性质是由什么决定的?(要求:不能用教材上的原话回答)

(生)事物性质主要是由“主要矛盾的主要方面”决定的。

(师)事物性质“主要”是由主要矛盾的主要方面决定的。为什么要加“主要”几个字?言外之意是什么?(过渡,同时强调)

(生)矛盾的次要方面对事物的性质也有影响。(思考、回答)

2.矛盾的次要方面

(师)的确,矛盾的次要方面对事物的性质也有一定的影响,是事物发展不可缺少的因素。在一定条件下,矛盾的主次方面可以相互转化。矛盾的主次方面转化了,事物的性质就改变了。为什么这样说呢?请同学们阅读 P_{111} 的例子,思考:玻璃是“绝缘体”还是“导体”?怎样才能转化。

(生)玻璃在一般情况下是“绝缘体”,加热到红炽状态后,变成“导体”。(阅读教材,思考问题)

(师)从哲学上讲,玻璃从“绝缘体”变成“导体”,是什么原因导致的?

(生)是由“矛盾的主、次方面的转化”导致的。常态下的玻璃,“阻碍电流传导的性质”是矛盾的主要方面;加热到红炽状态后,“易导电的性质”成为了矛盾的主要方面。

(师)说的很对,由于条件的变化,矛盾主、次方面的“力量”发生变化,此消彼长。当矛盾双方力量变化到一定程度时,就引起矛盾双方“地位和作用”变化,这时,矛盾的主、次方面就转化了,事物的性质就变化了。

【设计意图】(1)让学生把“新知识”和“原有知识”进行对接,使学生在已有知识的基础上，进一步深化对知识的理解，构建更深刻的知识体系；(2)教给学生读书的方法(抓关键字、词、句)，同时培养学生“求精、求准、求实”的学风；(3)提问检验，并要求学生用“变式”回答，考查学生对前面知识(刚才涂画的阴影部分)的理解和运用能力；(4)把“强调”和“过渡”融合在一起，使教学环环相扣；(5)用“具体”的实例，帮助学生理解“抽象”的原理；(6)让学生结合材料分析原理，加深对原理的理解；(7)这里特别强调矛盾双方的“力量、地位、作用”的变化，主次方面就转化，引起事物性质变化。为第四课讲“量变和质变的关系”原理奠定基础。

(师)矛盾主次方面关系原理，对我们有什么方法论意义？(过渡)

三、我们看问题既要全面，又要善于分清主流和支流

1.分清矛盾的主要方面和次要方面，着重把握矛盾的主要方面。

(师)请同学们思考其哲学依据。

(生)因为事物的性质主要是由矛盾的主要方面决定的。

(师)我国现阶段既存在公有制经济，也存在非公有制经济。那么，我国现阶段的经济是社会主义经济还是资本主义经济？为什么？

(生)是社会主义经济，因为公有制经济是我国国民经济的主体，是矛盾的主要方面，决定我国经济的性质。

(师)金无足赤，人无完人。我们应该怎样看待班上同学的优点和缺点？怎样建设良好的班集体？

(生)要多看他人的优点，宽容他人，同时，要帮助同学改正缺点。(讨论、发言)

(师)建设良好班集体，要求我们善待他人，多看同学优点，鼓励和帮助同学，是不是说我们可以放松对自己的要求，并请求别人的宽容和原谅呢？

(生)不是，我们既要“宽以待人”，又要“严于律己”。

2.不能忽视矛盾的次要方面。

(师)同学们，我们一双手有十个指头，那么，你自己的优点和缺点各占几个指头呢？

(生)(自我反思和自我评价)

(师)假如某个同学的缺点和优点是“一九开”。那么，是不是意味着这个同学就可以“高枕无忧”呢？请大家阅读教材P_{112}第3自然段后回答。

(生)不能掉以轻心，要防微杜渐，因为矛盾的主次方面可以转化，如果我们对“一个指头”的小缺点不加以克服，就可能发展成为“九个指头”的大错误。(看书、思考、回答)

(师)同学们说得非常好！那么，你觉得自己现在应该把哪些缺点“消灭”在萌芽状态？(个别提问)

(生)生1、生2、生3……

【设计意图】(1)思考方法论的哲学依据，可以让我们更自觉地运用相关方法论；(2)通过对原理和方法论的具体运用，巩固所学知识，训练学生理论联系实际的能力，坚定学生的社会主义信念，实现知识、能力、情感态度与价值观目标；(3)培养学生善待他人的态度，提高学生与人相处的能力，同时增强学生的班集体荣誉感；(4)培养学生反思习惯，引导学生认识自己，提升自己的内在素质。

课堂小结

（师）本节课我们学习了哪些内容？（在教师引导下，学生集体总结）(1)学了哪些概念？(2)学了什么原理？(3)方法论要求是什么？

（生）(1)矛盾主次方面的含义；(2)矛盾主次方面的关系原理；(3)看问题要全面，又要分清主流和支流。

【设计意图】通过让学生回忆和整合所学知识，构建学生相对完整的知识体系；同时，通过让学生自己总结，自我评价，对自己的学习进行检验，也体会到本节课学习的成就感。

结束语

（师）重要＋重要＋重要＋…＝？

（生）等于“非常重要”、“超重要”等。（可能有多种回答）

（师）等于“0”。（写出答案）

（生）哦，知道了，这里是强调主要矛盾和矛盾的主要方面。

（师）同学们反应真迅速，希望大家今后“看问题、办事情”一定要“抓重点”、“看主流”，坚持“两点论和重点论的统一”。（给以鼓励，并引出下堂课内容）

【设计意图】以一个“极富哲理的公式”作为练习和本堂课的结束语，既让学生巩固了本堂课的知识，又发人深思！

个性化教学

通过谈话法、图示法、举例法等，给每个人发图文资料，学生主动积极参与到课堂中，随时观察学生的语言表达、辩证思维，并及时引导学生自评或互评，这样使学生不断得到提高；本课的逻辑思路很清晰，可以培养学生习得辩证思维的训练。

教学反思与总结

1. 知识评价：核电有很多优势，又有一定风险。你认为我国是否需要积极发展核电？为什么？（答案要点：应该积极发展。因为：A、事物都是一分为二的；B、要着重看矛盾的主要方面；C、要承认矛盾的普遍性、客观性，积极解决矛盾。）

2. 学习表现评价：教师随时观察学生的学习兴趣、学习方法；注意学生的语言表达、思维脉搏；用语言、表情等手段适时对学生进行有效的评价；或者积极引导学生进行自评或互评，让学生得到自我学习活动的反馈，并及时进行自我调节。

3. 对学生的综合评价：教师通过各种方式，对学生学习的主动性、创新性、与老师和学生的配合情况等进行综合评价。

科学的教学设计是“以人为本”的。我们课前的教学设计，指导着我们的课堂教学。教学设计是否科学，在一定程度上决定着我们课堂教学的效果。那么，什么样的教学设计才是科学的呢？通过对本堂课的教学反思，我认为，只有“以人为本”的教学设计，才算得上是科学的教学设计。“以人为本”的教学设计，简单地说，就是要站在学生的立场，把自己想成是学生，然后将心比心地进行教学设计。具体地说，"以人为本"的教学设计，要考虑以下几个方面：

第一，要注意分析学生的情况，包括学生原有的知识基础、生活经验，以及当堂课学生的身体状态、情绪状态、学生对本堂课的期望等。因为教学活动中，学生是主体，任何的教学活动，最终都要落实到学生身上，由学生来完成。然而学生是人，并且是"活生生"的人，是"有理性、也有感性"的人，是"既现实，又有向往"的人。如果我们忽视了学生，无疑是在演"独角戏"。过分强调"知识本位"，我们的教学就会像车子失去了一个"轮子"，像鸟儿失去了一只"翅膀"，是难以前进和飞翔的。

第二，教学设计一定要有弹性，僵化的教学设计往往会对教学活动带来损害。如果我们自认为自己的教学设计很科学，因此课堂上完全"按部就班"，则往往容易使教学活动脱离学生的实际，难以收到好的效果。必要时，我们完全可以根据需要，打破原来的教学设计，进行灵活机智的教学。比如，我在第一个班上这堂课时，就完全是按照原来的教学设计进行引入(诗歌朗诵)的，也取得了较好的效果。但在上第二个班时，情况发生了变化，他们上一节课是体育课，大家比较疲劳；加上本节课是上午的最后一节，很多同学也饿了。根据这种情况，我对引入进行了调整："同学们，我看得出来，你们累了，也饿了。怎么办呢？我们先休息一下，来一个'画饼充饥'怎么样？"同学们的注意被我的话吸引后，我顺势说："现在，我手里有些'饼'(其实课前准备好的图文资料)，我想马上发给大家看看。"发完后，我问同学："大家看见了，这些'圆'像'饼'，但又不是饼，那么，这些'圆形图'代表什么呢？"。就这样，我引入了新课。从那堂课的效果看，还不错。所以，在某些时候，也许"没有设计才是最好的设计"！

第三，在设计课堂教学时，既要想办法让学生"动脑"，又要想办法让学生"动手"和"动心"。在教学过程中，要调动学生的智力因素，更要调动学生的非智力因素。因为只有紧紧抓住学生的思维(而不只是眼球)，我们才能让学生将所学的东西真正"内化"，形成素质；只有让学生亲自动手、通过练习，我们才能让学生将所学到的知识外化，形成能力，再借助课堂评价，给以反馈、加以调节，让学生对所学知识真正达到准确地理解和灵活地运用；只有充分激发学生的兴趣，集中学生的注意力，调动学生的情感，先让学生"动心"，然后才能够让学生"心动"，实现情感、态度与价值观目标！比如，在"课堂练习"环节，我用了行为学中"重要＋重要＋重要＋…＝?"的公式，让学生体验到了"随意回答、惊讶、顿悟"等不同的感觉，达到了"入脑入心"的效果。

第四，教学设计时，要注意对教学材料的取舍。教学材料是我们教学内容的载体，科学的选取教学材料，对教学效果有重要的影响。在这堂课的教学设计中，我多次引用了教材中的例子，并且收到了较好的教学效果。比如，我对教材中玻璃是"绝缘体"还是"导体"例子的运用和设计，不但利用了现成的教学资源，还引导学生分析了"矛盾主次方面转化的条件"。还通过"点拨"，涉及了矛盾双方的"力量、地位、作用"之间的关系，这一为今后第四课中学习"量变和质变的关系"这一原理奠定了基础。

现在很多人，习惯于在教辅资料中去找教学材料，有的甚至直接在网上下载教学设计，拿来后略加改造就搬进课堂。其实，这些都是"舍本逐末"的做法。因为教材中的例子，往往是经过专家精心挑选的、比较经典的例子，无论从知识性，还是思想性来讲，都比较好。我们完全可以通过对教材例子进行“深挖掘、巧设计”，来引导学生对知识进行理解和运用。

第五，教学设计风格宜朴实、真实、有效，不求“花哨”。比如，在本堂课的教学设计中，在进行概念教学时，我没有制作“课件”，没有利用“多媒体”，只是印发了一页“图文资料”给学生；在进行原理教学时，也没有举一些很“热”的例子进行夸夸其谈的讲解，而是紧紧抓住教材中的“关键字、词、句”，引导学生进行分析。由于我注意调动学生的积极性，注重时时把握学生的思维脉搏，一步步进行引导，不但课堂气氛活跃，学生还不时“生成”一些出乎老师意料的“知识”。比如，一个平常成绩并不优秀的同学，能够在老师提问后的“一刹那”就回答出“事物的性质主要是由‘主要矛盾的主要方面’决定的”，实在让人惊喜！相反，有些过分“花哨”的课堂，看似热闹，实质只是利用“海量的信息”，对学生进行“感官刺激”，学生的思维能力并没有得到提高，情感也没有得到升华。

总之，科学的教学设计一定要“以人为本”，从学生的实际出发，真正做到“一切为了学生，为了一切学生，为了学生的一切”，只有这样的教学设计，才能够真正引领师生共同成长。

专家点评与学生反馈

专家点评：

给每个学生发图文资料，通过朴实的教学工具，充分调动学生的积极性，以学生为本，在参与教学活动中正确对待自己和同学的优点和缺点，改进自己的不足，帮助同学进步，热爱班级，与同学和谐相处。

学生反馈：

学习效率高，学完本框内容后，大部分学生对自己进行了深刻的剖析，谈自己的优点和缺点，立志把自己的优点发扬光大，不断改进自己的缺点，做一个有用的人。

参考资料

田龙奇编. 高中新教材优秀教案高二政治(下). 海口：南方出版社，2004 年

《价值观的导向作用》教学设计

重庆市渝高中学　税晓霞

教学内容分析

《价值观的导向作用》为第六课第二框题内容，本内容在上一框题《社会存在与社会意识的辩证关系》的基础上介绍作为社会意识的价值观，它与社会存在的辩证关系，价值观由社会存在决定并且对社会存在具有能动的反作用；同时由于学生只有认识了价值观的导向作用，才会去重视这种作用，选择正确的价值取向，自觉树立正确的价值观，所以本框题还承接下一个框题《坚持正确的价值观》；也是下一小节引导学生坚持集体主义价值取向的基石。它在第六课中起到承上启下的作用，更是历史唯物主义的重要内容。

学生情况分析

高二的学生经过一段时间的哲学常识学习，有一定的哲学知识储备和哲学思维能力；生活中"价值"对于学生来讲，一点都不陌生，每个学生都在作价值判断，已经自发形成一定的价值观。但是在哲学上如何理解价值和价值观的含义，对学生来讲有些抽象。学生在日常生活中虽然也自己体验过价值观的导向作用，但是日常生活中自己很少从哲学的世界观和人生观的角度去分析。另外他们存在仅从自身需求出发去判断事物价值、张扬个人价值观的现象，需要引导他们的个人价值观与社会价值观相符，进行正确价值观地引导。

教学方法选择

问题探究式教学方法与讲授式教学方法相结合

教学环境与教学媒体选择

多媒体教室

板书设计

二、价值观的导向作用

1. 什么是价值观

(1)价值的含义

(2)价值观的含义

2. 价值观与社会存在的辩证关系

(1)价值观是一种社会意识,是社会存在的反映,由社会存在决定

(2)价值观对社会存在具有能动的反作用——价值观的导向作用

a. 价值观不同,人们对客观事物的评价就不同

b. 价值观对人们认识世界和改造世界的活动具有指向作用

c. 价值观对人生选择、人生道路具有重要的导向作用

教学目标

1. 知识目标:通过本课学习识记价值和价值观的含义,了解价值观与社会存在的关系,理解价值观的导向作用。

2. 能力目标:提升逻辑思维能力,体验马克思主义哲学的逻辑之美。

3. 情感态度价值观目标:在情景体验中,提高社会责任感,重视树立正确的价值观。

重点与难点分析

重点:价值观的导向作用。

难点:价值和价值观的含义。

课堂教学过程结构设计

激发思考·导入新课

【教师活动】以"人生就是选择",选择不同,人生不同,命运不同引入,激发学生探讨人们做出不同选择的原因。

【学生活动】进行关注。

【设计意图】引起学生关注,激发学生学习兴趣。

体验活动·感悟哲理

【教师活动】给出一些物品供学生选择,并追问选择原因,引导学生从自己的选择行为与选择原因中理解价值和价值观的含义。

【学生活动】对教师提供的物品进行选择并在老师的引导下将感性认识上升为理性认识,理解价值和价值观的含义。

【设计意图】理论联系实际，让学生在实际选择中，实现感性认识到理性认识的飞跃，理解价值和价值观的含义，培养学生逻辑思维能力。

【教师活动】创设情境，下周就要高考，在与刚才相同的一些物品中让学生再次做出选择。引导学生体验价值观与社会存在的关系。

【学生活动】在新情境下再次进行选择，对比两次选择，从中理解价值观与社会存在的关系。

【设计意图】创设新情境，让学生体验价值观由社会存在决定，初步理解价值观对社会存在具有导向作用，同时锻炼对比分析的能力。

【教师活动】再次创设情境，随着社会存在的变化，人们对外语口语的价值评价发生变化，国家教育部拟定从明年开始高考外语学科考试增加20%口语比重，并以此对社会进行价值引导。让学生分角色讨论，面对新形势，将采取哪些应对措施。引导学生体验价值观对个人和社会的导向作用。

【学生活动】分角色讨论，体验价值观对个人和社会的导向作用。

【设计意图】再次创设情境，让学生体验价值观的导向作用，同时挖掘学生思维潜能，提高语言表达能力和分析处理问题的能力。

升华延伸·正确导向

【教师活动】用排比句配合图片介绍、歌颂一些正确、伟大的人生选择和决定社会命运的国家选择，加深学生对价值观导向作用的理解和引导学生培养树立正确价值观的意识。

（面对灾难重创，他选择坚强不屈；面对贫穷落后，她选择无私奉献；面对生死关头，他们选择舍己救人……面对民族危亡，我们选择百折不挠；面对复兴大业，我们选择改革开放；面对大国崛起，我们选择科学发展！）对比、体验与感悟。

【学生活动】层层深入，加深学生对价值观导向作用的感悟，引导学生树立正确的价值观，既达到对学生进行正确价值引导的德育目的，又为下一框题的学习做铺垫。

个性化教学

一、创设个性化情景

1. 请学生就一些物品进行选择，不同的学生从自己不同的需求和价值判断出发，做出个性选择，再引导学生从选择原因中体会和理解什么是价值与价值观，并且初步感知价值观的导向作用。

2. 针对外语校高二学生，他们明年既要面临高考，同时又有一定外语学科优势，对高考中外语比重很可能较感兴趣，所以为帮助他们学生价值观的导向作用，特创设国家教育部拟定从明年开始高考外语学科考试增加20%口语比重的情景，激发他们发挥学习主体性。

二、分角色体验

创设情境，假设国家教育部拟定从明年开始高考外语学科考试增加20%口语比重，并以此对社会进行价值引导。让学生分角色讨论，面对新形势，将采取哪些应对措施。引导学生体验价值观对个人和社会的导向作用，从而突破重点。

作业设计及检测

1. 下列属于哲学价值判断的有（　　）

①电影上映了　②电影很好看　③山上的果树挂满了果实　④这些水果真香甜

A. ①②　　　B. ②③　　　C. ①④　　　D. ②④

（学生先尝试选择后教师解释：价值是物的属性与人的需要之间的关系，价值判断要体现人对物的价值评价。①③仅仅阐述事物现象所以不是价值判断，本题答案应该选择D。本题还让学生看到价值概念中的“物”既包括物质现象又包括精神现象。）

2. 国家语言资源监测与研究中心等多家单位联合发布的“2009 年中国主流媒体十大流行语（综合类）”有：新中国成立 60 周年、落实科学发展观、甲流、奥巴马、气候变化、全运会、G20 峰会、灾后恢复重建、打黑、新医改方案。这些词语在 2009 年的流行表明（　　）

①社会意识是对社会存在的反映

②主观认识随着客观实际的变化而变化

③价值观对人们改造客观世界具有导向作用

④价值观不同人们对客观事物的评价就不同

A. ①④　　　B. ①②　　　C. ②③　　　D. ③④

（学生先尝试选择后教师解释：本题解题关键是要知道语言是人的主观意识，属于社会意识，之所以这些语言的流行是由于 09 年的社会存在，题干中从社会存在对价值观的决定作用方面进行强调。故选择 B）

3. 学生观看视频《2010 年感动中国十大人物之张正祥》后找出录像中事件体现本课所学哪些哲学道理。

（本设计一方面可以检测学生对本节课所学内容的掌握程度，另一方面又对引导学生树立正确的价值观起到积极作用。答案：略。）

教学反思与总结

教师是学生学习的引导者，往哪里引？这由教材决定，也由学生学情决定。教材是教师组织教学和学生学习的依据和蓝本，是确定教学内容的主要依据；但教材知识最终要让学生掌握才算达到教学目的，根据学生学情哪些他们已掌握，哪些他们能掌握，哪些他们难掌握，哪些他们必须掌握……这也是最终我们确定教学内容的依据。

教师是学生学习的引导者，怎么引？这同样由教材决定，也由学生学情决定。教材知识本身的理论性、抽象性程度，与学生生活的关系；学生已有知识、能力水平、关注点等都是决定教学方式的依据。

这些观点内容在新的教材观、教师观、学生观中大家都如数家珍，只是操作时往往偏重教材，没能真正从学生实际出发，使得教学内容枯燥乏味。又或侧重于关注学生兴趣，教学形式花哨但没能与教材有机结合，使得课堂教学流于形式。所以既吃透教材又吃透学生，“两手抓”，让二者同为我们教学的依据，这是我们实现教学目标，达到良好教学效果的保证。本课仅从教学形式上在设计中就进行了多次修改，最初以“2012”环保话题为载体，学生有很多话可说，但是很多与本课价值观的导向作用无关，感觉课堂组织只是空“花架子”。后改为“2010 年感动中国人物之张正祥”事迹为载体，他的事迹能很好地、全面地体现本课知识点，但却由于离学生有一定距离，不能引起共鸣，感觉内容有点虚，最后定为本设计中以学生生活实例为切入口，力求最大程度的接近学生实际，从而得到学生的强烈反应，很好地激发了他们学习的主体性，促进教学目标的实现。良好的教学效果说明精心的教学设计是值得的，从教材和学生实际出发进行教学是正确的，这种做法值得坚持。

专家点评及学生反馈

专家点评：

优点：教学设计内容流畅、充实，重点突出，以幸福为话题的讨论很有创意，操作性也很好。支撑性材料丰富，运用得恰如其分。能融合时政及现实社会生活材料，体现了大政治学科的视野。把哲学之于其他学科地位凸显出来，体现了一个思维高地应有的定位。

不足：没能充分调动进入思维定势的学生，对学生表达能力和思维方式的差距估计不足。课堂气氛不够热烈，教师讲得不够精练。

学生反馈：

知识掌握效率较高，主要得益于对课堂设计的新颖性比较满意。拓宽了视野、培养了思辨能力及表达能力。由于引用材料很多，而自身知识面和接触不够，以至于不太能跟上课堂节奏，若能平时多给一点时间和同学沟通就能达到较好的效果，希望老师能在课前先安排相应材料的接触和熟悉。

参考资料

1. 张天宝，王攀峰. 高中新课程课堂教学改革. 天津：天津教育出版社，2005 年

2. 第二届全国中小学教师语文个性化教学案例大赛，http://www. whhyjy. net/mgy/content. php? articleid=8987&examine=and|((uploadarticle=1|and|examine=1)|or|(examine=0|and|uploadarticle=0))

3. 普通高中政治课程标准，http://www. qxedu. com. cn/w/article/kebiao/766_2. html

《价值观的导向作用》教学设计

重庆市合川中学　林光勇

教学内容分析

1. 价值和价值观的含义。

2. 价值观与社会存在的关系。

3. 价值观具有能动反作用的表现：第一、价值观不同，人们对客观事物的评价不同；第二、价值观不同，人们在认识世界和改造世界的活动中指向不同；第三、价值观对人生选择、人生道路同样具有重要的导向作用。

学生情况分析

学生有一定的知识基础，这有利于本节课的教学。经济部分的知识会干扰到学生对本节课知识的把握。高一经济部分讲了经济学中的价值概念，这容易干扰学生对哲学上价值概念的把握。因此，在本课教学过程中要讲清两个概念的不同点。

高二的学生正处在形成价值观的重要时期，本课价值观的知识有利于学生形成正确的价值观，学生又是第一次正式接触价值观的有关理论，因此学生有较强的学习动机。

教学方法选择

讲授法、讨论法、探究式学习法

教学环境与教学媒体选择

本文是重庆市第五届高中政治优质课大赛的教学设计，上课的地点在重庆外语学校，教学过程应用了多媒体技术，通过 PPT 充分展示了本课的教学内容和教学环节，其中选用的材料主要有：犀利哥的照片，这用于激发学生学习兴趣，尽快将学生引入本堂课的教学；辩题“高考是否取消英语考试”，这用于“价值观不同，人们对客观事物的评价不同”的教学；德国人卢安克在中国义务支教的视频材料，这用于“价值观对人生选择、人生道路具有重要导向作用”的教学；自编的《中学生快乐手册》和背景音乐《迷情仙境》，主要用于学生集体朗诵，让学生体验如何面对生活中遇到的问题和困惑，体验如何改变不正确的价值观，使自己更加快乐。

板书设计

价值观的导向作用

(一)什么是哲学上的价值

(二)什么是价值观

(三)价值观与社会存在的关系

(四)价值观具有能动反作用的表现

第一，价值观不同，人们对客观事物的评价不同

第二，价值观不同，人们在认识世界和改造世界的活动中指向不同

第三，价值观对人生选择、人生道路同样具有重要的导向作用

教学目标

1. 知识目标：掌握价值观的含义和价值观导向作用的具体体现，让学生能够用本课的知识解决实际生活中的问题和困惑。

2. 能力目标：运用本课知识分析问题、解决问题的能力。

3. 情感态度价值观目标：让学生运用实际案例来理解价值观的含义和作用，体会价值观的作用，让学生明白要树立正确价值观的重要意义。

重点与难点分析

难点：价值和价值观的哲学含义。

重点：价值观的三个导向作用。

课堂教学过程结构设计

一、教学引入

(PPT 显示)用犀利哥的图片，激发学生的学习兴趣，尽快进入本课的教学情景。

(师)这就是前段时间在网络上受到热捧的犀利哥，同学们，犀利哥潮不潮？请看网上是怎么评价的。

(PPT 显示)“型男！那销魂的发型，忧郁的眼神，唏嘘的胡茬子，时尚的日式混搭风格……膜拜！”

“他放荡不羁、不伦不类的感觉以及那原始版的‘混搭’潮流，让人们眼前一亮。”

“秒杀宇宙究极华丽第一极品路人帅哥！帅到刺瞎你的眼！”

(师)同学们，网上热捧犀利哥现象的背后，其实反映了人们另类的审美价值观，这就

涉及了哲学中一个重要命题,即价值观的导向作用。

今天我们就一起来学习有关价值观的知识,请同学们翻开书 P44 页“价值观的导向作用”这一课题。

二、哲学上的价值观概念

(PPT 展示)用草莓、手机、小汽车等实物,引入哲学上价值概念的讲解。

说明价值是指人的需要与事物属性之间的特定关系,即事物对人的积极意义,并特别说明哲学上的具体价值有很多方面,如道德价值、医学价值、生态价值,等等。哲学上的价值概念是对具体领域的价值的概括和总结。

让学生回忆高一经济常识中讲到的价值概念,让学生理解到这里的价值与高一经济常识中讲到的价值概念,有很大的差异。提示学生,哲学的价值概念与经济常识中讲到的物品的使用价值有相似之处。

三、什么是价值观

1.用一段影视作品中常见的对话引入(PPT 展示)

阿牛:当年,我们家很穷,我人也长得不怎么样,你为什么喜欢我?

小芳:你心肠好。

让学生分析小芳喜欢阿牛的原因。引导学生理解:在小芳的内心深处,她把一个人的“心地是否善良”看得很重要,而且把这一点看成是评价一个男孩子好不好、值不值得爱的主要标准,而不是把“家里有没有钱”、“人长得帅不帅”,作为她选择男友的主要标准。让学生认识到小芳的话其实就显示了她的爱情价值观,从而引入哲学价值观的学习。

2.分析讲解价值观的含义

引导学生看书,齐读课本上关于价值观的含义。强调价值观是一种观点,属于社会意识的范畴;价值观是人们判定一个事物重不重要、值不值、好不好、有没有意义等性质的根本观点和评价标准。

3.用三个例子让学生理解价值观的含义(PPT 展示)

(1)世界是变化发展的物质世界。 (2)犀利哥太帅了。 (3)集体主义,享乐主义。

说明:(1)不是价值观,而是世界观;(2)是一个一般观点,不是价值观,但可以反映了一种审美价值观;(3)是价值观。

四、价值观是一种社会意识,是社会存在的反映。它在一定的社会存在的基础上产生,随着社会存在的变化而变化

引导学生阅读教材得出结论:在对待人与自然的关系问题上,人类的价值观经历了“人是自然的奴隶”、“人是自然的主宰”、“人与自然和谐共生”的变化过程。

由此说明,价值观在一定的社会存在的基础上产生,并随着社会存在的变化而变化。(PPT 展示,如前图)

五、价值观的导向作用

1. 用全国政协十一届三次会议上某政协委员的提案，即高考取消英语科目的考试，作为辩题，让同学们辩论(PPT 展示辩题)。

先了解持赞同意见和反对意见的学生人数，让学生先讨论后自由发言，阐述赞成或反对的理由，教师适当点评，引导学生得出结论：正是由于同学们对学习英语的价值观不同，同学们的对高考是否取消英语科的考试，持不同的观点和评价。总结价值观的第一个导向作用：价值观不同，人们对事物的评价不同。

2. 改革开放后，我国经历了两个重要的发展时期，这两个发展时期的指导思想略有不同，引导学生分析比较。(PPT 展示，如右图)

在以邓小平为领导核心的改革开放初期，我国确定了以经济建设为中心，大力发展社会生产力的指导思想，在这种政治价值观的指导下，我国把经济建设的发展放在了非常重要的位置，为此实行了一系列改革开放的政策。引导学生回忆这些政策措施，如在农村实行了家庭联产承包责任制的改革，在城市实行了国有企业的改革等等。让学生明白，这个时期我国采取的一系列重大改革措施，都是在以经济建设为中心的政治价值观的指导下进行的。

最近几年，在以胡锦涛为领导核心的发展时期，我国提出了坚持以人为本，努力构建和谐社会的指导思想，引导学生列举在这种政治价值观的指导下，我国所采取的政策措施，如努力缩小城乡差距，建设社会主义新农村，取消农业税，加强环境保护，等等，让学生在总结中认识到，正是由于我国把建设和谐社会看得很重要，所以我国所采取的一系列方针政策，都是围绕努力构建和谐社会而制定的。

由此，让学生理解价值观的第二个导向作用：价值观不同，人们在认识世界和改造世界的活动中指向就不同。

3. 用德国青年卢安克在中国义务支教十年的视频资料进行教学。(PPT 展示)

先向学生简单介绍一下视频资料的内容：这个视频是前不久中央电视台播放的一条新闻，说的是一个叫卢安克的德国人，在中国广西一个贫困山区，义务支教十年，这十年中，他不要学校一分钱的工资，以苦行僧式的生活，认认真真、勤勤恳恳地从事教学工作。提醒学生在看视频资料的时候，想想是什么样的思想原因，让卢安克选择这样的生活道路。

看完视频后进行讨论。

教师对学生发言进行点评，并引导学生认识到，卢安克把为了学生的发展、人类的发展而工作，看成是非常有价值的事业，所以他选择了这样的人生道路。从视频资料中可以看出，卢安克之所以有不同于常人的人生道路和人生选择，根本原因是他的价值观不同于常人。

引导学生理解价值观的第三个作用：价值观对人生选择、人生道路有重要的导向作用。

六、教学小结

总结本课所学知识(PPT 展示)

本课小结

什么是哲学上的价值?

什么是价值观?

价值观在一定社会存在的基础上产生,并随着社会存在的变化而变化价值观具有能动的反作用。

第一,价值观不同,人们对客观事物的评价不同。

第二,价值观不同,人们在认识世界和改造世界的活动中指向不同。

第三,价值观对人生选择、人生道路同样具有重要的导向作用。

七、探究学习

(师)我们学习哲学就是为了让哲学回归生活,用哲学的知识来指导我们的生活,解决我们生活中遇到的问题和困惑。同学们,我们今天就来试一试。

首先,请大家讨论一个问题:一个人内心的痛苦或快乐,与这个人的价值观有怎样的关系?

引导学生讨论,并用 PPT 展示:

如果他所处的现实环境与他的价值观一致,他的内心就是快乐的;如果他的现实环境与他的价值观不一致,发生很大的冲突,他的内心就会痛苦。

(师)卢安克快乐吗?很快乐,根本原因就是他的外部环境和他所从事的活动,与他的价值观是一致的,所以他快乐。

我们成长的过程有没有痛苦和困惑,让学生谈谈自己心中的痛苦。

这涉及学生的个人隐私问题,因此在这里主要用投射法,以团体心理辅导的形式开展教学。

(举一个实例)如我班上有一个同学,是高二的一个男生,在他的价值观中,他把自己的身高和长相看得非常重,但现实很残酷,他身高不到一米六,他作了很多努力,如买增高鞋、吃增高药,但都不见效,为此,他痛苦万分,想退学,甚至自杀的念头都有过。

(师)同学们,我们如果遇到类似这样的问题,该怎么解决?学了本课的知识,我们可以找到解决的办法。什么办法?

改变不了环境就改变自己,改变我们不成熟、错误的价值观。(PPT 展示)

启发学生:这位同学痛苦的根源是他的价值观与他的客观条件不一致,而且他的价值观有问题,他太看重身高、外貌等外部条件,他应该转变认识,因为身高和外貌不是决定人生成功的主要因素,个人内在素质和个人的努力程度才是人生成功的根本因素,因此,改变这种不现实的价值观,树立正确的价值观,就可以减轻甚至摆脱内心的痛苦,使自己快乐起来。

(师)我们在成长的过程中还会遇到类似这样的问题和困惑,为此,我给大家准备了一个《中学生快乐手册》(PPT 展示)

中学生快乐手册

当我为自己那个寒酸的家而抬不起头的时候，我应该明白，家永远是我温暖的港湾，是爸妈给了我远航人生的第一步。

当我总看不惯别人的言行而想发怒的时候，我应该学会宽容、学会尊重，允许别人的价值观与我有很大的不同。

当我为自己长得不帅不靓而倍感自卑的时候，我应该明白，这不一定重要，那不是我们人生发展得好与不好的根本要素。

当我学习有了巨大压力而想放弃的时候，我应该明白，今天的付出是为了明天的幸福，明天的收获远胜过今天的辛苦。

我无论贫穷还是富有，无论外表靓丽还是相貌平庸，这些都不重要，知识与能力、道德与意志的修炼，才是人生成功的基础。

有了正确的价值方向，我们的人生之路才不会迷惘，心灵世界才会健康；有了正确的价值方向，我们的成长才会少一些痛苦烦恼，多一些快乐阳光；有了正确的价值方向，我们才会拥有自信的力量，未来的人生，才能铸就辉煌！

要求让学生起立，齐声朗读，并默默感受快乐手册上的内容，同时配上优美的背景音乐《情迷仙境》，让学生在朗读的过程中感受，如何改变不正确的价值观，以应对中学生常见的问题和困惑，达到学以致用的目的。

朗读后，在音乐声中结束本课。

个性化教学

1. 想一想：

自己在成长的过程中还有哪些烦恼和痛苦，是不是自己在价值观方面出了问题，如果是，就要转变不正确的价值观。

2. 帮一帮：

看看你的同学或亲友，他们的烦恼和痛苦是不是在价值观方面出了问题，如果是，请你利用本课所学的知识，从价值观方面入手，对其进行劝导，让其走出心理的困境和阴影。

3. 选择题：

以下关于哲学上的价值问题的理解，正确的一种是(　　)

A. 某种东西被人们利用了就有价值，反之就没有价值

B. 只有满足了人们所需要的事物才是有价值的

C. 凡是能被人认识的事物就是有价值，反之就没有价值

D. 价值是指事物对于人的积极意义，凡是能满足人们某种需要的客观事物就是有价值，反之则没有

(答案：D)

4. 讨论题：

一座国际公寓突然失火，居住在其中的各国居民纷纷仓皇而逃。犹太人拼命搬出他

的保险箱，因为那是他用智慧和汗水辛辛苦苦挣下的财富；美国人先救出他的妻子，因为在他的心目中幸福温馨的家庭比什么都重要；法国人首先想到的是救他的情人，因为冒着生命危险去救情人是一件非常浪漫的事；中国人则先救出他的母亲，因为中国人讲究孝道，若是抛下母亲独自逃命，真是不仁不孝，怎会有脸面苟活于世。

请用本课所学的知识对上述材料进行分析，为什么不同国家的人有不同的行为。

（分析：价值观是人们对事物有无价值及价值大小的根本观点和评价标准。价值观在人们的思想中具体表现为“值不值”、“重不重要”等判断，价值观具有反作用，价值观不同人们对事物的评价不同，人们的行动指向性不同。）

答案：从上述材料可以看出，不同国家的文化不同，导致了人们的价值观不同，价值观不同，人们的对同一事物的重要性的认识不一样，采取的行为方式也不同。所以就出现了上述不同国家的人，在对待火灾抢救什么最重要的认识和行为上有很大的差异。

教学反思与总结

从教学过程看，环节紧凑，过渡自然，师生互动性强；从教学氛围看，由于我所选择的材料较新、贴近学生的生活，所以学生的反映强烈，课堂氛围活跃，特别是学生在辩论“高考是否取消英语考试”时，学生积极发言，论点清新，头头是道，争论激烈；在看卢安克的视频材料时也非常认真，并深受感动；在集体朗诵《中学生快乐手册》时，特别投入，读完之后，学生情不自禁地鼓掌致谢；从教学效果看，通过课后对学生的交流，了解到学生对教学满意，认为收获很大。这是一堂非常成功的课。因此，本堂课在这次重庆市第五届高中政治优质课大赛中获得一等奖。

但这节课也存在一些问题，如在价值观概念的教学过程中，概念的挖掘还不够深入、分析不够流畅。在最后学习探究环节，由于时间不够，探究不够深入和具体，对学生的教育效果还没达到理想水平。

另外，在这次赛课中，我还遇到一个意外情况。按比赛规则，参赛教师不能提前和学生接触，所以，我只有上课前几分钟的时间和学生交流，通过短暂的课前交流了解，我发现我抽到的班级是一个理科班，学生的知识功底和学习的重视程度都不够，更令人意外的是，这个班的学生，还没有学习前一个框题，这对我本堂课的教学有很大的制约作用，于是，我马上组织学生，临时学习了一下前一个框题的主要知识点，让学生知道社会存在与社会意识的辩证关系。这为后面的教学稍稍减少了一些障碍，但这个问题多少还是影响了我教学的正常发挥。

因此，在异地教学，借班上课的特殊情况下，一定要先了解学生的情况，并对异常情况进行冷静灵活的处理。

专家点评及学生反馈

专家点评：

教学设计合理，教学环节紧凑，互动性好，启发性强，注重知识的实际应用，用本课的知识解决学生的实际问题的环节，是本堂课的最大亮点。但对基本概念的讲解不很细致，结合教材不够。

学生反馈：

这节课很好，卢安克的事迹很受感动，特别是后面《中学生快乐手册》读后很受启发。

参考资料

1. 何代福著. 政治课堂新坐标名校学案(高二下册). 湖北：湖北科学技术出版社，2010 年

2. 小学思想品德和中学思想品德政治教材编写委员会编著. 思想政治教学参考(高二下册). 北京：人民教育出版社，2008 年

3. (美)科米尔(Cormier・S)，(美)葆拉(Paula・N・S) 著. 心理咨询师的问诊策略. 北京：中国轻工业出版社，2006 年

《价值观的导向作用》教学设计

重庆市求精中学　张必发 岳思举

教学内容分析

本课的教学内容为人教版思想政治教材高二年级下册第六课第一节第二框，主要内容是“价值观的导向作用”。本框题主要介绍了价值的含义、价值观的含义、社会存在与价值观的辩证关系。本框具有承上启下的作用，既是对上一框题“社会存在与社会意识的辩证关系”的具体和深化，也是学好下一框题“坚持正确的价值观”的基础和前提。学生只有在充分认识到什么是价值、什么是价值观以及价值观的导向作用之后，教师才能够有效地引导学生做出正确的价值判断和选择，从而实现自我价值和创造社会价值，因此本框内容十分重要。

学生情况分析

1. 高中生智力水平已接近成人高峰状态，初步完成了从具体思维为主到抽象思维为主的过渡，开始理智地思考问题，但时常需直观的、感性经验的支持。这既为教师在讲解本框题内容时引导学生把握抽象概念，把握知识间内在逻辑联系提供了良好的条件，同时又决定了教师在讲解抽象内容时要辅之以必要的事例，帮助学生克服学习过程中的障碍、难点，准确地理解、运用知识，是本框题教学内容顺利完成的心理基础。学生通过对《哲学常识》内容的学习，初步掌握了运用唯物论、辩证法的观点去认识问题、分析问题的方法，对马克思主义的历史观也有了初步的理解，明确了社会存在与社会意识的关系，这为本框题教学内容的顺利完成奠定了知识基础。在我国现阶段，以为人民服务为核心的社会主义道德建设过程中涌现了大批的先进人物和道德典范，学生通过对他们的事迹和业绩的了解产生了敬佩之情，这是本框题教学内容顺利完成的情感基础。

2. 随着社会的日益开放，个人主义、享乐主义、拜金主义等资本主义腐朽思想不断地影响着当代的中学生，使少部分中学生的价值观发生了扭曲或产生价值虚无主义的错误观点，容易产生先入为主的心理，这在客观上增加了教学的难度。同时，受客观社会现实的影响，中学生往往还具有思想偏激、爱走极端的特点，教师在教学过程中要注意以理服人，让学生在哲学理论和真实事例面前自觉改造思想，真正认识到树立正确价值观的重大意义。

3.进入中学阶段，学生的价值观正在逐步形成，但其观点零散且琐碎。随着中学生思想的不断发展，迫切需要从理论上掌握价值观的含义，形成自觉改造价值观的意识。学生通过本框题的学习，应在理论上掌握价值观的含义及作用，在实践中学会用价值观知识分析所见所闻，在思想上增强自觉改造价值观的意识，为后面的学习奠定基础。

教学方法选择

直观教学法、情景教学法

教学环境与教学媒体选择

多媒体教室

板书设计

价值——价值观
- 含义
- 产生于变化
- 导向作用
  - 对客观事物的评价
  - 认识世界和改造世界
  - 人生道路和人生选择

教学目标

1.知识目标：识记价值、价值观的含义；理解价值观与社会存在的关系：价值观是一种社会意识，是一定经济关系的产物，并随社会经济关系的变化而变化；价值观具有多样性，不同的价值观具有不同的导向作用；能运用价值观与社会存在的关系原理，分析价值观的有关问题。

2.能力目标：分析不同价值观的实质及其作用，提高比较思维能力；分析不同价值观的现象及其实质，提高透过现象看本质的能力；分析教学中的实际案例，提高理论联系实际的能力。

3.情感态度价值观目标：提高坚持正确的价值取向的自觉性。

重点与难点分析

重点：价值观在人们认识世界和改造世界的活动的导向作用，认识人的价值在于对社会的责任和贡献。

难点：对价值和价值观概念的理解。

课堂教学过程结构设计

复习提问·温故知新

【教师活动】

(1)社会存在和社会意识的辩证关系是什么?

(2)科学的社会意识为什么能够对社会存在起巨大的促进作用?

【学生活动】学生回答:略。

【设计意图】巩固上节课所学知识,为学生理解本框题知识做好准备。

导入新课·提出问题

【教师活动】播放幻灯片。

PPT1:(视频:人梯救人)

(师)

为救素不相识的两个小男孩,三个同是19岁的大学生毫不犹豫地跳入江中,献出了年轻的生命。请允许我们牢牢记住他们的名字:陈及时、何东旭、方招。此事件在全国各地引起强烈反响,大学生们的义举感动了无数国人。

PPT2:打捞船挟尸要价

(显示文字:渔船老板说,"长江上哪天不死人,不死几个人我们靠什么挣钱啊?""活人不救,只捞尸体,白天每人12000元,晚上18000元,一手给钱一手捞人。"最令人心寒的是,在英雄遗体打捞时,面对同学们的"跪求",个体打捞者不仅不为所动,而且挟尸要价,一共收取了36000元的捞尸费!)

(师)不论是哪一种做法,其实都是一种价值观的体现,那么究竟什么是价值观?价值观对我们有什么样的影响?今天我们就共同探讨这个问题。

价值观的导向作用

PPT3:本课要探究三大问题

显示文字:

一、在哲学领域中,价值、价值观概念如何理解 二、价值观具有的性质和特点 三、价值观具有的导向作用

【学生活动】仔细观看幻灯片,浏览教材,认真思考教师提出的问题。

【设计意图】利用新颖的形式引入对教学内容的学习,激发学生的学习兴趣;同时开门见山提出问题,使学生明确本框题的学习任务。

【基本流程】感同身受,理解概念

【教师活动】

一、价值和价值观的含义

(师)要想理解什么是价值观,我们先要弄明白什么是价值。首先我们先看看现实生活中的事物对于人来讲有什么价值。

(情景设置:要求学生闭着眼睛,听老师有感情地朗读,力求把学生带入特定情境) 如果旅行时各位在茫茫大沙漠里迷了路,走了三天三夜,始终没有走出沙漠。粮食没了,水也没了,几乎处于绝境。迷迷糊糊中,仿佛听到一个声音:有两种东西你可以选择,一壶水,得到它可能还有得救的希望;一桶金子,得到它可以让你一生荣华富贵。

(师)哪一种东西对你更有价值? 为什么?

【学生活动】

(生 A)在这种情况下,当然是水比金子更有价值。因为没有水,人都死了,还能荣华富贵吗?

(生 B)尽管一桶金子从经济学来看比一壶水的价值要大得多,但是在茫茫大沙漠里旅行者最需要的是水和食品,而不是金子。因为这时水对旅行者更具有积极意义,水比金子更有价值。

【教师活动】

(师)(归纳,引出哲学上价值的概念)哲学领域的价值不同于具体领域的价值,它是指人的需要与事物属性之间的一种特定关系,即事物对人的积极意义。(说明:这些领域的事物的属性满足了人的需要,它才有价值,这些事物对人有积极意义,这些事物既包括物质现象,也包括精神现象。)

(师)思考:哲学世界观领域的价值与具体领域事物的价值是什么关系?(提示:个别到一般,个性到共性)

【学生活动】(学生讨论、发言。)

【教师活动】(师)事物能够满足人的某种需要,反映了人的需要同事物属性之间的特定关系。这就是哲学上对价值的界定。

PPT4:价值的含义(哲学上的含义)

(显示文字:指人的需要与事物属性之间的特定关系,即事物对人的积极意义。)

(师)哲学上价值的含义有其特定的含义,不能与经济学上价值的含义相混淆。其必须同时涉及事物与人的需要之间的关系。

(师)把握这一概念需注意:

(1)价值是一种关系

(2)事物既包括物质现象、也包括精神现象

(3)价值具有多样性(经济价值、道德价值、审美价值、医疗价值、文学价值)

(师)总之,价值是事物对人的积极意义,反映了人们需要与事物属性的一种特定关系,由于人们总是同周围事物处在一种价值关系中,任何人都会对客观的价值关系进行这样那样的反映和评价并形成各自不同的价值观。那么,什么是价值观呢?(说明:某一事物是否对人有价值,价值大小,人们对这样的问题要做出判断,要判断,就需要有一个标准,这个标准实际就是价值观问题)。

(师)那么什么是价值观呢? 在我们的生活中有哪些价值观?

【学生活动】(学生讨论、回答)

【教师活动】

PPT5:多种多样的价值观

(显示文字:世上只有金钱好,有钱能使鬼推磨;钱财如粪土,仁义值千金;君子爱财,取之有道,用之有度)

(强调:根本观点、评价标准)

(师)人们为了生存和发展,就会根据自己的需要去认识事物,就会在自己的思想意识中形成对客观事物有无价值及价值大小的根本观点和评价标准。我们称之为价值观。价值观是指人们对客观事物有无价值及价值大小作出断定的根本观点和评价标准。这是本课探究的第二个问题。

【设计意图】价值和价值观的概念是本框的教学难点。为帮助学生顺利掌握这一知识点,本环节遵循了由感性认识到理性认识的认识基本次序,用感性的案例帮助学生理解概念的本质。

案例分析·自主探究

【教师活动】

(师)既然它是一种看法、观点,说明价值观是主观的。从社会存在与社会意识的角度看,价值观属于社会意识。价值观作为一种社会意识,是在一定的社会存在基础上产生的,并随着社会存在的变化而变化。价值观作为一种社会意识,对社会存在具有重大的反作用,对人们的行为具有重要的驱动、制约和导向作用。

二、价值观的性质和特点

PPT6:价值观的性质

(图片:中国青年大学生职业价值观的变迁)

(师)请大家思考:是什么因素决定青年大学生职业价值观的变化的?

【学生活动】……

【教师活动】价值观是一种社会意识,是社会存在的反映。它在一定的社会存在的基础上产生,随着社会存在的变化而变化。

PPT7:价值观的特点

(师)讨论:同样是偶像崇拜,同样体现出个人的价值取向,为什么人们的价值观不能整齐划一?

【学生活动】(学生讨论、回答)

【教师活动】价值观人皆有之。但是,由于人们所处的社会环境不同,主观需要和认识水平不同,这就导致了人们对事物的价值评价不可能整齐划一。于是,价值观就呈现出多元化特点。

PPT8:

不同的人具有不同的价值观{
- 不同历史时期的人具有不同的价值观(时代性)
- 同一历史时期不同的人往往具有不同的价值观(阶级性)

三、价值观的导向作用

(师)价值观作为一种社会意识,对社会存在具有能动的反作用,不同的价值观对个人和社会有着不同的导向作用。

PPT9:如何评价大学生勇救落水儿童的事迹?

(显示文字:近日,长江大学10名大学生勇救落水孩童的事迹在网上传开。大家在为他们的壮举感动的同时,也为其中3名大学生的牺牲感到可惜。在一些论坛,网友意见不一。有的主张高调赞扬,有的则认为"他们三人是多管闲事"。有的则认为"救不救人要看自己的能力。不会游泳为什么去救?")

(师)你对这件事有何看法,并说明理由。

【学生活动】(学生分组讨论,小组代表回答)

【教师活动】请大家思考:面对同一件事情为什么不同的人会产生不同的看法?

1.价值观不同,人们对客观事物的态度和评价不同

(师)价值观影响着人们对事物的认识和评价。价值观不同,人们对事物的认识和评价就不同。

PPT10:一个中国公民致哥本哈根的信

探究与共享:

(1)为什么全球会面临如此严重的环境危机,为什么要召开哥本哈根会议?

(2)西方发达国家为什么会在哥本哈根会议上对发展中国家提出苛刻条件?

【学生活动】学生分组讨论、回答。

(师)落后的经济发展观,使人们只认识到了经济发展的价值,而忽略了生态环保的价值,导致全球气候变暖,海平面上升,使人类面临空前的危机。现阶段人们在注重经济发展的同时更加注重环境保护,从哥本哈根会议的召开可以看出价值观的历史变迁,价值观不同,人们对事物的认识和评价也不同。当然,在面临全球气候变暖的危机面前,发达国家对发展中国家提出的苛刻要求是因为它们价值观的主流是享乐主义和拜金主义,不愿意放弃优越的生活方式,更不愿意按照"共同但有区别的责任原则"承担发达国家应尽的义务,导致大会迟迟未见实质性进展。由此可见,价值观对认识世界和改造世界也具有巨大的导向作用,正确的价值观对社会的存在与发展有巨大的促进作用,错误的价值观对社会的发展有阻碍作用。

2.价值观不同,人们在认识世界和改造世界的活动中指向就不同

PPT11:请看下面两则材料

(显示文字:材料一:2009年10月24日湖北荆州长江宝塔河江段,当两名少年失足落水后,十余名90后的大学新生不约而同冲向江中,或入水施救,或结成人梯接应。牺牲的大学生以大无畏的精神冲到了人梯的最前面,把生的希望留给了同学们,留给了落水少年,自己永远挺立成最危险的第一道人梯……

材料二:渔船老板说,"长江上哪天不死人,不死几个人我们靠什么挣钱啊?""活人不救,只捞尸体,白天每人12000元,晚上18000元,一手给钱一手捞人"最令人心寒的是,在英雄遗体打捞时,面对同学们的"跪求",个体打捞者不仅不为所动,而且挟尸要价,

一共收取了36000元的捞尸费。)

(师)上述两个事例说明了什么,对我们有什么启发?

【学生活动】

(生)……

(师)说明价值观对人生选择、人生道路具有重要的导向作用。当一个人有了正确的价值观作指导,认为人民的利益高于一切,在危难时刻,他会挺身而出。这启示我们必须树立正确的人生价值观。

3. **价值观对人生选择、人生道路同样具有重要的导向作用**

(师)个人有个人的价值观,企业有企业的价值观,社会有社会的价值观,学校也有学校的价值观。不同的价值观具有不同的导向作用,我们应该树立正确的价值观。

本课小结·分享体验

(师)本课题从分析价值和价值观两个概念入手,阐述了作为社会意识的价值观的性质的两个方面。在经济、政治、道德、文艺、科学、教育等社会生活的各个方面,价值观都具有普遍的、显著的导向作用,我们一定要树立和坚持正确的价值观,发挥正确价值观的导向作用。

个性化教学

校园价值观是校园文化的重要内容,它的内容也是多方面,本课开始提到的诚信考试就是一种考试价值观。请以"诚信考试"为主题设计系列活动,培养学生正确的考试价值观。

细节要求:自愿组成学习小组(五六人为宜),推选组长,分工协作。各学习小组将策划方案以你认为最佳的呈献方式上传到互动维客阳光少年小组,全体同学在课后通过网络评出最佳方案。

对课堂教学有疑问的同学请登录班级博客,查看教学日志《价值观的导向作用重难点解析》,如有疑问可通过班级博客留言板提问,老师将对留言板上的问题及时作答。

作业设计及检测

1. 作为哲学范畴的"价值"是指(　　)

A. 经济效益　　　　B. 多种具体价值形态总称

C. 审美情趣　　　　D. 政治上功过

(答案:B)

2. 不同的价值观对人们的认识和实践有着不同的导向作用,其表现是(　　)

①对人们认识世界的导向作用

②对人们改造世界的导向作用

③对人们生活方式的选择具有重要的导向作用

④对人生道路的选择的导向作用

A. ①②③　　B. ②③④　　C. ①②④　　D. ①②③④

(答案:D)

3. 用价值观的有关知识,对下述材料加以分析。

材料一:目前我国生态环境破坏严重,环境承载能力差,主要表现为水土流失和荒漠化加剧,森林破坏和水系污染,而且速度还在加快,由于环境破坏带来的损失巨大,这不仅给生产发展带来极大的负面影响,而且给生活富裕带来巨大损失。

材料二:进入21世纪,在严酷的事实面前,人们逐渐从长期对自然索取、破坏而遭受的惩罚中觉醒,开始强化环境治理和建设,大力发展循环经济,减少环境污染。

(答案:①价值观是指人们在认识各种具体事物的价值的基础上,会形成对事物价值的总的看法和根本观点。②价值观对人们的活动具有重要的导向作用。由于人们只重视对自然的利用而忽视对环境的保护,只看眼前利益而忽视长远利益,这种错误的价值观导致人们在利益驱动下的不合理活动,造成生态恶化,人类遭受惩罚。③在严酷的事实面前,人类认识到维护生态平衡的重要性,开始强化环境治理和建设。)

教学反思与总结

更新教育观念 实施有效教学

随着知识经济、信息化和经济全球化对教育的冲击,各国都从基础教育改革出发,通过基础教育课程的改革,以促使人才培养,以适应日益激烈的社会发展。我国的基础教育发展也步入了这一历史趋势:根据国家教育科学"十五"规划,普通中、小学自2004年起开始执行新课程标准,重庆市也将于2010年实施"新课标"。新课程标准的一个显著特征就是既重视知识教育,也重视能力培养,还重视情感态度价值观的形成。

为了实践新课程标准的教育教学理念,本课的教学设计突出了以下四个特点:

第一,教学理念科学先进。"新课程"背景下的课堂教学不再把学生看成纯粹的知识接受者,而是让学生主动地参与到教学活动中来,形成互动的教学氛围,同时要开展合作学习和探究学习,从而使学生能够自主获取知识,使学生的潜能得到发挥。政治课是学校德育的重要阵地,教授政治课的目的绝不仅仅是为了考试,更重要的是要对学生的品德产生影响。在教学上要避免让政治课陷入说教的旋涡,教师就要认真领会教材精神,认真设计教学过程,让教师的教与学生的学能产生共鸣,让学生去体验,去感受,从而内化成学生固有的品质,真正达到"润物细无声"的德育效果。

第二,教学目标全面落实。"新课标"的"三维教学目标"包括"知识与技能"、"过程与方法"和"情感态度价值观"。本课教学设计开始的"复习提问"环节和结尾的"自我检测"环节体现了对学生掌握知识过程的重视;教学过程中教师注重引导学生自主探究、相互讨论最终得出结论培养了学生自主学习能力和表达能力;教师对教学材料的选取遵循了"实效性"、"趣味性"和"典型性"的原则,较多的学生活动设计使学生能够充分思维,积极合作,加强交流,学会通过对感性材料的分析获得深刻的理性认识,整节课的设计都贯穿着情感教育,促进学生树立起正确的世界观、人生观和价值观。

第三,教学方法形式多样。本课教学设计突破了传统教学中讲授法"一法独大"的局面,体现了探究式教学模式、案例教学法、讨论法的思想。根据教材的结构,教师首先列出了三个探究问题，以此作为本课的教学主线，在学生探究问题的过程中实现对本课知识的掌握；教师主要选取了两个鲜活案例作为学生进行探究式学习的载体，有利于学生通过对案例的研究得出正确的知识，从而真正实现情感态度价值观的转变，体现了"新课标三维教学目标"的要求；学生在研究案例的过程中，教师积极组织学生进行讨论，鼓励学生发表自己的观点，避免了政治课常常出现的"说教"倾向。

第四，教学手段新颖独特。我校近年来十分重视校园信息化建设，大力培养教师使用现代教育技术的能力。本堂课使用了多媒体课件、视频、博客等多种教学手段，是对信息化条件下革新教学手段的一次有益尝试，不仅有利于增强教学的表现力和感染力，高质量实现教学目标和高效率完成教学任务，也有利于加强师生间的交流，突破课堂教学40分钟的时空限制，使教学的广度和深度得到极大地延伸。

这堂政治课整体效果较好，突出了新课程理念的要求，提升了教学的有效性。但也存在一些不足：比如教师在学生发言的过程中引导还不够到位，在学生发言后的总结力度上还不够，这些都是需要在今后的教学工作中加以改正的。

专家点评及学生反馈

专家点评：

从"三维目标"的达成来看，通过运用"人梯救人"和"打捞船挟尸要价"的比较，学生通过辩证思维树立正确的价值观导向，从而为以后的人生之路奠定基础。从采用的教学方法来看，紧跟"新课改"的精神，采用探究式教学模式、案例教学法、讨论法等方法，积极合作交流，学生自主获取知识，体现了以学生为本。

学生反馈：

学生习得的知识多，学习效率较高，初步形成了正确的价值观导向；采用了学生为主体的教学方法，学生的表达能力和辩证思维能力有较大提高；但是还有一部分同学没有参加到教学中，以后会多多鼓励他们，从而实现整体的提高。

参考资料

1. 刘强. 思想政治学科教学新论. 北京：高等教育出版社，2006 年
2. 陈旭远. 实用课堂教学艺术. 吉林：东北师范大学出版社，2004 年
3. 祝智庭. 教育技术培训教程. 北京：北京师范大学出版社，2006 年
4. 小学思想品德和中学思想政治教材编写委员会编著. 全日制普通高级中学思想政治二年级（下册）教师教学用书. 吉林：吉林教育出版社，2003 年
5. 朱光. 思想政治网络教育与教学创新 · 电脑知识与技术. 2004(32)95～96

《价值观的导向作用》教学设计

重庆市第一中学　何文吉

教学内容分析

1. 价值的含义
2. 价值观的含义
3. 价值观的导向作用

学生情况分析

从学生的认知结构来看，价值判断在学生的生活中经常出现，这为学生的学习增加了感性的生活材料，但是部分学生在正确的价值判断上却缺乏理性；从学生的知识基础来看，在经济学中学过经济学上的价值，在学习本框时容易将两个价值混淆；从学生的情感上看，部分学生会坚持自己心中的看法而不是坚持正确的价值判断。

教学方法选择

教学原则：启发式教学原则、理论联系实际的教学原则

主要教学方法：情境教学法、柯尔伯格两难道德讨论法、探究式教学法

教学环境与教学媒体选择

多媒体教室

板书设计

价值观的导向作用

一、价值和价值观的含义

1. 价值

2. 价值观

二、价值观的导向作用

1. 价值观不同，人们对客观事物的评价就不同

2. 价值观不同，人们在认识世界和改造世界的活动中指向就不同

3. 不同的价值观对人生也有不同的导向作用

教学目标

1. 知识目标：能理解价值、价值观的哲学含义；会运用价值观的导向作用分析现实事物。

2. 能力目标：在自主、探究和合作过程中提高道德推理能力。

3. 情感态度价值观目标：能从价值观的角度审视自己的行为，深刻领悟其对人生选择的重要性。

重点与难点分析

重点：不同的价值观对人生也有不同的导向作用。

难点：价值观的含义。

课堂教学过程结构设计

新课导入

【方法】活动导入

【活动】"扳道工的选择"

【过程】

1. 设置情境：有10个小孩在铁轨上面玩耍，看到警示标志以后，有一个小孩选择到旁边一条已经废弃的铁轨上面玩，其他9个小孩仍然在正在使用的铁轨上面玩。这时，有一辆客运列车驶来，假设10个小孩都躲闪不及，火车也无法停止。(PPT)

2. 提供选择：扳道工可以选择火车的行使线路。

A. 牺牲一个孩子，保住多数人的命

B. 维护规则的严肃性，保护遵守规则的孩子

3. 请学生作出选择，并简单说明理由。

4. 导入新课：(暂不对学生的回答进行点评)人生中，我们面临着很多选择，每当我们

做出选择的时候，内心总有一股力量在支配着我们，其实，这股力量就是来自于价值观的导向作用。

【设计意图】通过"扳道工的选择"这一两难的学生活动，让学生设身处地地感受到做出选择时内心支配自己的那股力量，达到了导入新课的目的，暂不对学生的回答进行评价，又为接下来的教学埋下伏笔。

主要教学环节

一、价值和价值观的含义

【方法】讲授法、演绎归纳法

【活动】话说"篮球"

【过程】

1. 演绎设问：有没有同学喜欢篮球？

2. 演绎设问：为什么喜欢？（可能是打篮球，也可能是看篮球比赛）

3. 归纳：（价值的概念）其实，在哲学上，我们就把这种事物满足人的需要的属性就叫做价值，也就是事物对人的积极意义。（PPT）

4. 演绎提问：为什么同样的一个篮球，对于有的同学有价值，对于有的同学没价值，对有的人价值大，有的人价值小呢？

（生答）

5. 归纳：（价值观的概念）我们根据自己的需要判断事物究竟有无价值以及价值大小的根本观点和评价标准在哲学上就称之为——价值观。（PPT）

【设计意图】从"篮球"这一学生感兴趣的教学资源入手，通过对话式的教学过程，在教师的引导下逐步归纳出"价值"和"价值观"的含义，体现了建构主义的教学思想，帮助学生突破教学难点。

（过渡）根据社会存在和社会意识的辩证关系，价值观对社会存在具有能动的反作用，也就是不同的价值观对个人与社会有着不同的导向作用。

二、不同的价值观对社会对人生有不同的导向作用

1. 价值观不同，人们对客观事物的评价就不同。

【方法】柯尔伯格两难道德讨论法

【活动】辩论

【过程】

第一步：展示新华社记者在厦门抓拍雨中骑车人倒地的图片（图片略）。（PPT）

第二步：用文言解说拍照过程——"雨中待摔"。（PPT）

路中一坑，一日，风雨大。记者架相机于暗中多时，待摔坑者。忽，"呯呯"一声，一骑车人顿摔。记者大喜，不顾摔者死活，连拍三张。心愉，笑曰：吾为此已候多时，呵呵呵。后，扬走而去。伤者在风雨中呻吟……

第三步：分组，发起辩论——认为记者是否应该抓拍雨中摔跤人呢？

第四步：教师总结归纳——价值观不同，人们对客观事物的评价就不同。（PPT）

第五步：升华。对记者和扳道工的选择进行分析，表明教师态度。肯定记者的职业

精神，也要做一位维护规则的扳道工。

【设计意图】从现实的社会生活出发，通过设置两难的道德选择问题进行辩论，能提高学生的道德推理能力和判断能力。同时，抓住时机对拍照事件和“扳道工的选择”进行升华，表明教师的立场，既解决了学生思想的困惑，也对学生是一种价值取向的引导。这样既体现新课程改革回归学生生活的教学理念，又充分体现学生的主体地位和教师的主导作用。

（过渡）刚才我们看了扳道工的选择，新闻记者的选择，其实，政府官员很多时候也要作出选择。

2. 价值观不同，人们在认识世界和改造世界的活动中指向就不同。

【方法】探究式学习法、合作学习法

【活动】PK 比赛

【过程】

第一步：展示环境污染和资源浪费的图片。

第二步：引导学生分析造成此种结果的深层次原因——价值观不同，人们在认识世界和改造世界的活动中指向就不同。（PPT）

第三步：展示“PK”题目——今天在我们的生活中，对于落实科学的生态价值观，我们采取了哪些措施或者可以采取哪些措施？

第四步：将学生分为三个大组，大组内部四人一小组进行讨论

第五步：组与组之间通过接力方式进行 PK 直至胜出。

第六步：活动小结。

【设计意图】这一环节的教学，力图通过设置问题，让学生在自主、合作和探究中观察生活，体会价值观对认识和改造世界的重要作用。通过引导，使学生将眼光由身边的生活自然地转移到国家的发展战略，培养学生的公民意识，同时，也将“‘科学发展观’进课堂”的要求落到了实处。

（过渡）同学们，这堂课到目前为止我们作了很多选择，但这些选择都是在替别人做，或者是别人做了选择我们去评价，那下面，该我们自己作选择的时候到了。

3. 不同的价值观对人生也有不同的导向作用。

【方法】情境设置法、活动法

【活动】“选择人生行囊”

【过程】

第一步：罗列行囊——金钱、责任、美貌、快乐、信仰、爱情、家庭、事业、忠诚……（PPT）

第二步：请学生选出最重要的三个，并进行排序，并思考，选择了这些行囊过后自己会怎么做？

（留时间让学生选择和思考）

第三步：请 3～5 名左右学生回答问题，选择的是什么，选了会怎么做？（注意回答过程中对学生及时评价，并抓住生成性的教育资源。）

第四步：小结。每位同学面对人生行囊作出了不同的选择，从回答当中也可以看出，

每个人会走出不一样的人生轨迹。这就是说——不同的价值观对人生也有不同的导向作用。(PPT)

【设计意图】以建构主义教学理念为指导，通过设置情境，激发学生进行思考，让其在讨论和合作中学习，力图让学生从惯常的对既定事实的分析和评价，转变为对自己未来未知领域的设计，能够提高学生的创造力。通过活动，可以让学生深刻体会到价值观对人生发展的重要性，从而突出教学重点。

结束新课·升华主题

【方法】情感教学法、案例教学法

【过程】同学们，作出选择并不难，但要背负自己的行囊前行却并非易事，这节课的最后我们来认识一位医生(视频播放感动中国十大人物之一——陈晓兰的先进事迹)，以引起学生共鸣。

(音乐，激情演讲)作为一名医生，她治疗疾病，也使这个行业更纯洁。如果要回答陈晓兰所选择的人生行囊，那便是责任、正义、道德和良知。同学们，人世间总有一股力量让我们感动，这个社会上还有很多人像陈晓兰一样，践行着良知与正义，固守着我们共同的精神家园，虽然没有翅膀，但他们依然是天使。也衷心地希望同学们在这个尊重个人多元价值取向的社会，能够背负自己的人生行囊，作出正确的价值选择！

【设计意图】学生在陈晓兰医生事迹的感染中结合自己所选择的人生行囊进行自我分析、反省和决定，让整堂课从“他人的选择”落脚到学生“自己的选择”，使整堂课得以升华，充分突出了思想政治课的育人功能。通过教师的激情演讲，将整堂课推向高潮，为教学划上一个圆满的句号，同时留给学生对人生的思考……

个性化教学

结合当前低碳生活的潮流，可在活动“PK 赛”过后，结合同学们所说的具体措施，拟定一份让校园生活更加低碳的倡议书。

作业设计及检测

1. 哲学上的“价值”的构成要素是(　　)

A. 个人需要和社会需要　　B. 客观事物的有用性

C. 人的需要和客观事物的属性　　D. 个体的人和社会的人

(答案:C)

2. 同为宋朝的文化名流，苏东坡的《食荔枝》对广东荔枝赞不绝口，说“日啖荔枝三百颗，不辞长作岭南人”；蔡襄的《荔枝谱》却说天下的荔枝，以闽中为第一，蜀州次之，岭南为下。这说明(　　)

A. 价值判断总是有主观性

B. “趣味无商量”，美食评鉴没有客观标准

C. 两者的评价都受到乡土观念的影响，把自己家乡的荔枝说成是最好的

D. 价值判断是有阶级性的，蔡襄是奸臣，所以不能客观看待广东荔枝的价值

(答案:A)

3. 马克思说过:“忧心忡忡的穷人甚至对美丽的景色都无动于衷;贩卖矿物的商人只看到矿物的商业价值,而看不到矿物的美和特性,他没有矿物学的感觉。从历史唯物主义角度看,这段话说明( )

A. 主观能动性的发挥受主客观因素的制约

B. 价值观人皆有之

C. 不同的人对待同一事物往往具有不同的价值观

D. 社会意识对社会存在具有能动的反作用

(答案:C)

4. 哲学中的“价值”与经济学中“价值”与“使用价值”有何区别?

(答题要点:①哲学中的价值强调的是一种关系,事物属性与人的需要之间的关系。②经济学价值是指凝结在商品中无差别的人类劳动,是商品特有的属性。③经济学中的使用价值是指商品的自然属性,但不是商品的特有的属性。)

教学反思与总结

对运用“柯尔伯格两难道德讨论法”的反思

新课改的理念指导下的中学思想政治课课堂教学过程应是教师引导下,学生独立或合作学习,提高道德认知和判断能力,指导道德实践。本堂课在实践过程中,学生学习热情高,课堂气氛活跃,充分体现了新课程改革“问题活动化”的改革方向。学生主体地位和教师主导作用都得到充分体现,教学目标得以达成,并获得了重庆一中青年教师优质课大赛一等奖(不分学科)。总结这堂课的成功之处,很重要的原因在于“柯尔伯格两难道德讨论法”这一西方德育方法运用得当。“柯尔伯格两难道德讨论法”是西南大学政治与公共管理学院邹绍清副教授主持的重庆市哲学社会科学规划项目——“和谐社会构建中的国外学校德育方法借鉴与创新研究”中的研究内容。该方法的核心价值在于以道德两难故事为基本材料,让学生对故事中的道德问题进行讨论并回答围绕该故事提出的相关问题,以此判断学生所处的道德认知发展阶段并进一步引导和促进其发展。这完全符合新课程改革的方向和新课改自主、合作、探究的教学理念。经过本堂课的实践再次证明:该方法有助于提高中学德育课堂教学的实效。

本堂课运用该方法集中体现在两个环节的教学设计上:一是课堂导入,设置了“扳道工”这一情境,请学生选择;二是在主体教学中,设置了记者抓拍雨中摔跤的骑车人这一真实的新闻事情,通过辩论的方式进行两难问题的选择。具体分析该方法运用得当之处,主要体现在以下几个方面:

第一,设计了与学生道德判断发展水平及教学内容相吻合的“道德两难故事”,这是该方法在本堂课上应用成功的关键。道德两难故事并不一定是社会生活中的真实事件,如科尔伯格及其同事设计的九个“道德两难故事”都是虚构的。本堂课的导入部分就是一个曾经在网络上被广大网友讨论得沸沸扬扬的案件,这一案例虽然是虚构的,但它涉及到个人与他人,生命与规则,人性与法律等事件的冲突,实为“两难”。而记者抓拍雨中摔跤人的案例却是真实的新闻事件,也涉及职业道德与公共利益的两难冲突。

然而，第一个案例两难冲突明显，设置在导课部分，能迅速抓住学生的眼球，但虚构痕迹太浓，可信度不高，案例本身也过于残忍，在一定程度上对教学效果有所影响。所以在处理上，也只是作为一个“引子”进行运用，没有过多展开。

因此，应用的“道德两难故事”可以是学生身边真实的或实际发生的道德两难问题，可以是社会关注并争论的热点、焦点问题，也可以是虚构但却可信的道德两难问题。

第二，充分尊重了学生的课堂主体地位。通过观察发现，长期以来，中学德育方法注重灌输，而道德两难情景教学恰恰能从建构的角度对学生遇到道德问题的时候提供解决思路。

例如，“记者是否应该抓拍雨中摔跤人”这一教学方法的设计，先是用文言的方式表述该事件，容易引起学生兴趣，激活课堂，进而引起学生的意见分歧，紧接着组织学生活动，进行辩论，让学生在自主、合作和探究中学习，提高了自己的道德推理能力。

第三，发挥了教师在课堂中的主导作用。运用道德两难故事引起学生意见分歧和失衡并不是我的目的，只是达到目的的手段而已。因此，在学生出现意见分歧和失衡时，教师应启发学生在讨论中积极思考，引导学生进行辩论，做出正确的判断。虽然本堂课的两个案例都有一定的“两难性”，但最终我也表明了自己的观点，在辩论过后对事件进行提炼、总结。即肯定记者的职业精神，也要做一位维护规则的扳道工。

同时，当学生能进行正确的道德判断后，必须采取有效的办法，鼓励学生把自己的道德判断付诸行动，于是，设计了“选择人生行囊”这一活动过程，让学生将视角由他人落脚到自己，充分体现思想政治课的育人功能。

然而，本堂课也仅仅作为该方法的一次教学尝试。柯尔伯格作为当代美国教育家，其对道德教育的理解必然受到特定的民族文化和社会背景的制约，也必然是西方伦理价值观的反映。因此我们在德育课堂教学中运用此方法时不能照抄照搬，应当批判地继承、吸收，结合我国环境教育的实践，大胆创新，重构柯尔伯格的道德两难问题讨论法。

专家点评及学生反馈

专家点评：

本堂课采用了“柯尔伯格两难道德讨论法”，使学生在两难选择中挑选出自己的选择，切合本堂课的内容，同时举的例子贴近学生的生活，大到政府的决案，小到新闻记者搞抓拍什么镜头，学生如何进行人生的选择等，都让学生在道德两难中坚持选择。最后，本堂课采用了感动中国十大人物之陈晓兰的事迹结尾，激发学生在人生的道路上要做出正确的选择，升华了文章的主题，强化了学生的情感。

学生反馈：

本堂课老师用很多现实中贴近我们生活的例子告诉了我们不同的价值观具有不同的导向作用，要选择正确的价值观作为自己的人生行囊，一路向前。

参考资料

1. 邹绍清.论柯尔伯格的道德认知发展理论及其借鉴.学校党建与思想教育，2008(7)

2. 小学思想品德和中学思想政治教材编写委员会编著.全日制普通高级中学思想政治(试用本·必修)二年级(下册)教师教学用书.吉林：吉林教育出版社，2008年

《价值观的导向作用》教学设计

重庆市南开中学　韩音

教学内容分析

1. 价值指人的需要与事物属性之间的一种特定关系，即事物对人的积极意义。
2. 价值观指人们判断客观事物有无价值或价值大小的一种根本观点和评价标准。
3. 价值观是一种社会意识，是社会存在的反映。
4. 价值观对社会存在具有能动的反作用（三个导向作用）。

学生情况分析

高二年龄阶段的学生独立意识增强，自主思考能力得到提高，渴望拥有展现自我的平台。从知识层面看，信息来源渠道多元化使学生已具备一定的知识积淀，但知识结构还有待完善，缺少整合、提炼。通过在良好的课堂氛围中学习价值观的导向作用的知识，希望学生能够在实践中理论联系实际，在内心深处有更多所思、所悟。

教学方法选择

启发式教学法、讨论法

教学环境与教学媒体选择

多媒体教室

板书设计

价值观的导向作用

(一)价值与价值观

1. 价值的含义

2. 价值观

(1)含义

(2)价值观是社会存在的反映,社会存在决定价值观

(二)价值观对社会存在具有能动的反作用(导向作用)

1. 价值观不同,人们对客观事物的评价就不同

2. 价值观不同,人们在认识和改造世界的活动中指向就不同

3. 价值观对人生选择、人生道路具有重要的导向作用

教学目标

1. 知识目标:识记价值的含义;理解价值观的含义以及价值观与社会存在的关系;运用价值观的导向作用原理,分析说明不同价值观对个人与社会的不同导向作用。

2. 能力目标:价值观是多元化的,通过理论联系实际,比较不同价值观的实质及其作用,提高对事物的辨别、评判能力。

3. 情感态度价值观目标:通过亲身体验以及对校本题材的挖掘,充分发挥榜样的力量,引导学生体会价值观对人生的重要导航作用,树立正确的价值观,同时培养他们对学校的热爱之情!

重点与难点分析

"价值观的三个导向作用"既是本框的重点,同时也是难点。

课堂教学过程结构设计

本节课可划分为四个环节,由校本题材始、校本题材终,中间的主体部分由两个板块构成:"面对面"与"实话实说"。

新课导入

(播放重庆南开中学校歌,展示部分我校院士校友的图片)

过去,这些优秀的南开学子、这些院士们书写了南开的历史,铸就了南开的精彩。今天,南开后继有人,现在我就给同学们介绍几位"智勇真纯、文质彬彬"的少年——GREEN GIANT 环保行动小组成员(展示图片:GREEN GIANT 环保行动小组是以班上四位同学为主力参加、设计的一个谓之"减少碳排放"的环保宣传活动小组)。生活中有很多人跟这些同学一样,花了很多精力倡导环保,而有些人却不屑一顾。这些行为取向

的选择就体现了我们今天要学习的价值观的导向作用。

新课讲授

第一个环节:“面对面”。(由教师采访四位同学,通过师生对话,以学生在环保行动中的真实体验为例帮助学生学习相关知识。)

(师)高二下学期的学习非常紧张,为什么你们还要花时间组织这项活动,增强大家“减少碳排放”的意识?(生:略。)

(设计该问题,学生应该会谈到此活动能增强大家的环保意识,有益于保护社会环境,还能同时提高他们的实践能力等。简而言之,学生组织这项活动就是因为它有用、有好处,由此引出“价值”的含义。)

价值观的导向作用

一、价值和价值观

1. 价值的含义:人的需要与事物属性之间的特定关系,即事物对人的积极意义。

“价值”是事物对人的一种“有用性”,它强调从人的需要角度考察事物属性对人的积极意义。钻石和水,哪个价值更大?不同情况,人的需要不同,价值也有差异。沙漠缺水时,人们对水有更为迫切的需求、渴望,水的价值就显得更大。

当我们去判断事物属性从哪些方面、哪种程度上对自己具有积极意义时,就体现了个人的价值观。

2. 价值观

(1)含义:人们断定客观事物有无价值或价值大小的一种根本观点和评价标准。

人们总是在自己价值观的指导下,根据自己心中的一杆秤,在认识事物的基础上,从自身需要出发,确定各种事物是否有价值及价值大小,从而确定自己活动的价值取向。

(师)你们为什么想到有必要增强大家“减少碳排放”的意识呢?(生:略。)

(设计该问题,学生可能会谈到目前世界环境状况令人堪忧,温室效应愈演愈烈,环境被破坏的情况不断发生等等。)

(配合学生回答,展示一幅环境已遭严重破坏的图片。接着,展示三幅美景图,形成鲜明对比。)

(师)一方面,令人堪忧的现实环境状况决定了大家必须增强环保意识;另一方面,美丽的河山也肯定了我们应该倡导环保理念,这一正一反两类例子共同说明了我们上节课所学的什么知识?(生:社会存在决定社会意识。)

价值观也是一种社会意识,也是对社会存在的反映。

(2)价值观是社会存在的反映,社会存在决定价值观 。

价值观由社会存在决定,其内容归根到底源于客观存在。虽然我们身处于同一个国家,但由于每个人成长的环境不同,经历不同,价值观就会有所不同;不同的历史时期,不同的人,价值观也不一样。简言之,价值观人皆有之,但不同的社会存在决定了不同的人有不同的价值观。

现在,我们对几位同学的面对面采访结束了。但是,我们深知这一路环保征程远没有结束，“保护环境，人人有责”，环保事业需要你、我、他共同努力。“9・22”是一个特殊的日子，同学们知道吗？这一天是“世界无车日”，也是我国的“无车日”，这一天号召市民选择步行、自行车、公共交通等绿色交通方式出行。（展示图片，简要介绍“无车日”起源背景）据新闻介绍，我国某市委在“无车日”这天仅使用了一辆公车，目的是送一份急件，其余几十辆公车很是“清闲”，各位干部都忙着借自行车。但是，这项活动在我国各城市开展以来却引发了诸多讨论。今天我们大家也来个“实话实说”，全民讨论。

第二个环节：“实话实说”。

二、价值观对社会存在具有能动的反作用（导向作用）

（将学生分成三个组分别讨论三个问题。）

问1：对于“无车日”的确立，你持怎样的态度？

问2：假设一边是你们家向往的自驾游旅行，一边是“无车日”行动，你会作何选择呢？

问3：你参加过公益活动吗，今后（还）想参加公益活动吗？

（这是本节课的主体部分，以上三个问题实际上分别对应了三个重点内容，即价值观的三个导向作用。作为一种社会意识，价值观对社会存在有巨大的能动作用。通过学生自己思考、讨论、交流，发表自己的看法，再由老师引导、点拨，使学生体会到，就同一个问题，自己的想法、决定或行动之所以与其他同学存在差异，实际上就是自己的价值观在起导向作用，不同的价值观起不同的导向作用。）

（在问1的回答中学生应该会产生两种看法，有的会予以积极肯定，认为“无车日”能宣传环保理念，提升环保意识，对大家能产生潜移默化的影响；有的则会持否定态度，认为它仅仅是给部分人作秀的机会，“一天”的表现解决不了实质性问题。学生有的重过程，有的重结果，自然而然就出现了两种反映、两类评价，这就体现了人们在不同价值观的导向作用下，对客观事物的评价就会不同。由此得出第一个导向作用。）

1.价值观不同，人们对客观事物的评价就不同

不同的价值观指导着人们对事物作出不同的评价，这就便于我们更为辩证地评价客观事物，我们才能更全面地思考这件事情对我们是否有好处，是否有积极意义，是否如我们当初计划的那样，是否需要我们采取某种行动。

如果今天阳光明媚，你们全家计划好开车去旅游，结果正好碰上“无车日”，你会怎么办？

（在问2的回答中，基于对事物的不同评价，学生会作出不同选择，这就体现出学生认为该不该指向这一活动的问题，认为对其有积极意义的，“值得做”就把活动指向它；否则，就不去做。这就体现了价值观的第二个导向作用。）

2.价值观不同，人们在认识和改造世界的活动中指向就不同

刚才同学们都谈到了自己的价值选择，不管选择谁，都体现了你在这件事情上所作的权衡。怎样做对你更有利，你会有自己的判断。只有你认为“它值”、“它该”的时候，你才会把活动指向它。此时，价值观就好像一颗心灵的砝码，怎么做更值，你就会把砝码加在“值得”这件事上，付诸于你的行动，甚至适当地放弃也心甘情愿。所以，同学们应该可以体会到国家之所以要强调节约意识、生态文明，就是因为只有树立这种科学的生态价值观，才能引导人们实施正确的行为。

（对问题3的回答是对问题2回答的进一步深化，强调“今后”如何，帮助学生认识到虽然“无车日”这天有结束的时候，可每个人能够为环保作出的贡献还可以继续……视学生回答情况，加以适当引导，让学生认识到不同的价值观会影响他们的人生选择，如若学生能回答出今后愿意多多参加公益活动，成为社会公益份子之类就能更好证明价值观的确能影响个人所走的道路。）

3. 价值观对人生选择、人生道路同样具有重要的导向作用

价值观不同，个人作出的人生规划也不一样。每个人都以自己的方式来体现着自己人活于世的意义，体现自己身上承担的社会责任。就像新闻曾报道的两位大学生放弃白领高薪工作，自建废品收购网站，既以他们自身的行动创造一份事业，同时也为环保事业出一点力，他们说要“把收废品进行到底”。职业不分贵贱，只要能有所创造，就能体现自己的价值，两位大学生做着自己认为有意义的事情，走着自己的人生道路。

本课小结

（幻灯片展示本课所有内容的总结）这是本节课我们所学的全部内容，重点就在价值观的三个导向作用上，这三个作用其实是层层推进的逻辑关系：基于对事物不同的评价，实施认识世界、改造世界活动时的选择就会不同，进而在人生问题的选择上也会有所差异。当然，学习这一框题，更重要的还是要落实到我们的行动上，特别是我们南开的学子。还记得我们的校训吗？“允公允能，日新月异”。当年烽火岁月，张伯苓校长针对当时国人的五大积弊——“愚、弱、贫、散、私”提出“公能”的理念。惟公，故能化私、化散，爱护团体，有为公牺牲之精神；惟能，故能去愚、去弱，团结协作，有为公服务之能力。“公能”思想、“公能”价值理念的提出教育了一代又一代南开人。希望同学们也能以这种“公能”价值观为指导，帮助你在成功的道路上越走越宽广！

个性化教学

这个班级的同学总体而言学习能力较强，学习成绩较好，思维比较活跃。同时，他们勇于尝试，乐于参加社会实践活动，有更多书本外的体验。因此，我认为给这样的学生上课，应该给予他们更充分的“话语权”，给他们更多展现自我的机会。所以，在进行教案设计时，我对设问的质量和数量都特别重视，设问贯穿全课，给学生“说话”的机会，满足他们的“表现欲”，以激发他们更多的思考，真正从自身体验中有所发现和创造。

作业设计及检测

1. 以下关于价值观的论述，正确的是（　　）

A. 价值观是凝结在商品中的无差别人类劳动

B. 价值观是事物对人的积极意义

C. 价值观并非人人都有

D. 价值观是人们断定客观事物有无价值或价值大小的一种根本观点和评价标准。

（学生易误选B。B是哲学意义上的“价值”。价值和价值观是本框需着重区分的两个概念，应注意二者区别。答案：D。）

2. 破坏植被，北方刮起了沙尘暴；过度放牧，草原走向了荒漠化；大量排放温室气体，地球一天天发烧……这启示我们（　　）

①要承认自然界的客观性　　②要树立因果观念

③人能认识和改造规律　　④要树立正确的价值观

A. ①②③　　B. ①②④　　C. ②③④　　D. ①②③④

（①②③④都可以从不同角度谈环保问题，因此学生易误选 D。但人能改造规律是错误的，故③排除，选 B。这是一道综合性的题目，需要学生注意把握易错易混知识。答案：B。）

3. "达则兼济天下，穷则独善其身"，如今越来越多的民营企业家的身影出现在慈善公益活动中，他们用自己的行动承担起了对社会的责任。这体现的历史唯物主义道理是（　　）

A. 民营企业以公益事业为自己的经营目标

B. 正确意识对社会存在发展起促进作用

C. 充分发挥主观能动性办事情就能成功

D. 价值观对个人、对社会具有导向作用

（此题学生易误选 B，忽视了设问说的"历史唯物主义道理"。B 有道理，但是属于唯物论；价值观的导向作用才属于历史唯物主义知识，要注意明确知识所属范围。答案：D。）

4. 树立道德模范，可以把社会主义核心价值体系形象化、具体化，这有助于人们更好地感知，以充分发挥榜样的无穷力量。这说明（　　）

①正确的价值观促进和谐的社会风尚　　②社会存在的变化决定价值观的变化

③价值观对人们评价事物有导向作用　　④社会意识对社会存在具有反作用

A. ①②　　B. ②③　　C. ①③　　D. ①④

（树立道德模范体现了发挥正确价值观的作用和社会意识的反作用，①④符合题意；②③说法正确，但是和题意无关。学生误选其他答案在于审题不仔细，没把题枝和题干有机结合起来，看到正确的说法就选了，这是做选择题的大忌。答案：D。）

教学反思与总结

让思想政治课教学更具亲和力

提起思想政治课，守旧的观念总认为它是古板老套、缺乏生机与活力的；高二的哲学课更是如此，它总让人感觉抽象深奥，遥不可及。要实现教学目标，特别是情感、态度与价值观目标，必须调动学生的学习积极性、主动性，拉近课程与学生的距离，让思想政治课教学变得更有亲和力，让学生愿意与之亲近，形成融洽的课堂教学氛围是笔者努力的重要方向。本堂课基本实现了笔者期望达到的效果——师生互动、学生之间互动充分展开，学生的参与度比较高，不仅积极地讨论，而且踊跃地举手回答问题，阐述自己的想法，还主动为说得好的同学鼓掌，课堂真正成为了学生学习的场所。

古人云："心之官则思，思则得之，不思则不得也。"反思本堂课教学实际情况，笔者认为值得借鉴的重要经验就在于教学一定要尊重学生的主体地位，主动地亲近学生，以学生的经验为出发点，最终落脚于改造学生的经验。教育家杜威曾指出："在仅是教科书和教师才有发言权的时候，发展智慧和性格的学习便不会发生；不管学生的经验背景在某一时期是如何的贫乏和薄弱，只有当他有机会从其经验中作出一点贡献的时候，他才真正受到教育。"不仅对学生，很多人都有过如此的体会，以自己原有经验为基础，再进一步创生出新的经验，这种收获比直接知道一个经验要让人欣喜得多。当学生看到自己或自己同学的环保行动照片出现在幻灯片课件上时都感觉又惊又喜，似乎亲近了很多，好像有很多谈资一下子就冒出来了。恰当地选材，重视学生的经历、体验是学生可以畅所欲言的重要原因。学生讨论交流后发表自己的看法，教师再由学生的言语中总结出相应的哲学道理，更容易深入到学生内心。

尊重学生的主体地位，打造有亲和力的思想政治教学课堂，笔者认为应该努力做到以下三点：

一、更新教育理念

教师需要转变观念，摆脱原有的那种教师"集权"思想的束缚，做出适当的改变。恰当的时候，教师也应该停下来和学生一块儿看风景，把课堂的主体地位交给学生，充分尊重、相信学生，了解学生及其身边的人和事，引导、帮助学生克服惰性、树立信心，通过自主、合作、探究的方式动态地交流彼此的经验，帮助学生获得更丰富的知识。

二、用实力驾驭课堂

和谐的课堂氛围是自由、活跃、开放的，具体到课程实施过程中，这样的氛围能否实现，在很大程度上依赖于老师的较高专业素质。教师必须提升专业技能，运用教育智慧去应对这些学生活跃起来后可能带来的种种"问题"，能够有实力与各位学生交流，应对各种意想不到的状况，避免用"权威"压制学生。

三、精心设计课堂

成功的教学设计是上好一堂课的关键。教学策略的设计是课堂教学设计的重要一环。"教育即经验的改造"，设计课堂，选择教学策略应仔细分析、充分利用学生的背景经验，关注学生实际情况，体会学生需要，以学生的经验为根据选择相应的教学策略从而取得良好的教学效果，只要善于挖掘，教学素材实际上"近在眼前"。这样不仅可以拉近理论知识与学生的距离，使课程更有亲和力，而且有利于帮助学生把自身的具体经验上升为哲学理论知识。

肯定学生的主人翁地位，尊重学生的本体价值，让学生成长于有亲和力的思想政治课堂，为学生的思想插上自由飞翔的翅膀。长此以往，我们一定能帮助学生更健康快乐地成长，最终成为现代社会的优秀公民。

专家点评及学生反馈

专家点评：

专家同行认为这堂课有两点成功之处：其一，教学设计层次性较强。"面对面"和"实话实说"两个板块的划分使听课者对课堂知识的了解比较清晰，对本堂课教学设计的逻辑结构能够了然于心；其二，选择了恰当的题材。学习哲学最重要的一点就是理论联系实际。这堂课挖掘了学生身边的事例，不管是校史的运用还是学生自己所从事的活动，对学生而言都会感到亲切而有趣，将这些内容融进哲学课堂，能拉近理论知识与学生的距离，培养学生理论联系实际的能力，激发学生对本校的热爱之情。

学生反馈：

在学生的反馈意见中，也充分肯定了直接从他们亲身的经验中挖掘题材的做法，没想到他们和哲学、和课本知识可以如此巧妙地融合在一起，正如学生所言："原来思想政治不是大话空话，它就在我们的生活中，学习真的可以随时随地！"

参考资料

1. 尤炜主编. 引领：做有思想的教师. 北京：中国人民大学出版社，2008 年

2. 小学思想品德和中学思想政治教材编写委员会编著. 全日制普通高级中学思想政治（试用本·必修）二年级（下册）教师教学用书. 吉林：吉林教育出版社，2008 年

3. 钟启泉编著. 现代课程论（新版）. 上海：上海教育出版社，2005 年

4. 朱慕菊主审，钟启泉、崔允漷、吴刚平主编. 普通高中新课程方案导读. 上海：华东师范大学出版社，2003 年

《坚持正确的价值取向》教学设计

重庆市育才中学　付有能

教学内容分析

1.价值和价值观的基本含义

(1)价值的含义

(2)价值观的含义

2.价值观作为一种社会意识,是社会存在的反映

3.不同的价值观对人们的认识、实践活动有着不同的导向作用

(1)价值观不同,对事物的评价就不同

(2)价值观不同,人们认识世界和改造世界的指向也不同

(3)价值观不同,对人生道路的选择和指向也有不同的导向作用

学生情况分析

“价值观”对于学生来讲,一点都不陌生,每个学生都会自发的形成一定的价值观。但是在哲学上如何理解价值和价值观的含义,对学生来讲有些抽象。学生在日常生活中虽然也自己体验过价值观的导向作用,但是日常生活中学生自己很少从哲学的角度去分析。

教学方法选择

调查法、讨论法、自主探究法以及启发法

教学环境与教学媒体选择

采用多媒体教学,以两个视频作为教学案例,并以音频《隐形的翅膀》结尾。

板书设计

价值观的导向作用

1. 价值和价值观的基本含义

(1)什么是价值

(2)什么是价值观

2. 价值观是一种社会意识,是社会存在的反映

(1)价值观是在一定的社会存在的基础上产生的

(2)价值观随社会存在的变化而变化

(3)价值观的多样性

3. 不同的价值观对人们的认识,实践活动有着不同的导向作用

(1)价值观不同,人们对事物的评价不同

(2)价值观对人们认识世界和改造世界的导向作用

(3)价值观对人生选择、人生道路同样具有重要的导向作用

教学目标

1. 知识目标:理解哲学上价值、价值观的基本含义,不同价值观的不同导向作用;通过事例或调查进行分析,价值观是一定经济关系的产物,并随着社会经济关系的变化而发生变化;能够认识、分析不同价值观的现象与本质;比较不同价值观的导向作用。

2. 能力目标:通过案例或活动进行启发探究学习,引导学生进行合作学习。通过多种学习形式,提高学生比较能力、提高透过现象看本质的能力以及逻辑思维能力。

3. 情感态度价值观目标:初步树立要用正确的价值观来指导自己行动的思想。

重点与难点分析

重点:价值观的导向作用。

难点:价值与价值观的含义。

课堂教学过程结构设计

导入

有句话叫"天高任鸟飞、海阔凭鱼跃",而今的网络时代给我们的生活和学习提供了极大的便利,但是,面对纷繁复杂的网络世界,我们该如何做出我们的选择呢,选择背后的玄机又是什么呢?我想先做个小调查。你上网经常做的事情是什么?(学生回答),为什么我们上网会做出这样的一些选择呢?这就涉及今天所学的主题:价值观的导向作用。

为了更好地掌握今天的主题,我们先做一个班级调查。调查内容:你的同学、父母、

亲朋好友或身边的老师上网经常做什么事情？为什么要做这些事情？学生分为三组后引导学生进行课堂调查(学生活动)。

通过刚才的调查，我们能够发现不同群体对网络资源的利用是有一定的差别的，每个人都是根据什么在选择网络资源的呢？(适当引导)——需要。这就是哲学上的价值的概念。

我们之所以利用不同的网络资源，是因为(网络资源→精神、工作等的需要)；同样的道理：(粮食、空气→生存需要；运动、锻炼→健康需要……)前面部分用一个词概括，就是事物；后面部分概括起来即人的需要。这种人的需要与事物属性之间的特定关系，就是哲学中所说的价值，即事物对人的积极意义。我们选择不同的网络资源是因为这些网络资源对我们有不同的积极意义，这是我们选择网络资源的标准。其实，人们选择任何事物都有自己的标准，这种判定客观事物有无价值及价值大小的根本观点和评价标准，就是价值观。

价值观，顾名思义，是一种观点、观念，属于社会意识。那么，价值观是怎么产生的呢？人的价值观是否一成不变呢？让我们一起根据刚才的调查结果进行分析。

为什么教师、家长等成年人会在网上从事工作、投资等活动，而同学们主要利用网络进行休闲娱乐？当教师需要利用网络工作工作的时候，网络资源哪一部分对他更有意义？而当同学们想利用网络娱乐的时候，哪一部分资源对你最有意义？(学生回答)

由此可见，每个人都是根据自己的身份、环境、需要来利用和评判网络资源的，因此我们可以得出结论：价值观作为一种社会意识，随社会存在的变化而变化，它反映了社会存在，说明价值观是由社会存在决定的。

过渡

前面学习了社会存在与社会意识的辩证关系，知道社会存在决定社会意识，社会意识对社会存在也有能动的反作用。那么，价值观到底对人们有什么作用呢？下面，我们继续来关注一个有关网络的话题。(展示数据，播放严琦的议案、展示新浪网的调查)你如何评价取消社会网吧的提议？请说明你的理由。(学生讨论 1 分钟并找几个同学谈谈观点)

为什么同学们的观点与网友们对社会网吧的评价会有不同？(学生回答)

(教师小结)其实，对于任何事物，人们的评价都会有所差异，比如，对中学生是否该拥有手机，高中阶段是否该文理分科的问题，人们都有一定的争议。这些现象正好说明了价值观不同，人们对客观事物的评价就不同。(投影：第一点作用)

面对网络发展中存在的问题，我们该如何解决这个问题呢？我们今天就在此开一个两会特别会议，议题是怎样才能拥有一个健康的上网环境，请同学们分小组互相讨论 2 分钟，然后派代表说出你们的措施。

(学生发言，引导学生可以从网民、政府、网络运营企业等角度发言)

总结

为什么同学们针对网络问题会提出不同的解决方案？(站在不同的立场来看，觉得网络问题就是该这样解决）其实，同学们提出问题的过程就是认识世界的过程，利用这些措施去解决网络问题的过程就是改造世界的过程，人们在认识世界和改造世界的过程中，总会考虑该不该做、能不能做、怎么去做，该不该做就是在进行价值选择，认为有意义的事情就会去做，就会把活动指向它，否则就不会去做，就像我市提出的“五个重庆”战略，正引领着重庆发生巨大的变化。由此可见，价值观不同，人们在认识和改造世界中的指向也不同。（投影第二点作用）

由于这种指向的不同，人们对网络的利用也不同，有的人沉溺网络，不能自拔，最后只能虚度人生，甚至走向了犯罪的道路，据公安部的统计，在犯罪的青少年中，百分之八十都通过网络的影响而走上了犯罪的道路；而有的人则利用网络成就自我，创造价值，奉献社会。如阿里巴巴创始人马云，其创建的阿里巴巴已经发展成为一个市值几百亿美元的大公司，一年至少能够解决3万大学生的就业问题。

可见，价值观对人生也有着重要的导向作用，这样的例子在现实生活中比比皆是，请看：

播放《人生选择》。

通过刚才对比，为什么他们有不同的人生道路？（引导学生回答）

正是由于价值观的不同，每个人的选择也就不同，可以说，人生就是选择，选择就意味着人生。做出何种选择却是在一定的价值观指导下进行的，选择的过程就是把价值观转化为现实的过程。价值观不同，人们的努力方向、人生态度、结果就不同，因此，价值观不同，对人生选择、人生道路同样有重要的导向作用。（投影第三点作用）

通过上面的探讨，我们已经知道了价值观的重要性，价值观不同，对事物的评价就不同，在认识世界和改造世界中的指向也不同，因此，人生选择、人生道路也不同，那么，作为21世纪的青年学生，我们又该做出怎样的价值选择呢？

（学生回答）

无论你做出何种回答，别忘了价值观的导向作用，所以我们只有树立正确的价值观，才能在纷繁复杂的信息时代里找到正确的方向，价值观就像一双隐形的翅膀，带领我们飞到理想的地方。请欣赏《隐形的翅膀》。

个性化教学

在教学过程中为学生推荐可以拓展阅读的书籍：

王蒙著.王蒙自述：我的人生哲学.北京：人民文学出版社出版，2003年

作业设计及检测

给出一段有关低碳经济的背景材料，让学生思考这样的问题：运用历史唯物主义的观点，分析低碳经济发展道路的正确性。

学生容易出现漏洞的地方主要表现为：

一是忽略设问的知识范围；

二是未抓住设问的要求；

三是知识点的表述不清晰或者不完全。

通过这个题目,可以提醒学生注意审题的仔细和知识点的清晰,这是在引导学生答题的过程要注意的地方。

(答案:略)

教学反思与总结

本课在价值取向多元的当今时代,具有极为重要的现实意义。因此,从课程的设计中我努力贯穿学生的生活实际,期望用典型的事例让学生深刻体会任何行为背后那无形的价值指挥棒是多么的重要。通过本堂课的教学效果来看,基本上还是达到了教学预期目标。

当然,由于本堂课讨论的环节比较多,一些随机出现的话题或者问题也比较复杂,深入讨论某个突然出现的问题又容易使课堂失去紧凑感,避而不谈又违背了教学的要求,如何把握这种度,对教师的课堂机智提出了较高的要求。

所以,本堂课要深入挖掘的应该是在突出亮点的同时进一步深化探究材料与教学主题的关系,进一步激发学生探究的兴奋点,以期实现最佳的教学效果,达到应有的德育目标。

专家点评及学生反馈

通过本节课的教学,我更加坚信只要密切联系学生的生活进行的高中思想政治课教学,课堂必定是充满生命力的,也会打破学生对思想政治课的偏见,会赢得学生的主动参与并激发学生对学习本门课程的兴趣。这是我在以后的教学中会进一步努力的方向。

听课的专家与同行大部分认为本课的设计过程贯彻了新课改的精神,教学设计贴近生活,贴近学生的实际,具有很好地时代性,对学生的认识规律也有较好的把握,遵循了由浅入深,师生互动、生生互动的教学策略。当然,也有同行指出了教学过程有点快,使某些问题的讨论还未来得及深入,这确实是本节课需要弥补的地方。

由于本节课所探究的材料以及话题都是密切联系当下的实际的,所以也激发了学生极大的参与兴趣。如对政协委员“取消社会网吧”议案的辩论,对不同人生态度带来的不同人生结果的分析,学生的参与是主动而积极的,应该说课堂气氛是非常活跃的,很好的调动了学生的主动性。

参考资料

1. 小学思想品德和中学思想政治教材编写委员会编著. 全日制普通高级中学思想政治(试用本·必修)二年级(下册)教师教学用书. 吉林:吉林教育出版社,2008 年

2. 黄希庭. 当代中国青年价值观与教育. 成都:四川教育出版社,1994 年

3. 朱贻庭等. 当代中国价值导向. 上海:华东师范大学出版社,1994 年

《坚持正确的价值观》教学设计

重庆市开县中学　幸晓红

教学内容分析

一、评价正确价值观的最高标准

1. 正确的价值观要符合事物发展的规律

2. 正确的价值观要符合人类的根本利益

二、评价正确价值观的具体标准

1. “三个代表”重要思想是中国共产党最根本、最高的价值观

2. 党在社会主义初级阶段的基本路线是现阶段衡量我国人民价值观是否正确的重要标准

3. “三个有利于”是判断我国改革开放和各项工作的标准

三、青年学生应当树立与时代要求相适应的正确价值观

学生情况分析

从学生的生理和心理发展看，高二学生的生理和心理发育都已经趋于成熟，抽象认识占主导地位，处于价值观形成的关键阶段。本课的学习对于引导学生形成正确的价值观有着极其重要的意义。从学生的认知水平来看，高二学生已经形成了一定的辩证思维，因此他们对哲学知识的领悟力和理解力有一定的水平，但在理论联系实际、运用知识解决问题方面还有所欠缺。

教学方法选择

情境体验法、探究式教学法、启发式教学法

教学环境与教学媒体选择

多媒体教室

板书设计

坚持正确的价值观

一、评价正确价值观的最高标准

1. 正确的价值观要符合事物发展的规律

2. 正确的价值观要符合人类的根本利益

二、评价正确价值观的具体标准

1.“三个代表”重要思想是中国共产党最根本、最高的价值观

2. 党在社会主义初级阶段的基本路线是现阶段衡量我国人民价值观是否正确的重要标准

3.“三个有利于”是判断我国改革开放和各项工作的标准

三、青年学生应当树立与时代要求相适应的正确价值观

教学目标

1. 知识目标：理解什么是正确的价值观，并能结合实例说明，正确的价值观必须符合事物的发展规律，必须符合人类的根本利益。

2. 能力目标：培养学生辨别正确价值观和错误价值观的能力，进一步提高分析比较能力和辩证思维能力。

3. 情感态度价值观目标：进一步坚持党的基本路线、坚持“三个有利于”标准和“三个代表”重要思想。

重点与难点分析

重点：评价正确价值观的最高标准。

难点：正确的价值观要符合人类的根本利益。

课堂教学过程结构设计

导入新课

【教师活动】播放电影《2012》剪辑片断，展示电影中飓风、海啸、冰雪等极端天气。

【学生活动】思考电影给人类的启示。

【设计意图】通过学生感兴趣的热门电影激趣，引入课题面对环境问题应坚持正确的价值观，为接下来的教学创设情境。

新课教学

最高标准之一：符合客观规律

【教师活动】案例一：日本全年一次性筷子的消耗量约为257亿双，中国出口占96%，

导致我国森林面积急剧减少。案例二：中国政府加强对森林资源的保护，我国森林覆盖率增加至20.36%。

【学生活动】思考问题：

1. 企业的做法为什么会导致生态环境的恶化？

2. 中国政府的作为为何将对生态环境良性发展产生积极影响？

【设计意图】引导学生关注社会现实问题。通过两个案例的直观对比，学生能自主探究得出结论：正确的价值观必须要符合事物发展的规律。

【教师活动】组织和引导学生活动，并进行适时评价。

【学生活动】男女生分组PK，运用所学的知识，想一想新中国成立以来党领导我们做出了哪些符合社会发展规律的价值选择？

【设计意图】通过活动及时检验学习效果，提高教学有效性，突出本课重点。培养学生的竞争意识和团队合作精神。

最高标准之二：符合人类的根本利益

【教师活动】讲述哥本哈根气候会议各国态度

1. 美国：于2001年退出《京都议定书》，承诺2020年温室气体排放量减少17%。

2. 中国：2020年将减排40%～45%，但遭到质疑，中国经济发展一定程度上是以温室气体排放为代价，这种承诺可能会损害中国利益。

3. 马尔代夫：关注各国态度。

【学生活动】探究活动：

1. 假如你是美国的代表，面对世界各国的指责，你怎么回应？

2. 假如你是中国的代表，对我国承诺的质疑，你怎么回应？

3. 假如你是马尔代夫的代表，对于中美两方的承诺你如何评价？

【设计意图】通过角色扮演、讨论合作和对三种观点进行的碰撞。既得出知识要点，突破教学难点，又充分体现学生的主体地位和教师的主导作用。

具体标准之一：符合"三个代表"重要思想

【教师活动】展示"两会"中，人大代表、政协委员们提交的与"低碳"有关的议案、提案的数据。

【学生活动】紧跟老师的思路，通过思维的碰撞理解人大代表、政协委员们的最终目的是为了实现人民的根本利益。

【设计意图】理解"三个代表"重要思想的重要性，以及它对于实现社会主义现代化的重要性。

具体标准之二：符合党的基本路线

【教师活动】引导学生回顾党在社会主义初级阶段的基本路线。

【学生活动】回顾已学知识，运用知识迁移法，让自主得出党的基本路线对社会发展的指导作用。

【设计意图】通过学生已学知识的回忆，结合改革开放以来的历史事实理解党的基本路线的正确性。

具体标准之三：符合"三个有利于"

【教师活动】播放新闻《森林重庆》，展示森林重庆建设的经济效益和生态效益。

【学生活动】观看新闻并思考，森林重庆给我们带来了哪些实实在在的利益？

【设计意图】从重庆现实材料入手，学生能够结合自身经历总结出一定的哲学原理，培养学生理论联系实际的能力。

树立正确的价值观

【教师活动】多媒体展示关于环境污染的图片。

【学生活动】通过触目惊心的环境图片引发学生的感触。

【设计意图】通过图片触动学生心灵，培养树立正确价值观的自觉性。

结束新课

【教师活动】配乐演讲倡议书：环境是我们人类赖以生存的基础。爱护地球、保护自然，是每一个公民义不容辞的责任……行动起来，今天播下一粒绿色的种子，明天，我们将收获一片蓝天绿地！

【学生活动】在教师的带领下，担负起用正确的价值观来改善环境的重任。

【设计意图】教学结尾延续图片带给学生心灵的触动，进一步升华情感。通过教师的激情演讲，将整堂课推向高潮，为教学画上一个圆满的句号，同时留给学生无尽的思考……

个性化教学

在本课的难点处理上，依次通过创设情境——角色扮演——合作探究的环节，充分考量每一个学生的知识和能力水平，给学生提供个性发展的机会、充分选择的空间，使每一个学生都能参与其中，充分张扬个性，并通过教师的个性化评价，寻找不同层次学生的闪光点，及时肯定点滴进步，调动学生学习的积极性。

作业设计及检测

本课的设计突破了传统设计，并未在新课结束后设计作业。但在课堂中也注重了学生知识的运用和迁移。通过男女生分组 PK，举例说明新中国成立以来党领导我们做出的符合社会发展规律的价值选择这一活动，来检验学生知识积累程度和课堂教学的有效性。

教学反思与总结

本堂课注意选择了社会热点及对中国发展具有重要意义的“低碳经济”作为中心材料，贯穿始终，讲授“评价正确价值观的最高标准”、“评价正确价值观的具体标准”、“坚持正确的价值观”。坚持运用情境创设、合作探究的教法和学法突出“评价正确价值观的最高标准”的重点。运用不同国家在哥本哈根气候大会上的不同态度作为背景，通过角色扮演来探索“正确价值观要符合人类的根本利益”，从而突破教学难点。课堂结束部分突破了传统教学方式，注重对学生的情感教育，促进人的全面发展。

学生的课堂探究活动与老师的引导、点拨环环相扣，使哲学的学习与生活实际紧密相连。依据学生的认知发展水平，超越教材的表述和事例，选择和挖掘社会热点、具有现实意义的课程资源。

专家点评及学生反馈

专家点评：

本堂课的设计运用社会热点贯穿始终，具有比较清晰的线索，整堂课内容充实丰富，知识条理清晰，重点难点突出，层层设置问题，激发学习兴趣，收到了较好的教学效果。在教学中，教师从学生兴趣出发，设置具体的教学情景，使学生从鲜活的背景中感悟哲学，使哲学道理生活化、通俗化，理解哲学道理过程化、自主化。几个教学活动以循循善诱的设问引导学生进行递进式的探究，通过开放、互动、合作式的研究性学习，使学生在解决问题的过程中活化知识，成为学习的主体，自主获取新知识，充分体现了以人为本的新课程核心理念，实现学生的全面发展。

学生反馈：

学生是教学中的主体，同时也是评价一堂课成功与否最重要的指标。在本堂课中，对于教师的层层设疑，学生积极思考探索，自主建构知识。在突破本堂课难点的过程中，学生积极参与，充分体现其主体参与性，在角色扮演中体验成功的喜悦，分享合作的和谐。在课堂结束部分，通过图片震撼学生心灵，再加以演讲，引起学生共鸣，课堂伴随着学生的掌声结束。

参考资料

小学思想品德和中学思想政治教材编写委员会编著. 全日制普通高级中学思想政治(试用修订本·必修)二年级(下册)教师教学用书. 吉林：吉林教育出版社，2008 年

《坚持正确的价值观》教学设计

重庆市武隆中学　魏睿

教学内容分析

1. 衡量价值观正确与否的最高标准

(1)正确的价值观必须符合事物发展的规律性

(2)正确的价值观要符合人类的根本利益

2. 现阶段衡量我党和我国人民价值观正确与否的具体标准

(1)中国共产党提出的基本路线是现阶段衡量我国人民价值观正确与否的重要标准

(2)“三个有利于”是判断我国改革开放和各项工作的标准

3. 全面建设小康社会，必须建设社会主义核心价值体系

学生情况分析

高二的学生经过一段时间的哲学常识的学习，有一定的哲学知识和思维能力，“价值观”对于学生来讲，一点都不陌生，每个学生都会自发的形成一定的价值观。但是在哲学上如何理解衡量价值观正确与否的标准，对学生来说有些抽象。学生在日常生活中虽然也自己体验过价值观的评价标准，但是日常生活中学生自己很少从哲学的世界观和人生观的角度去分析。

教学方法选择

讲解法、讨论法

教学环境与教学媒体选择

多媒体教室

板书设计

坚持正确的价值观

一、衡量价值观正确与否的	最高标准	共性
	↓	↓
二、现阶段衡量我党和我国人民价值观正确与否的	具体标准	个性
	要 ↓ 求	↓
三、全面建设小康社会，必须建设	社会主义核心价值体系	具体价值体系

教学目标

1. 知识目标：识记正确价值观的标准；理解正确的价值观必须符合事物发展的规律性；正确的价值观必须符合人类的根本利益；运用正确的价值标准分析社会上丰富多彩的价值选择。

2. 能力目标：学会运用马克思主义的观点和方法去分析社会现象和具体事例以及各具体学科，以提高辩证思维能力和理论联系实际的能力。

3. 情感态度价值观目标：提高树立正确价值观的自觉性。

重点与难点分析

重点：正确的价值观要符合人类的根本利益。

难点：社会主义的核心价值体系。

课堂教学过程结构设计

激发兴趣·引入新课

【教师活动】播放电影《求求你表扬我》片段。设问：片中"杨红旗"所讲的关于幸福的观点正确吗？为什么？

【学生活动】学生从自己的角度谈关于幸福的认识。

【设计意图】不置可否，主要是产生对价值观的评价需求，引入新课。

设疑讨论·探索研究

一、衡量价值观正确与否的最高标准

1. 正确的价值观必须符合事物发展的规律性

【教师活动】尽量让学生分析、讨论、展开思维、活跃气氛；引导学生分析从人自身的需要出发进行价值选择也必须要符合事物发展的规律性。

（补充例证：古代帝王追求长生不老之药、永动机的研究失败、中国最终走上社会主义的道路都表明：正确的价值观形成于人们对于事物规律性的科学分析。）

【学生活动】讨论：人生不如意十之八九，就像开始短片中"杨红旗"所描述的简单幸福也不是人人都可以获得的……那假设不如意的事情发生之后可以有后悔药可吃，同学们觉得会产生什么样的结果？

【设计意图】用社会、历史、物理、生物学的材料分析衡量价值观正确与否的第一个标准，引导学生从哲学角度分析各学科知识。

2. 正确的价值观要符合人类的根本利益

【教师活动】播放即将消失的12座岛屿的风景图片；插入相关链接（哥本哈根气象大会）；设问：(1)美国、澳大利亚等发达工业国，是坚持的什么价值取向？(2)正确吗？(3)为什么？(4)应该坚持什么样的价值观？

【学生活动】讨论：回答关于全球气候变暖的现状及原因，分析发达国家对"减排"做法到底坚持了什么样价值观、应该坚持什么样的价值观？

【设计意图】从人文地理角度的材料分析衡量价值观正确与否的第二个标准，引导学生用哲学角度分析地理学科知识（此段也有一定主观材料题的练习效果）。

二、现阶段衡量我党和我国人民价值观正确与否的具体标准

【教师活动】播放2009年温家宝政府工作报告实录片段。设问：这体现了我党和政府的什么价值取向？

【学生活动】齐读温家宝讲话中的片段，并思考现阶段我党和政府坚持了什么价值取向。

【设计意图】由最高标准的学习过渡到我国的具体标准，并感受党和政府的价值取向。

1. 中国共产党提出的基本路线是现阶段衡量我国人民价值观正确与否的重要标准

【教师活动】设问复习：党在社会主义初级阶段的基本路线：领导和团结全国各族人民，以经济建设为中心，坚持四项基本原则，坚持改革开放；自力更生，艰苦创业，为把我国建设成为富强、民主、文明的社会主义现代化国家而奋斗。概括起来就是"一个中心、两个基本点"。实践证明，我们这条路线是正确的，符合规律和人民根本利益的。

【学生活动】回忆并思考为什么我们要坚持这个基本路线，这个具体标准是否符合最高标准？

2."三个有利于"是判断我国改革开放和各项工作的标准

【教师活动】设问复习："三个有利于的标准"内容，播放幻灯片提示。

【学生活动】回忆并思考为什么我们要坚持"三个有利于的标准"，这个具体标准是否

符合最高标准？

【设计意图】在共性的指导下研究分析个性，体现哲学学科的学习特点；掌握现阶段我党和人民衡量价值观正确与否的具体标准。

三、全面建设小康社会，必须建设社会主义核心价值体系

【教师活动】播放一组我国近代的人物图片，总结他们身上所具有的：(1)马克思主义指导思想；(2)中国特色社会主义共同理想；(3)以爱国主义为核心的民族精神和以改革创新为核心的时代精神；(4)社会主义荣辱观。

【学生活动】回忆永远的丰碑，理解各时期的人们到底做过些什么，坚持了什么样的价值观。

【设计意图】升华课堂，体现思想政治课的政治、道德要求。

课堂小结 · 形成认知

【教师活动】总结本框内容，分析知识脉络。

【学生活动】自主复习总结。

【设计意图】回顾本课内容，形成整体知识结构认知。

个性化教学

本课以价值观的衡量标准为主题，具体课堂内容设计了一个贯穿始终的"幸福"话题（导入视频中范伟关于"幸福"的幽默表述是一个楔子），此话题可深可浅，对于不同层次表达能力和思辨能力的学生可以引导他们作不同的思考和表达，但都可以达到围绕主题运转的目的。

作业设计及检测

1. 从人的需求方面来说，判断事物有无价值及价值大小的最高标准是（　　）

A. 职业群体的根本利益　　B. 统治阶级的根本利益

C. 民族的根本利益　　D. 人类的根本利益

（答案：D。"最高标准"，范围和角度必须要广，ABC 三个选项都没有站在最广的角度树立价值观，这些需求都是狭隘的，但并一定错误，只是不符合题目的要求。）

2. 据 2009 年 11 月 21 日《人民日报》报道，在严重的沙尘暴灾害面前，人们深刻认识到了维护生态平衡的重要性，于是人们开始在西部地区有计划地开展退耕还林工作，这说明（　　）

A. 事物的矛盾具有特殊性

B. 办事情必须抓住主要矛盾

C. 错误的价值观不符合事物发展规律和人类的根本利益，必须坚持正确的价值观

D. 只要树立正确的价值观就能取得成功

（答案：C。此题主要针对环保问题，讨论价值观的作用与标准，AB 属于不体现的内容，D 项属于本身绝对化观点，C 项完全符合题意，主要达到回顾本课两个最高价值观评

价标准的目的。）

教学反思与总结

学生的思维能力是很有可塑性的，要有充分的教学准备及心理准备；特别是在开放式问题的处理上，一定要给学生留下足够的空间，避免人为狭隘学生的思路，充分地调动学生的学习主动性和积极性。

突出重点，课堂焦点讨论的处理一定要时刻注意不偏离主题，运用一切可操作的方法引导偏离主题学生回归正轨，但切忌以打击学生的积极性为代价，要发现并自然地放大学生的闪光点。

关于课堂的升华，要不留痕迹，不能刻意——以语言的自然组织过渡、情绪的合理调动为特征。

精炼、精炼、再精炼语言！讲得越多，学生思考得越少，得不偿失！

越枯燥的话题和知识越有挑战性，让幽默和创造性的教学设计给学生产生强烈的冲击，形成我们期望的深刻印象和愉快课堂。

专家点评及学生反馈

专家点评：

优点：教学设计内容流畅、充实，重点突出，以幸福为话题的讨论很有创意，操作性也很好。支撑性材料丰富，运用得恰如其分。能融合时政及现实社会生活材料，体现了大政治学科的视野。把哲学之于其他学科地位凸显出来，体现了一个思维高地应有的定位。

不足：没能充分调动进入思维定势的学生，对学生表达能力和思维方式的差距估计不足。课堂气氛不够热烈，教师讲得不够精炼。

学生反馈：

知识掌握效率较高，主要得益于对课堂设计的新颖性。

拓宽了视野、培养了思辨能力及表达能力。

由于引用材料很多，而自身知识面和接触不够，以至于不太能跟上课堂节奏。若能平时多花点时间和同学沟通就能达到较好的效果，希望老师能在课前先安排相应材料让学生接触和熟悉。

参考资料

1. 人民教育出版社地理社会室. 全日制普通高级中学教科书（必修）地理下册. 北京：人民教育出版社，2003 年

2. 毕淑敏. 破解幸福密码. 南京：江苏人民出版社，2010 年

3. 2009 年温家宝政府工作报告. 温家宝在十一届全国人民第二次会议上所作政府工作报告，2010 年

《坚持正确的价值观》教学设计

重庆市朝阳中学　陈静

教学内容分析

1.正确价值观的内涵:(1)正确的价值观要符合事物发展的规律性;(2)正确的价值观要符合人类的根本利益——最高标准。

2.坚持正确的价值观:(1)以人类的根本利益为最高标准;(2)基本路线是现阶段衡量我国人民价值观的重要标准;(3)"三个有利于"是衡量我们思想和行为的价值标准;(4)建设社会主义核心价值体系。

学生情况分析

学生学习习惯良好,课堂气氛较活跃,学生的表达愿望及能力较强,学生综合素质比较均匀,有较好的哲学知识基础,对本学科有自己的思维方式,对合作探究过程有所了解,并能运用这一方面知识分析和解决实际问题。

教学方法选择

探究法、讲授法、合作讨论法

教学环境与教学媒体选择

多媒体教室

板书设计

坚持正确的价值观

一、正确价值观的内涵

1. 正确的价值观要符合事物发展的规律性

2. 正确的价值观要符合人类的根本利益——最高标准

二、坚持正确的价值观

1. 以人类的根本利益为最高标准

2. 基本路线是现阶段衡量我国人民价值观的重要标准

3. “三个有利于”是衡量我们思想和行为的价值标准

4. 建设社会主义核心价值体系

教学目标

1. 知识目标:掌握正确价值观的评价标准,能结合实例说明,正确的价值观必须符合事物发展的规律,必须符合人类的根本利益。

2. 能力目标:通过分析具体事例以及总结具体知识中概括哲学观点;在理论观点的推导过程中加强思维训练;在思考探究中内化知识、形成分析问题的方法、提高辩证思维能力。通过对比正确价值观与错误价值观,进一步提高分析比较能力。

3. 情感态度价值观目标:提高学生“坚持正确的价值观”的自觉性,提高对“三个有利于”标准的认识,最终能自觉地坚持正确的价值观,并做出正确的价值选择。

重点与难点分析

“正确价值观要符合人类的根本利益”观点是本课的重点与难点。

课堂教学过程结构设计

导入新课

(师)很高兴今天能有机会来到这个美丽的校园,和同学们一起进入哲学的世界,共同去寻找成功和智慧的宝典,同学们有没有信心?

去年年底,有一部征服了亿万观众的科幻大片在全球热映。知道是哪部影片吗?

(生)《阿凡达》。

(师)同学们看过这部电影吗?

(介绍剧情)在未来世界中,一群为了获取潘多拉星球矿石资源的地球人,启动了阿凡达计划。派去的间谍杰克被潘多拉星球上的纳威人维护生态的行为所感动,最终和纳威人一起抗击人类的掠夺。

先让我们来感受一下潘多拉星球的无穷魅力吧!(播放《畅游潘多拉》片断)

看了这段视频，同学们对潘多拉星球有什么印象？（参天的巨树、飘浮在空中的群山、色彩斑斓夜晚还能发光的动植物，就如同梦中的奇幻花园）

而我们的家园地球，此刻又是怎样的一种场景呢？仅看我们中国，北方正在经受（沙尘暴），西南正在遭受（严重的干旱）。

（展示图片）土地干裂、沙尘满天、大气污染、冰川融化。

两个星球一个如此美丽，一个却是伤痕累累，是什么原因导致了这样的结果？

（生）纳威人知道爱护环境，而地球人却在破坏环境。

（师）那人们的行为受什么支配呢？

（生）价值观。（或表达为思想意识，教师引导得出价值观就是思想意识中的一种）

（师）是不是所有的价值观都是正确的呢？

（生）不是。

（师）那什么样的价值观才是正确的价值观呢？就这是今天我们要共同探讨的话题。

新课讲授

（屏幕显示）

标题：坚持正确的价值观。

带着这个问题，我们首先看看纳威人和地球人是如何对待自然的。

播放《纳威人与自然和谐相处》、《采矿者疯狂破坏自然》的片断。

（师）观看了这段视频，同学们最大的感受是什么？

（生）……

（师）影片中，纳威人与动物心灵沟通，驾着飞鸟在天空中自由翱翔，给我们呈现出一片人与自然和谐相处的景象。也看到了采矿者对大自然毁灭式的破坏和贪婪的欲望。

【思考】纳威人为什么能够与自然和谐相处？影片中采矿者的欲望最终能不能得到实现？为什么呢？

引导学生讨论并回答。

（屏幕显示）

纳威人：以树为家、遵循能量守恒规律、尊重所有生物，这是尊重自然规律的表现，从而实现人与自然和谐相处。

地球人：为了经济利益不惜一切代价、大肆掠夺、破坏，这是违背自然规律的表现，必然遭受惩罚，愿望不能得以实现。

（师）通过我们分析，同学们认为谁的价值观是正确的？

（师）为什么呢？让我们一起回忆什么是价值？什么是价值观？

价值是指人的需要与事物属性之间的一种特定关系，即事物对人的积极意义。价值观是对事物的属性和规律与人的需要之间关系的认识。对价值的判断，首先离不开人对事物的认识，如果离开了事物的属性特别是它的规律性，只从人的主观欲望或爱好评价事物，就得不出正确的结论。因此，树立正确的价值观首先应把握事物的属性与规律 。只有符合事物发展规律性的价值观才是正确的价值观。

结论一：正确的价值观要符合事物发展的规律性。

人类社会的发展和自然界一样，也是受客观规律支配的。我们国家走社会主义道路就是按照社会发展规律的客观要求做出的正确价值选择。

（师）是不是只要符合事物发展规律的就一定是正确的价值观呢？采矿者采掘昂贵矿石的行为就符合经济规律，这是否就是一种正确的价值观呢？

（生）不是。

（师）那正确价值观还应符合什么标准呢？

（师）价值的形成除了要正确把握事物的属性和规律，还离不开人的需求，必须对人的需求、利益有一个正确的认识。现在有这样一个问题，需要大家来讨论分析。影片中采矿者和纳威人有各自不同的利益和需求，我们应该如何来解决呢？让我们继续观赏影片。

播放视频片断：《采矿者与潘多拉星球的战争》

谈一谈：观看完影片后，你支持纳威人还是采矿者？

学生讨论。（在争辩中引导学生得出结论）

教师在学生发言基础上引导：是不是每个人、每个集体从自身利益出发的行为就一定是正确的？

价值的形成还离不开人的需求，而人的需求和利益千差万别，不同的人、不同的群体、不同的国家都有各自不同的需求和利益，面对这种情况，每个人都必须撇开各自的利益，找出一个最高的共同利益为判断标准即人类的根本利益。

引导学生得出结论。

（屏幕显示）

结论二：正确的价值观，必须符合人类的根本利益。

影片中，纳威人树立正确价值观实现了他们维护生态平衡的愿望，而采矿者的行动最终失败，这给了我们什么启示？

（生）树立正确的价值观，才能更好地认识世界和改造世界。

坚持正确的价值观

（师）对，树立正确的价值观，才能更好地认识世界和改造世界，那怎样才能坚持正确的价值观观呢？通过刚才的探讨，一个科学的合理的价值评价，应符合什么标准呢？

（生）既要符合事物的属性、规律，又要符合人类的根本利益。两个标准必须同时具备，缺一不可。在两个标准中，最高标准是要（符合人类的根本利益）。因此，在行动上要坚持正确的价值观，就应该坚持以人类的根本利益为最高标准。

（屏幕显示）

1. 以人类的根本利益为最高标准

（师）最近三十年来我国的经济飞速发展、人民生活越来越富裕的重要原因是什么？

（生）实行了改革开放。

（师）改革开放使人民富裕起来了，重要原因是我们坚持了党在社会主义初级阶段的基本路线。大家想想，党的基本路线是什么？（生答：即坚持以经济建设为中心，坚持改革开放，坚持四项基本原则。）

教师归纳：这条路线不仅符合社会发展规律，符合我国各族人民的利益，是人类的根本利益在我国现阶段的体现。所以，以基本路线的要求为准则就是一个正确的价值导向，就能引导我国人民正确地进行认识世界和改造世界的活动。

（屏幕显示）

2.党的基本路线是现阶段衡量我国人民价值观的重要标准

那么，一个人的工作、一个单位的工作、一个部门的工作，人们的思想和行为怎样才算有价值呢？用什么来判断呢？

（教师归纳）这就要坚持"三个有利于"的标准。符合"三个有利于"的思想和行为就是有价值的，对"三个有利于"的促进作用越大，其价值就越大。

（屏幕显示）

3."三个有利于"是衡量我们的思想和行为的价值标准

为了进一步发展生产力和提高人民生活水平，国家鼓励发展低碳经济，倡导低碳生活。在今年3月召开的"两会"上，刮起了一阵"低碳风"。什么是低碳经济呢？简单地说，就是以低能耗、低污染、低排放为基础的经济模式。

想一想：发展低碳经济是否体现了一种正确的价值观？为什么？学生思考并发言。

（教师归纳）发展低碳经济是转变经济发展方式，落实科学发展观的体现，既尊重科学的发展规律，又能节约能源、降低生产成本，提高资源利用效率，有利于提高生产力水平，有利于增强国家综合竞争力，也有利于提高人民的生活水平。

（屏幕显示）体现了正确价值观的重要标准、"三个有利于"标准，也体现了人类根本利益这个最高标准。

请同学看看这三个价值标准之间的关系是怎样的？

（教师归纳）最高标准与重要标准、"三个有利于"标准，是共性与个性的关系，在我国，坚持符合事物发展的规律性和人类根本利益为最高标准，与坚持党的基本路线、坚持"三个有利于"标准，是完全一致的。

在这样的价值观指导下，每个人都可以有自己丰富多彩的具体的价值选择。在建设社会主义事业中，我们还要建设社会主义核心价值体系。

（屏幕显示）

4.建设社会主义核心价值体系

（师）社会主义核心价值体系包括哪些内容呢？（马克思主义指导思想、中国特色社会主义共同理想、以爱国主义为核心的民族精神和以改革创新为核心的时代精神、社会主义荣辱观。）

社会主义核心价值体系的内容体现在社会生活里，体现在社会成员的具体行动中，应成为我们的自觉追求。

（合作讨论）

为了让重庆更快发展，让山城人民的生活更加美好，薄书记提出建设"五个重庆"。作为山城市民的我们，应当如何以自己的实际行动为建设"五个重庆"作出自己应有的贡献？

学生分五个小组合作探讨，分别就建设"宜居重庆"、"畅通重庆"、"森林重庆"、"平安重庆”、“健康重庆”提出建议，每小组派一名代表汇报讨论结果。并选出一名评委，就同学们提出的建设进行点评，评出最佳建议。

从同学们的行动选择中，我看到了努力和希望。有了同学们坚持正确价值取向的行动，我相信“五个重庆”的目标定能实现，一座耀眼的城市必将崛起！

课堂小结

回顾今天所学的知识，今天我们共同讨论的是正确价值观的衡量标准问题，那就是正确价值观既要符合事物发展规律性，又要符合人类的根本利益；以及坚持正确价值观的具体表现。

作为青年一代，坚持正确的价值观，在认识世界和改造世界的活动中做出应有的贡献，完成时代赋予青年的使命，我相信同学们必将会有一个成功的未来，必将为祖国的明天创造更多的辉煌。（情感升华）

个性化教学

在教学上以影片《阿凡达》中两种对立的价值观为线索贯穿重难点部分内容的讲解，适合热爱电影的学生的兴趣。教学设计中，播放视频片断《采矿者与潘多拉星球的战争》并提出问题：观看完影片后，你支持纳威人还是采矿者？有效预设学生的思维矛盾，利用学生的思维矛盾充分调动学生的思维，在思辨中得出正确的结论。

在设计坚持正确价值观的具体要求时，多媒体展示低碳经济的文字图片资料并提出问题：发展低碳经济是否体现了一种正确的价值观？为什么？这一设计为对低碳观念有了解，并积极践行低碳观念的学生创设了个性化的情境，为他们创造了良好的求知环境。

作业设计及检测

2009 年 11 月 17 日，国家主席胡锦涛和美国总统奥巴马在北京举行会谈。双方会谈后发表了《中美联合声明》。双方认为，中美两国应进一步加强协调与合作，共同应对挑战，为促进世界和平、安全、繁荣而努力。双方重申致力于建设 21 世纪积极合作全面的中美关系，并将采取切实行动稳步建立应对共同挑战的伙伴关系。

分析中美双方重申致力于建设 21 世纪积极合作全面的中美关系体现了什么价值观的道理。

（答案：正确价值观符合事物发展的规律和人类的根本利益。中美双方重申致力于建设二十一世纪合作全面的中美关系，符合人类社会发展的规律，符合全世界人民的共同根本利益，必将积极引导中美关系健康发展，并推动世界和平与发展。）

教学反思与总结

本课的教学设计预期的目标基本完成，通过理论与实际的联系，不仅加深学生对知识点的理解，而且开阔了学生的视野。但新课程要求教师备课更多的是备学生，而我恰恰忽略了这一点。教材上的一些理论知识还需要用更加通俗易懂的语言表达出来并传授给学生。对此，我得到了一个启示：备课不仅要备好教学内容，还要备学生，要充分了解学生的能力和原有的知识水平、兴趣、爱好等特点。认真做好这一点，才能实现真正意义上的因材施教。对教学重难点的把握，还是老师讲得过多。学生自主探究、理解的过程太少。没有真正落实新课程改革的要求，这主要在于备课时未把握好所设置问题的难易度。问题设置要么过难，难以调动学生学习积极性；要么设置过于简单，达不到训练学生思维的目的。在今后的备课中，应考虑问题设置的有效性，最大化地促进教学内容的深入。再次，在组织教学的过程中，大部分精力放在自己讲的过程中，希望能在有限的时间内把要求学生掌握的内容全部讲完。心里想着这个目标，无形中忽略学生的学习状态，没有最充分地注重学生的参与。这启示我：一堂真正成功的课，应让每一位学生都能够得到发展，就得让学生成为课堂的主体，引导学生更多地参与，培养学生的积极性，提高学生的学习和解决问题的能力，才可以最终达到培养人的目的。

专家点评及学生反馈

专家点评：

这节课运用了热播影片《阿凡达》，创设了好的情境，接近与学生的距离，激发了学生兴趣，较好地体现了新课程的教学理念。本课立足于学生的发展，不只是简单罗例教材知识，将本课知识与热点材料和音画资料进行了有机整合，不断引导学生去分析现实问题，并提升学生分析问题、解决问题的能力。课堂注重小组合作学习、共同探究，如“我的行为选择：如何以自己的实际行动为‘五个重庆’建设作出自己应有的贡献?”，教师明确提出了探究目的、合作要求，给学生提供了充分自主的思考空间和交流机会，教师也成为学生学习和探究的启发者、合作者、促进者。整节课体现着“互动、合作、探究”的课堂教学氛围，师生互动、生生互动的课堂探究意识浓厚。在设问上，还应设置更高层次和更高质量的问题，教师应该具有问题的优质意识。

学生反馈：

1.从学生在课堂上的思考、回答、判断来看，学生基本掌握了本课知识的具体内容，教学目标得到实现。

2.从学生合作探究的参与度和探究结果看，学生较好地理解了本课知识的重难点，并且初步树立了正确的价值观。

3.从学生非言语反馈，即学生在课堂上的眼神、表情、肢体动作看，在讲解如何坚持正确价值观这部分知识时，学生表现出学习积极性降低的现象，这表明这部分内容在处理中效果不佳。

参考资料

小学思想品德和中学思想政治教材编写委员会编著.全日制普通高级中学思想政治(试用修订本·必修)二年级(下册)教师教学用书.吉林：吉林教育出版社，2008年

《人生的真正价值在于对社会的贡献》教学设计

重庆市彭水中学　王融

教学内容分析

整个第七课阐述的是人生观问题，而人生价值问题是人生观的核心内容，因此，本框在整个第七课中处于中心地位。另外，讲清人生真正价值在于对社会的贡献这一问题能从理论上和思想上，为年轻学生树立正确的人生价值观奠定较好的基础。

学生情况分析

高二学生已学习了历史唯物主义的基本知识，对人的本质是什么，个人与社会的关系等知识有了初步了解，也具备一定的分析、判断能力，能够在教师的引导下进行讨论，在思维的碰撞中有所领悟。

随着生活改善、市场观念的深入，中学生的人生价值观发生了变化，主要表现在：①突出个人，淡化社会；②突出功利，淡化功名；③突出人才，淡化人格等。同时，学生的心理也发生了变化，如：思维活跃、乐于表现、喜欢享受快乐、爱质疑批判、过度自尊等。中学生价值观出现多元化，多种价值观鱼目混杂。中学生存在严重漠视价值观学习的倾向。

教学方法选择

启发式教学法

教学环境与教学媒体选择

多媒体教室

板书设计

人生的真正价值在于对社会的贡献

1. 人生价值的两个方面：贡献（社会价值）和索取（自我价值）

2. 人生的真正价值在于贡献及其原因

①个人对社会的贡献是社会存在和发展的基本保障

②个人对社会的贡献是人生价值的基本标志

③个人对社会的贡献是人生价值的可靠标志

3. 个人对社会的物质贡献和精神贡献

教学目标

1. 知识目标：识记人生价值的内容；理解人生的真正价值在于对社会的贡献以及如何衡量和评价人生价值。

2. 能力目标：通过创设情景、设置问题、学生主动探究、讨论交流、教师点评补充，使学生在感知、体验、探究、联想和反思中提高判断能力、辩证思维能力，最终完成对所学知识的意义建构。

3. 情感态度价值观目标：通过学习，使学生认识到人生的真正价值在于对社会的贡献，从而自觉培养热爱平凡工作岗位、踏实肯干、乐于奉献的良好品质。

重点与难点分析

重点：理解人生的真正价值在于对社会的贡献。

难点：如何看待精神贡献。

课堂教学过程结构设计

课前准备

教师深入学生，了解他们的思想实际，把握学生认识上的不足，以加强授课的针对性和实效性。

新课导入：创设情景，激情导入，诱发思考（2 分钟）

在背景音乐《感动》的烘托下，教师深情导入：

2009 年 11 月 27 日上午，“全国见义勇为英雄群体”命名表彰大会在荆州隆重举行。陈及时、何东旭、方招等抢救长江落水少年的 18 人被授予“全国见义勇为英雄群体”光荣称号。

何东旭的母亲杨清珍作为烈士家属代表发言。“10 月 24 日，陈及时忘记了妈妈‘好好照顾自己’的再三叮嘱，何东旭忘了自己刚刚做完手术，方招忘了妈妈‘不要近水’的

'禁令',但他们都没有忘记老师教过他们要'助人为乐',没有忘记当代青年担当的时代责任……当妈妈们知道你们出事的那一刻,我们的心脏几乎停止了跳动,但是我们真切地看到了儿子们身上闪现的人性的光芒,这光芒照亮了世界的每一个角落。""孩子们,你们走得悲壮、英勇。你们用行动向全社会诠释了青春的信仰,证明了当代青年是祖国的脊梁。国家和人民给了你们崇高的荣誉,身为母亲,我们为你们深感骄傲。作为母亲,我也想呼吁更多的人,加入'人链',做好事,做一个有良心的人。"

感动之余我们不得不思考:人为什么活着?怎样活着才有意义?人生的真正价值究竟是什么?

今天,我们就来共同探讨"人生价值"这一古老而又常新的话题。

课件显示:今日话题——人生的真正价值问题。

新课讲授:情意互动,以诱达思,变学为悟(30分钟)

承上启下:要探索人生真正价值问题,需要我们首先回忆一下什么是价值?

由此导入新课讲授的第一个环节,即对人生价值含义的教学。

一、人生价值的含义

教师通过设置层层递进的问题引导学生运用旧知推出新知:个人与社会的关系是怎样的?何为有价值?人的价值又是如何形成的呢?什么是人生价值?你如何理解王选教授的人生价值公式?

在学生层层解疑的过程中,教师利用王选教授"个别我+集体我=完整的我"的人生价值公式帮助学生理解人的存在的两重性,由此得出人生价值两个方面的内容。

这样设计的目的是要引导学生运用类比推理的方法,由物的价值推导出人生价值的含义,旨在锻炼学生运用知识以及逻辑推理的能力,以及培养学生自主探究的习惯和思维品质。

在学生理解人生价值的含义的基础上,引导学生探究人生的真正价值究竟在于贡献还是在于索取是这一节课的重、难点问题,这是教学的第二个环节。

二、人生的真正价值在于对社会的贡献

承上启下:人生价值包含贡献和索取即社会价值和自我价值两方面。那么,贡献和索取谁居于首位,人生的真正价值是贡献还是索取?

学生自由发言谈自己的真实想法。教师创设相关情景,让学生自己通过观察、体验、分析、比较、讨论、综合等多种方式发现自己思想认识上的不足,从而弄清道理,构建新的认知体系。

针对部分学生"索取第一位,人生的意义就在于获得尊重和满足"的观点,展示相关图文资料:(课件展示)

网络天才编写病毒赚钱

“他是网络天才。”湖北省省厅网监总队有关专家如此描述李俊。

李俊，25岁，中专学历，学习水泥工艺专业，毕业后在某建材公司工作。由于认为这项工作没有前途，他自学网络技术以期转行。2004年，李俊辞去工作，多次到北京、广州等地寻找IT方面的工作，尤其钟情于网络安全公司，但均未成功。

为了发泄不满，同时抱着炫耀技术和赚钱的目的，李俊开始编写病毒，2003年曾编写过“武汉男生”病毒，2005年编写了“武汉男生2005”病毒及“QQ尾巴”病毒，2006年又编写了因疯狂肆掠互联网，造成巨大损失而臭名昭著的“熊猫烧香”病毒。据估算，被“熊猫烧香”病毒控制的“网络僵尸”数以百万计，其按访问流量付费的网站，一年下来，累计获利可达上千万元。

2007年2月3日，李俊在武汉被网警抓获，后被判刑4年，现在还在接受法律的制裁。

为节省时间，我把关键词用红字表现，在学生快速阅读材料的基础上，层层设问：李俊的人生有价值吗？被专家评价为“网络天才”的他为什么没有实现自己的价值？假如你是李俊，你会用什么方式来证明自己的价值？这则事例让你明白了一个怎样的哲学道理？

运用反证法、归谬法引导学生发现自己思想上的片面性，运用体谅教学法，让学生通过扮演情景中的角色，设身处地地进行心理体验，从而领悟到：①个人的价值，只能放在个人和社会的关系中去说明；②个人要获得尊重和满足只有在为社会、为他人的贡献中去实现，贡献是索取的基础和源泉，贡献和索取两者中，贡献是第一位。

在反面教材的铺垫下，对学生进行正面引导。播放优秀产业工人代表、知识型工人王洪军的视频和文字资料：(课件展示)

时代先锋：劳动榜样

王洪军，37岁，最初学历为技校毕业生，一汽大众焊装车间钣金维修工，负责白车身的钣金维修和调整。他发明的“王洪军钣金快速修复法”填补了国内乃至全球该项技术空白，获得了2006年“国家科学技术进步二等奖”，这是2006年国内汽车行业唯一的一项珍贵的国家科学技术奖励。同时，王洪军也成为了新中国成立以来工人获得国家科学技术进步奖的第一人。

启迪学生：王洪军的人生有没有价值？真正证明王洪军的人生价值的是他的学历？他所在的工作岗位？他的工资收入？都不是，那究竟是什么证明了他的价值？(是贡献。)可见，衡量人生价值虽然离不开个人所获得的尊重和满足，但主要的是要看个人实实在在的行动，为社会做了些什么。由此让学生明白贡献是衡量人生价值的基本标志。

接下来，用上册学过的矛盾的主要方面和次要方面关系原理，指出‘贡献居于矛盾的主要方面，决定事物的性质’。并用现实中行业不同收入差距大，让学生懂得：贡献是衡量人生价值的可靠标志。

课件展示“奉献群英像”(各行各业劳动者的图片)继续启发学生：而正是由于这些先进人物以及和他们一样的千千万万的劳动者的奉献，才使得人类社会能够不断地发展和进步，我们每个人的各种需要才能得到更好地满足，从而理解贡献是社会存在和发展的基本保障。

综合以上三点结论，归纳出本节课的教育主题：人生的真正价值在于对社会的贡献。(课件显示)

组织学生活动：找一找、说一说你身边的英雄。

设置此活动的目的是通过让学生列举身边的事例，联系学生的生活实际，增强知识的信度和说服力，进一步加深学生对知识的理解；这样安排也意在培养学生观察生活、感悟生活的意识，学会从生活中汲取思想的营养。

在弄清人生的真正价值在于对社会的贡献这个道理的基础上，引导学生正确看待贡献和索取的关系，澄清学生在二者关系上的模糊认识，同时也培养学生的辩证思维能力。

教师采用问题教学法启发学生思辨：强调人生价值的贡献性，是不是等于只讲贡献，不讲索取？索取有什么作用？

引导学生得出结论：索取是贡献的保障和动力。

接着老师引导学生归纳出贡献和索取的关系：人生价值的两方面是相互联系、密不可分的。贡献是索取的基础、源泉；索取是贡献的保障和动力。在这两方面的关系中，个人对社会的责任和贡献始终是居于首位的。

事实上，那些为他人、社会无私奉献的人，也获得了社会的尊重和满足，比如，黄福荣，多年来热心公益，在玉树地震中舍己救人，特区政府追授他金英勇勋章；比如，巴金、袁隆平、王洪军，他们以各自不同的方式为社会做出了贡献，同时也得到了社会的尊重、人们的认可，实现了自己的人生价值。

教师创设讨论情境，展示保尔和比尔的简介并提问：

《北京青年报》曾开展了一场关于“保尔与盖茨谁是英雄？”的大讨论。有的人认为保尔是英雄，因为保尔代表了理想主义、艰苦奋斗、勇于献身的英雄形象；有的人认为盖茨是英雄，因为盖茨运用个人的智慧和才能，为自己和社会创造了巨大的物质财富，同时也改造了人类的生活方式和生产方式，推动了社会的进步，因此，他是新时代的英雄形象。

由此引入教学的第三个环节。

三、个人对社会的物质贡献和精神贡献

教师引导分析指出：

1. 保尔和盖茨均以对社会负责的人生态度实现着人生价值，对社会做出了贡献。只是保尔侧重于精神贡献，盖茨侧重于物质贡献，他们都是一定时代成功者的代表，都是我们学习的榜样。

可见，个人对社会的贡献是多方面的，衡量一个人的人生价值，既要看他的物质贡献，又要看他的精神贡献，至于哪方面大，则因人而异。

2. 保尔留下的是一笔丰厚的精神财富，他那种“钢铁的意志、坚强的信念、不懈的追求”，代表着一种人类精神——保尔精神，这种精神激励着一代又一代、一批又一批有志者在自己的岗位上奋发努力，开拓进取，从而创造出比保尔本人多得多的社会财富。

可见，在一定条件下，精神贡献还可以转化为物质贡献。我们同样不能忽视精神贡献的巨大力量。

课堂讨论(5分钟)

在课前调查中，有同学认为学生的任务就是学习，没有收入，干不了大事，因此中学生还谈不上对社会的贡献。对此，你是怎么认识的？

思路引导：

1. 学生也是社会的主人，也有人生价值目标，理应为社会做点贡献。

2. 做贡献并非一定要物质的，学生没收入，但可以通过刻苦学习，团结互动，为社会发展做精神贡献。

3. 做贡献不分大小，学生干不了大事，做小事也可以做贡献，如用你的爱心、恒心和耐心帮助你周围需要帮助的人，用乐观向上的精神感染周围的人。

4. 学生当下的学习和锻炼本身就是对国家的贡献，至少为将来做贡献打基础。

分析的同时，播放背景音乐《爱的奉献》，并在屏幕上打出"2008感动重庆十大人物之于小燕"图片及颁奖词——因为贫困，你几乎与大学失之交臂；因为贫困，你学会什么叫感恩；同样因为贫困，你的青春之花开得格外艰辛，但你已经收获友善、责任与爱心。你不止一次问自己：那么多人帮助过我，我还能为他人做点什么？懂得感恩，你的生命将收获鲜花和梦想！

结论：每个人都可以给社会做贡献。

梳理知识，归纳总结(3分钟)

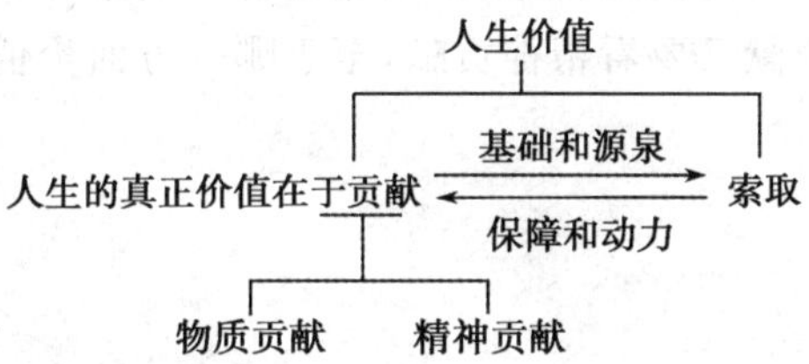

知识总结：我们在评价一个人的人生价值时，要做到全面、科学，应看到物质贡献和精神贡献都是对社会的贡献，看到索取和贡献是相互联系、密不可分的，但贡献是居于首位的。人生的真正价值在于对社会的贡献。每一个人都应该在贡献中去实现自己的人生价值。

个性化教学

针对基础较好的实验班我设计了一个思考题：

2009年10月24日，长江大学的陈及时、何东旭、方招3位19岁大学生为抢救两名落水儿童而牺牲。许多人对逝去的英雄表示深深怀念和敬意。不过也有一些人，基于所谓的理性视野、所谓的冷静，进行了一番"值得与否"的"探究"。同是长江大学的"80后"学生赵传宇"寒江救人"的事迹感动了很多人。时年87岁高龄的作家魏巍在给他的信中写道："这一切都使我陷入深深的感动中，并使我透过历史，重新看到雷锋的身影。"

上个世纪80年代，第四军医大学一位名叫张华的大学生，为救掏粪老农而献出了自己的生命。社会上就发生过一场激烈的大辩论——"大学生牺牲自己救掏粪农民值不值得"。而几年前某大型网站发起的一项调查——"大街上听到有人喊救命，你会怎么样？"六成网友不会出手相助的结果也显尴尬。

在社会主义市场经济的大环境下的今天，我们讨论这个问题是否还有意义？你是如何理解的？

提示：

1. 这种行为符合社会主义的道德原则。人生在世，要为社会和人民服务，必要时为他人、社会牺牲自己的利益。评价人生的价值不能用市场经济中的等价交换原则去理解和用利己主义的天平去衡量。张华等人的行为充分显示了他的高尚道德境界。

2. 这种行为体现了社会主义人道主义原则。社会主义社会人与人之间的关系是同志式的互助合作关系，张华等人奋不顾身地抢救遇险的人，发扬了人道主义精神。

3. 精神价值可以转化为物质价值。张华等人的英雄事迹和崇高精神，为亿万人树立了榜样，激励着千百万有志青年，在自己的岗位上发奋努力，开拓创造了比张华等个人大很多倍的物质财富，精神价值是无法用数字去计算的。

4. 社会主义市场经济条件下，仍然要发扬奉献精神。人们的贡献可以表现为具有重大突破的发明发现或惊天动地的壮举，但大量的贡献则表现在平凡工作中默默无闻地奉献。所以我们学生也应该自觉培养热爱平凡岗位、脚踏实地的良好品质，在为社会、为人民的奉献中实现自己的人生价值。

个人对社会的贡献是多方面的，但归根结底是物质贡献和精神贡献这两种形式。衡量人生价值既要看物质贡献又要看精神贡献，至于哪一方面价值大一些、突出一些，则是因人而异的。

作业设计及检测

1. 课堂练习

在 2009 年 12 月哥本哈根气候变化峰会上，温总理指出：气候变化是当今全球面临的重大挑战。遏制气候变暖，拯救地球家园，是全人类共同的使命。每个国家和民族，每个企业和个人，都应当责无旁贷地行动起来！

话题：低碳生活，从我做起

让学生充分发表自己的见解，谈自己将如何做一个环保时尚的低碳达人。

若时间允许，老师可以进行引导，如为拯救地球家园，我们可以展开节能环保宣传，还可以在现实生活中采取一系列的节能环保措施。之后分组讨论，最后给出小组行动方案。

2. 课外延伸

你怎样看待《蜗居》中的郭海萍、郭海藻俩姐妹的人生选择？写出心得以便交流。

这样设计旨在针对现今社会中热议的高房价下人们的人生选择，引导学生将所学知识落实到实际行动中去，最终达到政治课启智、培德、导行的教学目的。

教材反思、总结

关注学生的价值、价值观

美国学者波斯纳曾提出过这样一个公式：教师的成长＝经验＋反思。试想一下，如果一个教师仅仅满足于获得经验而不对经验进行深入的思考，那么即使有 20 年的教学经验，也许只是一年工作的 20 次重复。因此，作为教师必须着眼于自己教学行为的改进，通过自己对教育教学活动的自我反思，来提高自己的教育教学效能。

“以人为本”的教育思想要求我们在政治课教学中特别关注学生的价值。设法使学生的个性得以发展，树立起自尊心与自信心，体验到荣誉与成就感，从而认可和欣赏自己的价值。正如德国著名教育家斯朗格所说：“教育的最终目的不是传授已有的东西，而是要把人的创造力量诱导出来，将生命感、价值感‘唤醒’。”

现正热播的《蜗居》在网上引起的争议给我极大的震撼，倍觉作为一个政治老师任重道远。虽导演滕华涛说自己无意批判时代，但却被相当多的网民认为“正式宣告了道德沦丧时代的成型”，在相关调查中，有半数以上的人坚持站在贪官宋思明及其情人郭海藻一边，关于两人是否有真爱的讨论甚至超过了对于该剧所反映的现实的思考，唇枪舌剑中，一种价值观的彻底混乱和道德逻辑的缺失令人不寒而栗，他们同情贪官和“职业二奶”，认为走捷径抄近道没有错，错的是这个社会太残酷。面对现实，我只能说，改变现状我有责任。

在设计这堂课前，我与学生作过个别交流，发现学生的课业负担重，每天过着“吃饭—上课—睡觉”三点一线式的单调生活，学生普遍感到生活枯燥无味。有些学生由于基础知识差，学习困难，对前途感到渺茫，因此产生了悲观厌世的情绪。针对这些情况，在课堂上，我启发学生讨论，既然人生的真正价值在于对社会的贡献，同学们在走上工作岗位之前，主要是从社会、他人那里索取，那么同学们目前的人生有没有价值？有的同学回答有，有的同学回答无，这一问题引起了学生的极大兴趣，我适时地进行了引导讨论。最后学生达成共识，虽然自己目前尚未对社会承担一定的责任和做出贡献，但是自己也是家庭中不可缺少的一员，自己的健康成长，就是父母的幸福，现在努力学习，全面提高自身的素质，将来才能更好地工作和劳动，为社会做出更大的贡献，个人才会获得应该得到的东西，赢得社会的尊重。这样，学生在思考讨论中体验到了自己存在的价值，增加了对生活的信心。而这些又会成为学习的动力，实现其人生价值的重要主观条件。

在讨论到“贡献是人生价值的基本标志”时，有的学生则认为自己一无钱，二无权，对社会的发展产生不了什么作用。有的学生则认为中国有十几亿人，缺了自己一个，社会照样发展，何必生活得那么辛苦，还不如及时行乐。显然，这些学生的回答是与我们的教育目的相悖的。但却反映出学生看不到平凡人物对社会的作用，推卸了自己对社会的责任。学生产生这些问题的根本原因就在于忽视了自己生命的价值，缺乏对生活的责任感。这也为我们的思想教育工作者提出了新的要求，即如何引导学生更好地观察世界、理解个人与社会的关系，洞察人生、理解人生的意义与目的，净化灵魂，完善人格，寻找正确的生活方式，作为真正的人走向社会。为此在新课结束前我特地将“2008 感动重庆十大人物之于小燕”的图文资料在《爱的奉献》的背景音乐下呈现在屏幕上，意在激发作为她同龄人的幸福感、责任心、上进心。

其实在哲学教材中，关注学生，以人为本的精神总是依存于一定的知识载体中，具有隐蔽性。表现为不思则无，思则有之，深思则远，远思则宽。所以在具体的教学过程中，我们必须对教材作深入分析，挖掘出教材中蕴涵的人文价值，让学生“求真、求善、求美”，重视自己的价值世界，注意丰富自己的道德情感，注意培养自己的价值理性，特别追求有价值的人类生活，从而实现生命的不断超越和人格的不断升华。

通过讨论，学生在互动、合作中，立体地感受到了鲜活的人生价值。通过讨论，让学生充分表达出自己的立场、思想，从而达到传播知识、升华情感、触及灵魂、强化能力的效果。在不拘一格的开放讨论中，也暴露出了学生的自私、冷漠，也凸显了学生的可塑性。这更说明教学因时制宜，因学科制宜，因学生制宜的重要性。

当然我们应该用全面的观点看问题，成绩与不足是并存的。有人说："课堂教学是一门遗憾的艺术"，再好的教学设计总有它不足的地方，总有进一步改进、进一步优化的地方。我的这个教学案例就有如下不足：

1. 课堂上所用的讨论题目虽经过课前调查有了针对性，有些材料也来自学生本身，但课堂上的时间毕竟有限，最好是事先给予学生学案，让学生对问题有思维和思想的准备。

2. 分层教学还不到位。本教学设计主要针对的是平行班，个性化教学中的讨论题针对了实验班，而基础较差的艺体班结尾时最好针对他们普遍厌学，较为自卑消极的现实作进一步升华学生的价值认识，使其产生共鸣。

3. 需不断学习，保持与时俱进，才能进一步走近学生，了解学生，进而增强教学的针对性、时效性、指导性。

以上是我的教学体会和反思，看到不足就是进步，我将不断学习，通过自己的努力来弥补遗憾。

专家点评及学生反馈

新的课程标准要求教学要立足于学生现实的生活经验，着眼于学生的发展需求，把理论观点的阐述寓于社会生活的主题之中，构建学科知识与生活现象，理论逻辑与生活逻辑的有机结合。本教学设计忠实于这一教学理念，没有拘泥于教材的理论框框，而是通过为学生创设丰富的教学情境，充分重视学生的主体地位，把自主学习与合作探究结合起来，在分析个别材料的过程中，理解和掌握普遍性的知识，并且提高分析问题、解决问题的能力。

课前我做了些功课，不仅自己收集了些资料，也与各个层次的学生进行了交流并动员学生收集自己身边的相关事迹和图片。在分析整理的基础上，结合课程内容实际，选用了"讲授型"+"讨论型"的教学，充分运用现代化的多媒体教学手段，增强了教学的针对性、感染力和吸引力，激发了学生学习的兴趣。

课堂教学在一种自由、平等、活跃的气氛中进行，学生能把自己的价值观与知识的获取结合起来，教师与学生、学生与学生之间的相互沟通、相互激励、相互启发，使学生处于积极主动的学习状态。下课后学生兴奋地说："这样上课真好，不仅能说真心话，学得到知识，还能明白一些为人处世的道理。"表明把课堂还给学生，把时间还给学生，把学习的基本自由还给学生的这种教学方法是有效的。

从课堂练习及事后的检测和学生课外活动写出来的心得体会来看，基本完成了本堂课也是所有政治课启智、培德、导行的教学目的。

学校教研员老师认为这堂课是成功的，真正做到了教书又育人，符合现代教育理念，充分体现了"以人为本"，关注学生的成长。教学方式灵活多样，特别是组织学生讨论，收放自如。当学生不能主动发言时，就启发学生积极思维，寻找突破口，并选择合适的学生带头发言来打破僵局。当课堂讨论激烈时，抓住关键，将课堂引向深入，还要排除干扰，不至于因纠缠个别枝节问题，占用宝贵的时间，降低讨论质量。讨论到一定时候，又适时归纳总结，做到中心突出、语言简练、道理明白。这样，充分调动了学生学习的主动性、积极性，真正以学生为主体。也只有“教师主导”加“学生主体”的思想政治课教学，才能充分发挥教学中两个积极性的作用，收到良好的教学效果。

参考资料

小学思想品德和中学思想政治教材编写委员会编著. 全日制普通高级中字思想政治(试用本 · 必修)二年级(下册)教师教学用书. 吉林：吉林教育出版社，2008 年

《人生的真正价值在于对社会的贡献》教学设计

重庆市第一中学　孟辉

教学内容分析

本课的主题是人生观，而人生观的根本问题是人生价值问题（或人生意义），把这个问题弄清楚了，其他问题就比较容易解决。本框题就主要解决人生价值是什么的问题。这是本节的中心，也是本节、本课的重点。本框题直接回答“人为什么活着？”、“人生的价值在哪里？”的问题。这不仅仅是前一课“价值观”具体到“人生价值观”上的问题，它还是直接让学生思考人生的价值取向问题，为学生的人生价值取向指引正确的方向。因而，本框题对学生选择什么样的人生道路有导向作用，是引导学生选择崇高人生目标的理论和思想的基石。本框题直面人生的根本问题，是学生在人生道路上感到困惑的问题，学生有一定的人生经验为基础，所以，本框题对培养学生的哲学问题意识，学会哲学思考，有很好的价值。

本框题首先通过实例揭示一个重要的哲学问题：人生的价值是什么？然后，以“人生价值”为主题，解决三个问题：

(1)什么是人生价值？

(2)为什么说人生的真正价值在于对社会的贡献？

(3)物质贡献和精神贡献的关系。

学生情况分析

高二学生已学习了历史唯物主义的基本知识，对人的本质是什么，个人与社会的关系等知识有初步了解，也具备一定的分析能力、判断能力，能够在教师的引导下进行讨论，在思维的碰撞中有所领悟。

教学方法选择

启发式教学法、探究性学习法、讲授法

教学环境与教学媒体选择

多媒体教室

板书设计

人生的真正价值在于对社会的贡献

1.人生价值的含义

2.人生的真正价值在于对社会的贡献

第一,从人生价值的两个方面与社会存在和发展的关系来说,只有个人对社会的贡献才是社会存在和发展的基本保障。

第二,从人生价值两个方面的关系来说,只有个人对社会的贡献才是人生价值的基本标志。

第三,从在实际社会生活中怎样衡量人生价值来说,只有个人对社会的贡献才是人生价值的可靠标志。

3.贡献的形式——物质贡献和精神贡献

教学目标

1.知识目标:识记人生价值的含义;理解人生的真正价值在于对社会的贡献;物质贡献和精神贡献的关系。

2.能力目标:通过对人物行为的观察、分析提高学生发现问题、分析问题、解决问题的能力;通过课堂讨论、辩论,提高学生对人生价值问题的是非理解和判断能力。

3.情感态度价值观目标:为青年学生树立正确的人生价值观打下基础,使学生努力培养热爱平凡岗位、踏实肯干的良好品质,向先进人物学习,为构建和谐社会贡献自己的力量。

重点与难点分析

重点:人生的真正价值在于对社会的贡献。

难点:如何看待精神贡献。

课堂教学过程结构设计

导入新课

《一个放羊娃的回答与一名中学尖子生之死》

几位从事计划生育的工作人员来到贫困山区做调查，途中遇到一个十几岁的放羊娃，便问："你小小年纪为啥不去上学来放羊啊？"

答："挣钱呀！"

问："挣了钱准备干什么？"

答："盖房呀！"

问："盖了房子呢？"

答："娶亲呀！"

问："娶了亲呢？"

答："生娃呀！"

问："生了娃让他做什么呢？"

答："放羊呀！"

一位中学的尖子学生看了这篇报道思考：

我读好书—考上大学—找个好工作—娶个好老婆—生个好儿子—儿子读好书—考上好大学……有多少人超越这种生命的简单循环呢？而这种简单的循环真是毫无意义了，然后就自杀身亡。

请同学们谈一谈，你对人生的看法。（生答）

（师）人，为什么活着？人生的价值在哪里？我们今天就来探讨一下人生的真正价值。

讲授新课

一、人生价值的含义

（师）什么是价值？食品对我们来说有没有价值？（生：有，能满足我们吃的方面的需要。）文学艺术对我们来说有没有价值？（生：有，能满足我们精神文化方面的需要。）我们判断一个事物是否有价值，要看事物的属性能否满足人们的某种需要。当客观事物能满足人的需要时，我们就说它有价值。价值是从人的需要与事物属性之间的关系引申来的，单方面不能构成价值。

那么一个人的人生价值又如何来确定呢？每个完整的个人都具有两重性，既有为满足自身个性、利益和需要的自我价值，又包括满足社会和他人需要的社会价值。一个人的人生价值，不能由他自身来说明，必须放到个人与社会、个人与他人的双重关系中，才能得到正确的说明。因而，人生价值就包括两个方面：一是个人对社会的责任和贡献——社会价值；二是社会对个人的尊重和满足——自我价值。前者被我们称为贡献，后者则被称为索取。

人生价值包括贡献和索取两个方面，这二者的关系是什么样的？你是如何理解二者的地位的？请同学们看图片思考。

（多媒体显示）你认识他们吗？

图片一：比尔·盖茨——微软创始人（教师简要介绍：如果你有一台电脑，里面几乎都装有微软的操作系统，他使个人计算机成了日常生活用品，并因而改变了每一个现代人的工作、生活乃至交往的方式。因此，有人说，比尔·盖茨对软件的贡献，就像爱迪生发明灯泡。）

图片二：袁隆平——杂交水稻之父（教师简要介绍：世界著名的杂交水稻专家，是我国杂交水稻研究领域的开创者和带头人，为我国粮食生产和农业科学的发展作出了杰出的贡献。中共中央、国务院授予湖南杂交水稻研究中心研究员、中国工程院院士袁隆平国家科学技术奖，奖金500万元。）

图片三：翟志刚、刘伯明、景海鹏——神七宇航员（教师简要介绍：神七的成功发射是中国航天事业发展的一个新的里程碑。中国人的足迹，从此印进辽阔而深邃的星空，翱翔太空的三位勇士，掀起了中国民众新一轮的民族自豪感，向世人表明梦想与航空共起飞的豪迈和快意。胡锦涛主席亲自为他们颁发奖章和证书。）

（师）你认为他们实现了人生价值吗？（生答：实现了。）

（多媒体显示）议一议：请结合以上人物的事迹，谈一谈，你认为衡量一个人的人生价值应该看他对社会的贡献还是看社会给他的回报？为什么？（学生思考回答）

教师点评：这些杰出人物都体现了对社会的巨大贡献，同时他们也获得了社会的尊重和满足。可见，贡献和索取是统一的。人生价值包含两个方面，这两个方面都标志着人生价值的实现。个人对社会的责任和贡献，为个人索取打下基础；个人从社会那里得到生存和发展所需要的东西，又会激发起更大的积极性、创造性，为社会作出更大的贡献。但是，贡献和索取又是相互区别的，二者的地位不是等同的。个人对社会的贡献是第一位的，是实现人生价值的基础和源泉，人生的真正价值在于对于社会的贡献。

二、人生的真正价值在于对社会的贡献

（多媒体显示）

请同学们设想一下：

一个社会如果出现下列状况会怎样？

如果贡献等于索取？（生答：停滞不前。）

如果贡献小于索取？（生答：坐吃山空，倒退。）

如果贡献大于索取？（生答：进一步发展。）

教师总结：一个社会要满足个人生存和发展的需要，首先需要把这些财富创造出来。为此，就要求每个社会成员承担应有的责任，进行创造性的劳动，作出更多的贡献。社会成员如果只想从社会上索取，而不去贡献，这个社会就会倒退，甚至会不可能存在，个人的生存和发展也失去了保证。正如徐虎的一句名言“你不贡献，我不贡献，谁来贡献；你也索取，我也索取，向谁索取。”从人生价值两个方面与社会存在和发展的关系来说：

1.个人对社会的责任是社会存在和发展的基本保障

（多媒体显示图片）

（师）08年感动中国大家看过吗？有这样一对夫妇我们了解一下：

2008年《感动中国》人物一：李桂林、陆建芬

二坪村，是凉山北部峡谷绝壁上的彝寨，村民上下绝壁都要攀爬5架木质的云梯，进出极为艰难，村民一年难得下绝壁一次。就是在如此艰险的环境下，李桂林、陆建芬夫妻每周坚持上下绝壁接送山村学生，扎根这里18年。他们把知识的种子播种在彝寨，为村民走出彝寨架起"云梯"。二坪村这个过去的"文盲村"，现在成了"文化村"，昔日的荒凉到今天的精神巨变，与两位老师付出的心血是分不开的，他们为偏远山区的教育事业撑起了一片蓝天！

人生价值的两个方面在他们身上是如何体现的？为什么他们会感动中国？（生答）

师总结：任何人要想生存和发展下去，都需要从社会中索取，需要社会的尊重和满足。但社会对个人的尊重和满足，需要以个人对社会的贡献为基础，离开了李桂林夫妇所作的感人事迹，他们获得不到这么大的社会尊重。因此当我们讲人生价值的时候，最主要的是要看个人实实在在为社会做了些什么。

一个农民的价值标志是什么？

一位科学家的价值标志是什么？

一位教师的价值标志是什么？

一名学生的价值标志是什么？（生答）

由此可见，衡量人生价值的正确标准是什么？是个人对社会的贡献。贡献大，价值就大；贡献小，价值就小；没贡献，就没价值。正是因为李桂林、陆建芬扎根绝壁上的小学18年默默奉献，所以他们感动了中国，赢得了人民的尊重，实现了自己的人生价值。因此，人生价值的两个方面中个人对社会的贡献是人生价值的基本标志，也是衡量人生价值的可靠标志。

2. 个人对社会的贡献是人生价值的基本标志

3. 个人对社会的贡献是衡量人生价值的可靠标志

（师）如果说中国是一棵大树，那么2008年的年轮和往年不一样，我们中国人对2008年的记忆有眼泪，有欢笑，有热血，有鲜花。也许过很多年以后，我们再想起2008年，那印象会鲜活如初，因为它是刻在我们心底里的。因为在2008年里，有太多的人和事，让这一年变得厚重。回首2008年，你们曾被哪些人和事触动？谁又为你的心灵增添感动和力量？

请同学们讲出使你感动的人和事。（找一排同学谈感动）

（师）从同学们讲的这些感动事件中，我们可以发现一个共同的特点，是什么？（生答：他们都对他人、对社会作出了贡献）既然人生价值首先在于贡献，那么评价一个人的一生，看他有没有价值，有什么样的价值，有多大价值，就不能以他在社会取得多少东西来衡量，而应以个人对社会贡献的大小来衡量。那么如何衡量个人对社会的贡献呢？请同学们先看一段视频。

播放视频：

《感动中国》人物二：孟祥斌

（师）有一个军人，很少有机会回家，终于等来了他的妻子和孩子的探望，他们有了一个周末，这本该是这个三口之家怎么甜蜜怎么快乐就打算怎么度过的一个周末呀，谁会

想到，这种甜蜜是如此的短暂，一瞬间便成了永别。

孟祥斌的事迹发生后，在网络上引起了网友们热烈的争论：女子因情自杀，战士舍己救人，但是以一名优秀战士的宝贵生命换取一名轻生女子的生命，值不值？（把学生分为两组正反方）请同学们讨论三分钟，我们的辩题是：孟祥斌救人值不值？

（学生正反方辩论）

教师总结：我们在衡量一个人的人生价值时，不但要看物质贡献，还要重视精神贡献。孟祥斌舍己救人的行为，属于后者——精神贡献，为社会创造的精神财富是巨大的。他的人生价值不仅在于他以一个人的牺牲换来了另一个人的生存，更为重要的是他的先进事迹、高尚情操能够教育和激励有志者在自己的岗位上奋发努力、开拓进取，创造比先进人物本人多得多的精神贡献。

三、贡献的形式

衡量人生价值的标准：
- 物质贡献
- 精神贡献（在一定条件下，可以转化为物质贡献）

（师）崇高精神的价值，是无法估量的，后来出现的事情就是有力的证明。

播放后续视频：孟祥斌烈士牺牲后在社会各界引起了强烈的反响。

（师）真正的仁者，视他人的生命如自己的生命；真正的勇者，愿为他人的生命付出自己的生命。同样是生命，同样有亲人，他用一次辉煌的陨落，挽回另外一个生命。别去问值还是不值，生命的价值从来不是用交换体现。他在冰冷的河水中睡去，却给我们一个温暖的启示：我们常常无时不刻地追问自己人生的意义，人生意义不在于追问，而在于行动。而孟祥斌用纵身一跃放大了自己生命的价值——人生的真正价值在于对社会的贡献。

课堂小结

本节课，我们学习了马克思主义人生价值观的基本观点，即人生的真正价值在于对社会的贡献，而这个贡献既包括物质贡献，也包括精神贡献。因此，我们在评价一个人的人生价值时要全面、科学、准确，做到三个“统一”，即动机和效果的统一、责任和贡献的统一、物质贡献和精神贡献的统一。

播放《爱的奉献》歌曲，结束本节课内容。

作业设计及检测

1. 德国诗人歌德说过：“你要欣赏自己的价值，就得给世界增添价值。”这表明（　）

A. 任何人活着都有价值，有意义

B. 欣赏自己的价值就能为社会作出贡献

C. 为社会贡献是人生价值的基本标志

D. 社会对个人的尊重和满足是人生价值的基本意义

（答案：C）

2. 下列关于物质贡献和精神贡献的观点，正确的叙述是(　　)

A. 物质贡献大于精神贡献

B. 物质贡献是主要的，精神贡献是次要的

C. 物质贡献和精神贡献的大小因人而异

D. 物质贡献和精神贡献没有区别，二者可以互相转化

(答案：C)

3. 社会调查：以"人生的价值首先在于贡献"为题进行社会调查。调查的对象可以是社会上各行各业的劳动者，调查他们是怎样在为社会作贡献的，然后再来评论他们的人生价值。

(答案：略)

个性化教学

本堂课的教学充分体现了"新课改"的精神，运用启发式教学法、探究性学习法等来教学，以学生为本，学生在积极主动地辩论中形成辩证思维的能力，不仅习得了知识，还对自己的逻辑思维能力进行了培养，为以后教师的教学和学生的学习作好了铺垫。

教学反思与总结

开展课堂辩论式教学

积极推进新课程教学改革，是当前推进素质教学的关键环节。在政治教学中，"辩论式"教学能够更好地体现以学生发展为本的新课程价值观，能改变学生单一的记忆、接收、模仿的被动的学习方式，提高学生收集和处理信息的能力、分析和解决问题的能力；在辩论过程中，还可以潜移默化地培养学生正确的价值观和人生观。

在《人生的真正价值在于对社会的贡献》一课讲解贡献的形式这个知识点时，我采用了辩论这种形式。首先播放视频：感动中国人物——孟祥斌。接着针对网友们热烈的争论：女子因情自杀，战士舍己救人，但是以一名优秀战士的宝贵生命换取一名轻生女子的生命，值不值？把学生分为两组正反方，讨论三分钟，辩题是：孟祥斌救人值不值？

问：正方观点：值得。反方观点：不值。经过正反方激烈的辩论，师生共同归纳出：衡量人生价值不能只看物质方面的贡献，精神贡献在一定条件下可以转化为物质贡献。

这种教学方式，使学生真正地成为了课堂的主人，成为了课堂的直接参与者也是直接受益者。这种教学方式积极有效地调动了学生参与课堂教学的积极性、主动性和创造性，培养了学生发现、分析和解决问题的能力、锻炼了学生的团队协作能力、灵活机变能力、思维纵横拓展能力。通过辩论，使原本"填鸭式"的僵死的教学过程，成为一种动态的、有机的，闪烁着学生智慧之光的过程，实现了有效教学的目的。在课堂辩论中学生很容易实现"问题—思考—行动—问题解决"的良性循环，进而养成习惯，并不断被深化和强化，当再次分析问题时，会更深刻、更睿智！通过长期的教学实践，我总结出要成功的组织一场随堂辩论，教师必须要做好以下几项工作：

一、辩前充分准备

关键是教师要拟定好辩题，辩题应适合教学内容、适合老师自身、适合学生，能够引

起学生的兴趣。要收集大量的材料,要考虑辩论中能够出现的各种情况并找出应对的措施。

二、课堂组织辩论

在课堂辩论中教师可以做辩论的主席,有力地监督和调控辩论朝向预期的结果进行。在学生细节出现误差时,及时地予以提醒和帮助。但是最重要的,是要时刻注意那些少数没有参与到活动中来的学生的动态,及时地向他们提供一定的帮助,鼓励他们进行实践,并适时地为他们创造机会。

三、辩后师生总结

可先由学生总结收获,然后教师作全面总结。因为学生看到的有时只是表面,并不一定把问题看得非常透彻。教师在总结时应该作出公平的评价,这就需要教师有渊博的知识,典型有力的材料,灵活敏捷,应对如流的能力。

本次辩论存在的问题:

个别学生在活动时缺乏主动性或干脆袖手旁观,坐享其成;也有的学生表面上看参与了活动,实际上却不动脑筋,不集中精力,活动中没有发挥应有的作用。这种“搭便车”现象会削弱整个合作小组的创新能力、凝聚力和积极性。所以在今后的教学组织上,我要充分考虑这一因素,采取一些办法,如明确责任与分工、加强调控与监督,完善奖励机制等,尽量克服“搭便车”现象。

专家点评及学生反馈

专家点评:

1. 开头设问,可以更具体些,如“你快乐吗? 你为什么活着?”等;2. 讨论、辩论时间给够,让学生活动开。进行有针对性的引导;3. 评价、点评多些鼓励性的语言。

学生反馈:

1. 对本课的内容非常感兴趣,大多数学生都积极参与到课堂中来;2. 部分学生存在“搭便车”行为。

参考资料

1. 任志鸿主编. 高中新教材优秀教案高二下册. 海口:南方出版社,2004 年

《走出拜金主义和享乐主义的误区》教学设计

重庆市沙坪坝实验中学　牟小燕

教学内容分析

1.只讲索取,不讲贡献是错误的。这是对前后知识点的衔接,起承上启下的作用,可以通过事例讲解带入。

2.抵制和反对拜金主义。此处是教学重点,主要是要讲清金钱不是人生的全部,可以从金钱的产生、作用引入,通过探讨如何提升学生对人生价值的认识,从而引导学生走出拜金主义误区。

3.反对享乐主义的人生价值观。此难点在于要首先要说明享乐主义的错误与危害,其次要分析正当享受与享乐主义的区别。结合当前现实,特别是我国刺激内需的实际要求讲解,加深知识层次。

学生情况分析

针对的是非联招学校的学生。学生的知识素养与理解能力不够,学生层次有较大差异,且思想消极,本身就存在拜金主义和享乐主义思想。

教学方法选择

讲、读、议、练结合

教学环境与教学媒体选择

多媒体教室

板书设计

走出拜金主义和享乐主义的误区

1. 造成拜金主义和享乐主义的根本原因——贡献与索取的关系

(1)贡献与索取是相辅相成的两个方面

(2)片面强调索取,只讲索取权利,不讲贡献、义务,是错误的

2. 抵制和反对拜金主义

(1)拜金主义的含义、表现和危害

(2)必须反对和抵制拜金主义,树立正确的金钱观

3. 抵制和反对享乐主义

(1)享乐主义的含义、表现

(2)享乐主义的错误和危害性

4. 处理好贡献与索取的关系——其关键是走出拜金主义和享乐主义的误区

教学目标

1. 知识目标:理解贡献与索取的辩证关系,懂得享乐主义、拜金主义的危害性。

2. 能力目标:通过结合学生的自身实际并借助典型案例,积极引导学生思维,进行启发探究学习;通过设计问题情境,将理论与实践相结合,进一步提高学生对人生价值问题的分析判断能力、是非理解能力、辩证思维能力和开拓创新能力。

3. 情感态度价值观目标:使学生联系社会生活中和自身实际的例子,认识拜金主义、享乐主义的危害性,提高辨别是非的能力,反对和抵制拜金主义、享乐主义的侵蚀,使自身健康成长。

重点与难点分析

重点:人生价值与金钱的关系。

难点:正当享受与享乐主义的区别。

课堂教学过程结构设计

导入新课

2010 年 4 月 14 日,青海玉树发生了 7.1 级地震,无情的地震摧毁了人们的家园,灾难无情人有情!真善美的光辉在废墟上处处闪现!连日来,在一家孤儿院做慈善义工的香港人黄福荣舍身救人的事迹在香港和内地广为传颂。

黄福荣本是到青海玉树的"慈行喜愿会"孤儿院做义工,于 8 日到达玉树。14 日地震发生后,孤儿院受到严重损毁,本已跑出倒塌院舍的黄福荣,得知 3 名孩子和 3 名老师仍被困后,即折返现场协助搜救。其间余震频发,黄福荣在一次余震中不幸罹难。

46 岁的黄福荣，原是香港一名货车司机。他生活并不富裕，但多年来热心公益，足迹遍及大江南北。2002 年，他用 7 个月时间独自从香港步行到北京，为中华骨髓库筹款，还捐出自己全部的积蓄；在 2008 年汶川地震后，黄福荣到四川灾区做了两个月义工，为受灾民众运送物资。

中央政府驻港联络办公室已发出唁电，对黄福荣舍己救人表示敬意，对其不幸离世表示沉痛哀悼。

香港特区政府政务司司长唐英年称黄福荣代表了“香港精神”；特区政府民政事务局局长曾德成表示，将向授勋委员会建议追授黄福荣金英勇勋章。

在灾难中，这样的事例不胜枚举！

然而，在社会主义现代化建设的新时期，仍然存在与上述事迹相反的行为，有的人在价值观问题上陷入了种种误区，如只讲索取不讲贡献，奉行拜金主义、享乐主义的人生信条等，因此，今天在我们带着崇敬的心学习抗震救灾中无处不在的奉献精神的同时，提高对价值观的认识，努力走出价值观上的种种误区。

新课讲授

走出拜金主义和享乐主义的误区

一、贡献与索取的关系

要真正走出拜金主义和享乐主义的误区，就要明确认识和处理好贡献与索取的关系问题。

1. 贡献与索取是相辅相成的，是密不可分的两个方面

这个问题我们在前面已经学过，一切正常的人，对社会作出贡献，推动了社会发展。就应该从社会中有所索取，得到必要的满足。当他得到社会的尊重，又会激发更大的积极性和创造性，为社会做出更大的贡献。

但是，每一个人，在他们的一生中贡献与索取是不同的。

2. 个人一生中贡献与索取的表现

从个人一生发展阶段看，贡献与索取在每个阶段表现是不同的。（从物质贡献看）

出生	参加工作	退休	去世
主要是索取	贡献又索取	有贡献主要是索取	—
主要是消费者	生产者消费者	主要是消费者	—

从个人的一生积累看，贡献与索取表现也是不同的，会有三个结果。

贡献与索取	结果	评价
贡献＜索取	正＜负	负于社会，人生毫无价值
贡献＝索取	负＝正	二者相等，人生没有价值
贡献＞索取	正＞负	有益于社会，人生才有价值

通过上述分析，我们应该认清一个问题，是先贡献，后索取，还是先索取，后贡献。

由于人的生长阶段不同，索取与贡献的表现也不同。但不管怎样，我们首先必须纠正只讲索取不讲贡献的倾向。

只讲索取、权利，而不讲贡献和义务是错误的。一个人，只有为社会作出贡献，才能受到社会的尊重，也才能从社会那里得到自己应得的东西。同时，个人获得了应得的东西，得到了社会的尊重，才能更好地工作和劳动，作出更大的贡献。因此，在贡献与索取的关系中，我们不是不要索取只讲贡献；我们反对的是片面强调索取，不讲贡献的错误观点。

其实，如果离开了劳动、创造、奉献，作为个体的价值和意义，是十分可怜的。如果仅就一个人的肉体而言，有人做过这样一个有趣的计算，请同学看下面这张表：（多媒体显示，表格略）。

请同学们计算一下，这种物质的价值加起来，也就几十元左右。然而，当我们把个体的人放到社会中去看，放到他的劳动、创造、奉献的过程中去看，然则可以以自己的劳动和智慧，创造出远远大于自身价值的物质财富和精神财富，甚至创造整个人类社会。同时，也正是在劳动、创造和贡献中，人的价值才得到了真正的实现。

我们如果只是索取而不贡献或者对贡献的认识产生偏差，比如在奉献中看到了特殊的一部分，看到他可以窃取的利益（如教材 P_{89} 的插图），那么在价值观问题上就会陷入一个误区。

（多媒体显示案例）4 月 14 日，前重庆市公安局常务副局长、市司法局原局长，不可一世的文强，接受法律正义的审判，一审判处死刑。

多行不义必自毙。身为公安局常务副局长，文强本该是重庆人民的保护者、守护神，却成为重庆黑社会的保护伞，庇佑六大黑帮；把人民赋予的神圣权力，变成了换取金钱和享受的筹码：受贿 1625 万余元，此外还有 1062 万巨额财产来源不明。

文强伏法，是法有明文、刑当其罪、罚合其责，充分体现了人民群众的意志和愿望，彰显了法律公平正义的精神，更体现出我们党坚定不移惩治腐败的决心：对腐败分子，不论职务有多高，不论贡献有多大，都决不姑息。

文强受到法律严惩，这无疑是个喜讯。然而在喜悦之余，也有几分可惜和遗憾。罪大恶极的文强，当初也曾是铲黑除恶、威震一时的好警察。然而错误的价值观使他走到了人生尽头！在贪欲和金钱面前文强倒下了，成了拜金主义的奴隶。

文强伏法了！这应该引起很多人的警醒，也应该引起很多人的深思——在人生价值观问题上，我们应该而且必须反对拜金主义。

二、反对拜金主义

1. 什么是拜金主义

（学生适当讨论，总结概念）

拜金主义是一种金钱至上的思想道德观念，它认为金钱不仅万能，而且是衡量一切行为的标准。

2. 为什么要反对和抵制拜金主义

（师）请同学们思考一个问题，为什么拜金主义在资本主义以前就存在，但在资本主义社会才成为资产阶级普遍奉行的道德准则和人生信条呢？

为什么我国在建立社会主义市场经济体制后，拜金主义有盛行的趋势呢？

除了个人主观上“拜金”的原因外，还有没有一些客观的条件呢？

（学生讨论）

（师）还是和社会发展的客观条件有关的。首先，从社会生活的现象看，有了钱，才能从市场上买到我们生活的必需品；其次，从商品交换的发展过程，偶然的物物交换→经常的物物交换→一般等价物→货币，可以看出，金钱是商品交换发展到一定阶段的产物，它充当商品交换的媒介，因此也可以说，商品交换越发达，金钱被用到的场合、次数越多，它在人们生活中的作用也就越大。资本主义是私有制条件下，商品交换的高度发达时期，因此，对金钱的崇拜也发展到了极致；改革开放后，我国建立社会主义市场经济体制，金钱仍然充当商品交换的媒介，而商品交换比改革开放前要发达，所以金钱在人们的眼中也变得比以前更重要了。

由此，在金钱和人生价值的关系问题上，我们必须进行客观的分析。

第一，金钱与人生有着密切关系。

金钱是人生幸福的重要条件，是实现人生价值的重要物质保证。正如作家王朔所讲："金钱不是万能的，但没有金钱也是万万不能的。"对个人而言，掌握了一定数量的金钱，就可以从市场上买到衣、食、住、行、用所必需的物品。

对企业而言，作为企业能否盈利、盈利多少直接关系到企业的生存和发展，作为企业的法人代表更需要有正确的金钱意识。正确使用金钱还可以帮助我们实现人生价值。

（多媒体显示）

2010年中国慈善排行榜4月28日在京揭晓。江苏黄埔再生资源利用有限公司董事长陈光标因其在社会领域的慈善影响力再次获得中国"首善"称号。

据了解，这是陈光标第二次荣获"中国首善"光荣称号。作为民营企业家，多年来陈光标积极投身社会慈善事业，他不仅一直坚持把公司净利润的50%拿出来回报社会，还决定把自己一生所赚的90%回报社会。11年来他捐款捐物超过12.3亿元，大约60多万人受到他的资助。每当国家发生重大自然灾害，都能看到陈光标的身影：汶川地震，他自发组织一支60辆工程车和120多人的救灾队伍；西南旱灾，他组建了21支打井队，为干旱灾区捐钱1200万元，捐水5300吨；玉树地震，他不顾高原反应亲自赴灾区指挥"黄埔抗震救灾民兵连"，现场营救出11名幸存者，并通过中华慈善总会向玉树捐赠3000万元救灾物资，此外，他还以个人名义向玉树捐赠1000万元。几年来，他先后在玉树藏族自治州捐建了46所光彩小学，解决了4200名少数民族孩子的入学问题；捐赠了1500台教学电脑、3万套校服和8000个书包。

陈光标一生坚持做慈善，用金钱回馈社会，获得社会的普遍关注和认可，可以说他实现了他的人生价值！

第二，获得金钱的手段应该是正当的、合法的。

根据社会主义按劳分配的原则和有关政策、通过自己辛勤劳动所得的报酬、正当的利润、合法继承的遗产、银行存款的利息等，都属于正当合法的范围。

贪污盗窃、投机倒把、损公肥私、行贿受贿、走私贩私、坑蒙拐骗等所得的金钱，则是不正当的、非法的。

比如陈光标，他于2003年创办江苏黄埔再生资源利用有限公司，致力于发展循环经济、绿色经济、变废为宝。多年来，陈光标领导江苏黄埔公司诚信做企业，守法经营，积极履行企业社会责任，变废为宝、保护环境，并投身社会慈善公益事业，他不仅一直坚持把公司净利润的50%拿出来回报社会，还决定把自己一生所赚的90%回报社会。陈光标对于金钱的获得遵从了“取之有道”的原则，赢得了社会对他的尊重和满足。而相反的，文强利用不正当的方法获取金钱，对社会造成了极坏的影响，必然遭到人民的唾弃！

通过前面的学习，我们可以看出：

第三，金钱不是人生的全部内容，不是人生价值的决定因素。

上节课，我们留了一道思考题，同学们还记得吗？“有人认为金钱能买到一切，你认为呢？金钱能买到什么，买不到什么？”现在，我们一起来讨论一下这个问题。

（学生讨论、发言，教师归纳）

同学们的发言涉及了我们生活的各个方面，说明大家对金钱的“不能”还是有一定认识的，有人把这些内容归纳成了一首歌，叫“买到买不到的歌”，请同学们看：

（多媒体显示或者投影显示）

金钱能买到房屋，但买不到家；
金钱能买到药物，但买不到健康；
金钱能买到美食，但买不到食欲；
金钱能买到床，但买不到睡眠；
金钱能买到珠宝，但买不到美；
金钱能买到娱乐，但买不到愉快；
金钱能买到书籍，但买不到智慧；
金钱能买到谄媚，但买不到尊敬；
金钱能买到伙伴，但买不到朋友；
金钱能买到奢侈品，但买不到文化；
金钱能买到权势，但买不到威望；
金钱能买到服从，但买不到忠诚；
金钱能买到躯壳，但买不到灵魂；
金钱能买到虚名，但买不到实学；
金钱能买到小人的心，但买不到君子的志……

对于青年学生来讲，物质生活的富足固然重要，但更应追求高尚的精神生活，因为物质生活只能赋予人以血肉；而高尚的精神生活则能赋予人崇高的灵魂。金钱并非是人生的真谛，世上还有比金钱更珍贵的、更值得追求的。古往今来，多少人为了追求远大的理想、实现壮丽的事业，放弃功名利禄，不惜牺牲自己的一切，实现了崇高的人生价值。相反，一个人没有高尚的追求，没有高尚的精神生活，既使拥有足够的金钱，吃的、穿得再好，也是没有灵魂的行尸走肉，也不会有幸福的体验，其人生价值也无法体现。

（多媒体显示）2002年，李灵从河南省淮阳师范学院毕业。她回家后看到农村有大量留守儿童辍学在家，便萌生了在家乡办学的念头。在父母和亲朋的支持下，她用家里20多万元的积蓄办起了周口淮阳许湾乡希望小学。在学校，她是校长兼思想品德老师。在她的辛勤操劳下，这个学校有了7个班，300多名学生。由于所有学生学费全免，学校无力为学生购置教辅读物和课外书籍，7年来，李灵为了办学已经欠了8万元的外债。

为了自己学校的孩子能坐在宽敞的阅览室里看书阅读，李灵趁着放暑假，向父亲要了200元只身来到郑州。她买了一辆破旧三轮车,沿街收购各种书籍。烈日下,李灵骑着破三轮车穿街过巷,拿着秤一斤斤地回收旧书本。她用汗水载回了孩子们的“精神食粮”。

2009年度感动中国人物评选组委会授予李灵的颁奖词:

一切从零开始,从乡村开始,从识字和算术开始。别人离开的时候,她留下来;别人收获的时候,她还在耕作。她挑着孩子沉甸甸的梦想,她在春天播下希望的种子。她是80后。

感动中国推选委员会委员刘姝威这样评价她:

身旁是300多名不同年龄阶段的孩子,背后是那些在外打工父母们心中的挂念与寄托,这位乡村女教师赢得众人尊敬。

(教师过渡)我们青少年要健康成长,必须反对和抵制拜金主义,树立正确的金钱观。正确处理金钱与人生的关系,此外,我们还要反对另一种错误的价值取向。我们首先来看几段材料:

(多媒体显示)

近些年来,少数青年学生在较为优越的家庭条件和不良社会风气的影响下,缺乏艰苦朴素精神,挥霍无度、腐化堕落、触目惊心。

材料一:轮滑鞋中,最贵的3000元一双;周末逛专卖店是部分中学生的喜好。

材料二:某县公安局成功摧毁了一个入室抢劫团伙。令人惊讶的是,被抓获的抢劫团伙成员均是在校中学生,而他们侵害的对象也是在校的学生,其作案目的竟是为了还在饭店吃喝、网吧上网的欠债。

材料三:穿要穿名牌,喝要喝饮料,零食当饭吃,随身带手机……时下,这种中小学生比家里的老子还敢花钱的现象,在我们身边并不稀罕。

(思考)上述材料体现了什么样的人生哲学?其实质是什么?

(学生回答)

(教师归纳)以上现象说明,在人生价值观问题上,还存在着另一误区:享乐主义。

三、反对享乐主义

1. 享乐主义的含义

享乐主义实质上是一种纵欲主义,认为人生的目的和意义在于追求物质享乐,表现为不重理想,否认个人对社会的责任,主张及时行乐,把追求个人快乐当作人生第一要义。

(教师引出话题)当今社会,追求时尚,享受生活已经不是什么新鲜话题,然而作为中学生的我们,是否也可以追求时尚,享受生活呢?我们追求享受是否就是我们说的享乐主义呢?

(学生讨论)

2. 享乐主义的错误表现

享乐主义人生价值观表现为过分看重人生的物质享乐,认为人生的目的和意义在于追求物质享乐。这种人生价值常常表现为无远大理想,否认个人对社会的责任,主张及时享乐,讲眼前“实惠”,甚至把追求个人快乐看作人生第一要义。

第一，它从人的自然本性出发，把吃喝玩乐作为人生的唯一目的和最大乐趣，把人与动物完全等同起来。

第二，它只讲生活享受，不讲财富创造，把享受与创造对立起来。

第三，它把一己的快乐建立在他人受苦的基础上。

3. 享乐主义的危害性

享乐主义给人的危害，小到个人，它会导致一个人贪图安逸，意志消沉，缺乏进取精神，一事无成。大到国家，它会导致社会停滞不前、腐败没落。“历览前贤国与家，成由勤俭败由奢”这是最好的概括和总结。文强走向犯罪的过程就是过度追求金钱和享乐的结果！

4. 反对享乐主义并不是反对合理消费

我们批判享乐主义人生观，并不等于反对人们追求适度的物质享受，要过苦行僧式的生活。相反，我们主张在生产发展和社会财富增加的条件下，努力提高城乡居民的实际收入、消费水平和生活质量。人的合理消费是人成长过程所必需的条件，我们反对的是大手大脚、铺张浪费，不顾条件的高消费现象。对青年学生来说，养成勤俭节约、艰苦奋斗、勇于创造的思想和作风，对个人健康成长以及实现人生价值都是十分有利的。

注意：享受与享乐主义有着本质的区别，我们反对享乐主义，但我们不反对正当的享受：正当享受是指得到必要的物质享受和精神欢乐，通过创造得到享受，先有贡献再有索取，并且用合法手段得到的物质财富。而享乐主义把吃喝玩乐作为人生的唯一目的和最大乐趣，把物质享受提到至高无上的地位；只讲生活享受，不讲创造，把享受与创造对立起来；肆意挥霍浪费，把一己的快乐建立在他人受苦之上；用不正当的手段获得享受资料和享受费用。

课堂小结

总之，拜金主义和享乐主义是社会主义的腐蚀剂，对社会主义物质文明和精神文明建设，对青少年的健康成长，具有极大的腐蚀作用。我们要实现人生价值，必须走出拜金主义、享乐主义的误区。对青年学生来说，养成勤俭节约、艰苦奋斗、勇于创造的思想和作风，对个人健康成长以及实现人生价值都是十分必要的。

课后作业：结合金钱与人生价值的关系，建议学生针对本校学生在对待金钱方面的现象作一调查，来评价中学生金钱观和价值观的利与弊。

个性化教学

据某市的调查：67.6%青年感到“收入跟不上消费”。某校学生每天吃水果、喝酸奶、吃零食的占90%。学生过生日十分普遍，相互送礼，吃喝成风。学生食堂浪费现象严重。据调查估计，全国近年每年浪费粮食达370亿千克，中等学校学生浪费粮食1255万千克。

有人认为这是正当消费；有人认为这是享乐主义的表现。你认为如何？

（让部分学有余力的同学作答）

作业设计及检测

1. 我国现实生活中，有的人在人生价值观问题上陷入种种误区，这些误区主有（　　）

A. 只讲索取不讲奉献　B. 拜金主义　C. 享乐主义　D. 从人性出发，考虑个人价值

（答案：ABC）

2. “资产阶级赚钱不惜采取任何手段，认为生活目的就是装满自己的钱袋。”马克思这段话是资产阶级________的生动写照。（　　）

A. 只讲索取　　B. 不讲义务　　C. 金钱至上　　D. 享乐主义

（答案：C）

3. 当前社会上有些人由于个人主义思想膨胀，热衷于资产阶级腐朽生活方式，单纯追求个人享乐，以至走违法犯罪道路。这说明（　　）

A. 人们追求自己利益，破坏社稳定

B. 应尊重维护正当个人利益

C. 个人主义，社会存在反映社会意识

D. 个人主义对个人、社会具有极大危害，必须坚决反对

（答案：D）

4. 当前，部分党员干部把个人享乐当成人生追求，片面强调个人利益重要性，无视国家整体利益。这种做法：（　　）

A. 适应市场经济要求

B. 体现社会意识具有能动作用的道理

C. 没有正确认识、处理个人利益、集体利益的关系

D. 肯定人们应当具有正当个人利益

（答案：C）

教学反思与总结

课堂教学要激发学生学习兴趣，过程决策相当重要。教师要激发学生的兴趣，不断调整教学策略，不要一味地照本宣科，要始终坚持恰如其分地鼓励，及时调整并运用学生较熟悉的实例和交流形式，他们就会兴趣盎然。此外，对于有些学生组织能力强的或口头表达能力强的让其在协作中得到发挥，就会极大地提高学生的学习积极性，教学效果也就水到渠成。

教学设计前，我思考：这一课的价值到底在哪里？为什么要教这些知识？仅仅是教知识吗？其背后更深远的意义是什么？这一课到底能给孩子的发展带来怎样的效果？这节课要达成哪些教学目标？《走出拜金主义和享乐主义的误区》此课的思想教育意义远大于知识传授本身。要达成的教学目标是提高学生对人生价值问题的分析判断能力、是非理解能力、辩证思维能力。

对于课堂活动的展开，课堂采用启发式还是注入式？学生是否能积极投入，善于合作；是否能勇于发现、敢于表达；是否能自学，善于交流？学生的学习状态，情感世界如何？在自学交流、合作探究、实践发现、猜想论证、争论研究、创新答辩等学习方式中，哪

些方面的效果是好的,是在怎样的背景与情景中展开的?针对本课,面对我们这个层次的教学对象,必须有区别地选择不同的展开方式,以激发学生学习兴趣。所以本课在教学设计的导入环节,教师要不断地更新知识,接触最新的信息,特别是要与时代同步,与学生掌握的时事同步,保持政治学习的新鲜感,激发自觉学习的积极性。在实际教学中,不能照本宣科,不能固守一个模式。

教师是真正意义上的学生学习的合作者、帮助者、激励者,活动的组织者,也是知识的传授者。对于本课的教学,我认为我们应该更多地激发学生的自主学习热情,甚至要与学生站在同一立场去思考问题,理解学生所要掌握的内容,对学生多些开放式教学。因此,教师要积极营造宽松、民主、平等、互助的学习环境,要随时关注学生的反应,让更多的学生参与进来,真正达到思想教育的意义。不能过于注重规范、有序的教学秩序,不能让学生处于专制、服从、沉默、压抑的状态。

随着传媒的发展,我们在教学设计过程中也要科学运用各种媒体提供的丰富的学习资源。在共同学习中,科学艺术地帮助学生达成学习目标。

在教学设计与决策中,最重要的思想就是要研究学生的需要、学生实际、学生思想动态和学生的思维方式。我们既要备课,更要备学生,还要备教学手段,还要将三者有机结合起来。就这一课来说,有很大一部分学生的思想观念是与本课背道而驰的,这就需要更多的备学生,预测学生会有什么样的反应,会提出什么样的疑问,我将做出怎样的回答等,而且针对不同的班级可能还必须作出不同的预案。在备课中和课后都要思考怎样的设计有利于发展学生的个性差异,促进学生发展。

本课同样的设计在不同的班级课堂气氛不同。这既有时间和环境的客观原因,也有我作为教师在课堂教学中自己的喜好和组织方面的主观原因。因此,我发现学生表现得积极与否与教师有极大的关系,不完全在于对本课知识是否感兴趣。为此,我反思自己的不足,我将在以后更多地关注学生在学习上有哪些些困难或焦虑?我可以怎样帮助他们?作为教师,我的教学方法怎样才是合理的?教书都是认真、尽职的吗?做到了因材施教吗?

本课因为知识本身的单薄方显教师的功力,我们更容易在其中发现自己的不足和失误,不可掉以轻心。

专家点评及学生反馈

专家点评:

本课设计注意联系学生较熟悉的案例容易获得学生的认同。注重学生的自主学习,教师点拨为辅,有学生的充分讨论,激发了学生的更多反思。学生尤其在认识人生与金钱的关系时讨论较热烈,表现出浓厚的兴趣。在反对享乐主义方面,学生针对班级同学情况进行了批评和自我批评。这个环节运用要适当,教师要适当引导。

学生反馈：

本课容易理解和掌握，且思想上有一定的触动，尤其学生在汶川地震和玉树地震的感人事例中深受教育，对人性的看法有较大地转变。但在享乐主义与正当享受方面觉得界限不分明。练习题对部分学生而言过于简单，应该在个性化教学上弥补不足，或者在以后的教学设计上根据不同的教学对象适当提高知识含量和难度！

参考资料

小学思想品德和中学思想政治教材编写委员会编著. 全日制普通高级中学思想政治(试用本·必修)二年级(下册)教师教学用书. 吉林：吉林教育出版社，2008 年

图书在版编目(CIP)数据

新课标　新理念　新行动:思想政治课优秀教学设计案例/王文余,万礼修主编.——重庆:西南师范大学出版社,2011.9

ISBN 978-7-5621-5472-3

Ⅰ.①新… Ⅱ.①王…②万… Ⅲ.①政治课-教案(教育)-高中 Ⅳ.①G633

中国版本图书馆 CIP 数据核字(2011)第 198547 号

新课标　新理念　新行动:思想政治课优秀教学设计案例

主　编　王文余　万礼修

副主编　邹绍清　陈　亮　刘　奕

责任编辑:黄　璜　段小佳

版式设计:CASTALY 尚品视觉 周　娟　钟　琛

照　　排:夏　洁

出版、发行:西南师范大学出版社

(重庆·北碚　邮编:400715

网址:www.xscbs.com)

印　　刷:重庆川外印务有限公司

开　　本:787mm×1092mm　1/16

印　　张:20.25

字　　数:430 千字

版　　次:2011 年 12 月第 1 版

印　　次:2011 年 12 月第 1 次印刷

书　　号:ISBN 978-7-5621-5472-3

定　　价:35.00 元